시대를 거역한 격정과 파란의 생애

허균평전

허경진 지음

돌베개

허균 평전
시대를 거역한 격정과 파란의 생애

2002년 6월 25일 초판 1쇄 발행
2018년 12월 20일 초판 10쇄 발행

지은이 허경진
펴낸이 한철희
펴낸곳 주식회사 돌베개
등록 1979년 8월 25일 제406-2003-000018호
주소 (10881) 경기도 파주시 회동길 77-20 (문발동)
전화 (031) 955-5020
팩스 (031) 955-5050
홈페이지 www.dolbegae.co.kr
전자우편 book@dolbegae.co.kr
KDC 990
ISBN 89-7199-144-5 03990

책임편집 김수영·김윤정
편집 최세정·박숙희
사진 김성철
인쇄·제본 상지사P&B

ⓒ 허경진, 2002

*책값은 뒤표지에 있습니다.

사천의 애일당 터에 세워진 허균 시비 전경

허균의 가족묘와 허균묘 원래 서초동에 있던 초당 일가의 가족묘는 도시 개발과 함께 경기도 용인시 원삼면 맹리 수정산 기슭(위)으로 옮겨졌다. 허균의 묘(왼쪽)는 초혼장이다.

허균의 편지 1613년 4월 16일에 허균이 금산군수 이안눌에게 보낸 편지이다. 허균이 역적으로 처형되자 그의 글이 다 없어졌는데, 남희로가 이 편지를 발견해 관기를 쓰고 도장을 찍었다. 연민 이가원 선생께서 이 편지를 30년 동안 소장하셨다가 1980년에 관기를 써서 필자에게 주셨다. 오른쪽 일부분은 편지 봉투이다. 편지의 번역은 본문 318쪽에 실려 있다. 허경진 소장.

성소부부고(惺所覆瓿藁) 1611년에 허균은 유배지에서 자신이 평생 지은 글들을 다양한 문체로 나누어 문집을 엮었다. 26권 8책 필사본. 연세대학교 중앙도서관 소장.

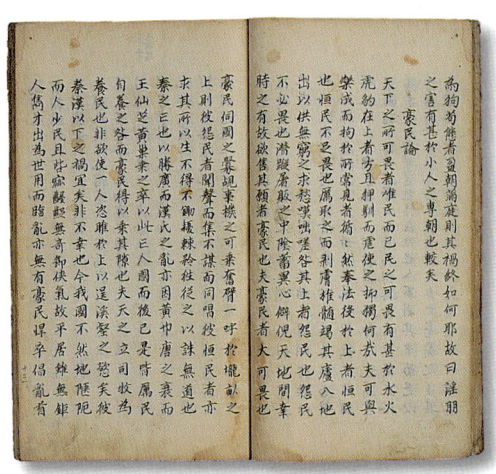

호민론(豪民論) 천하에서 가장 두려워해야 할 존재는 백성이라는 구절로 시작하는 허균의 대표적인 논(論)이다. 『성소부부고』 권11에 실려 있다. 연세대학교 중앙도서관 소장.

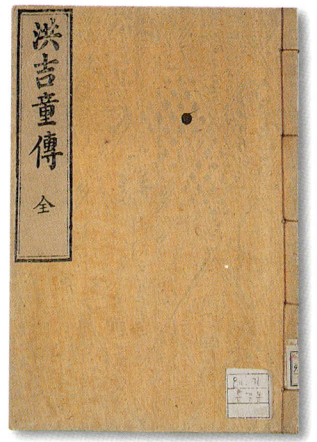
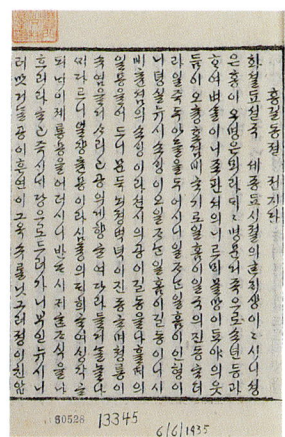

홍길동전(洪吉童傳) 서얼 차별의 문제와 부패한 정치를 개혁하려는 허균의 혁명사상이 담겨 있는 한글소설이다. 24장 경판본. 연세대학교 중앙도서관 소장.

하곡집(荷谷集) 허균은 작은형인 하곡 허봉이 죽은 뒤에 그가 남긴 글들을 모아 문집을 엮었다. 목판본 4책. 연세대학교 중앙도서관 소장.

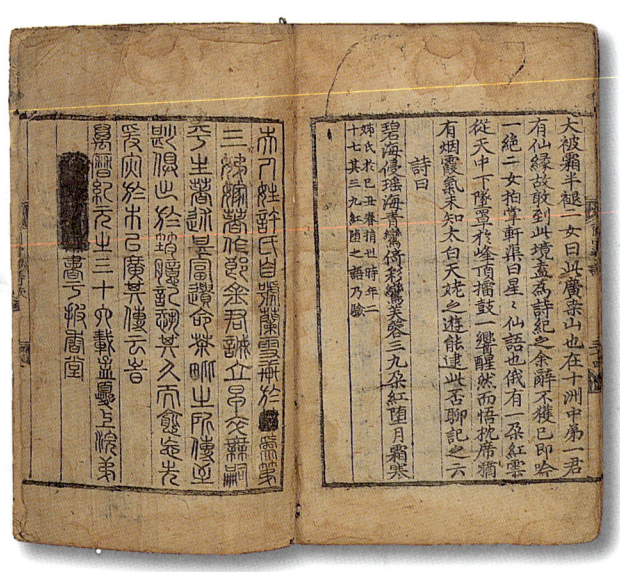

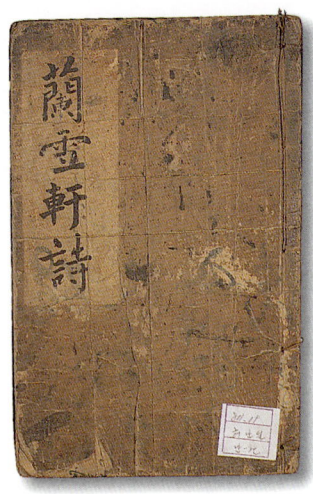

난설헌집(蘭雪軒集) 허균이 공주 목사로 있던 1608년에 누이의 시 210편을 실어 이 책을 간행했다. 역적으로 처형된 뒤에 발문에서 그의 이름까지도 먹으로 지웠다. 첫 줄에선 균(筠)이라는 이름 한 자가 지워졌고, 마지막 줄에선 허단보(許端甫)라는 성과 자가 지워졌다. 목판본 1책. 연세대학교 중앙도서관 소장.

책머리에

 현대문학을 전공하다가 한문학으로 전공을 바꿀 무렵, 나는 우리나라 한문학의 흐름을 파악하기 위해 연민 선생께서 한문으로 지으신 『옥류산장시화』(玉溜山莊詩話)를 읽다가 허균의 『학산초담』(鶴山樵談)과 『성수시화』(惺叟詩話)에 매료되었다. 그래서 당시까지만 해도 내게 생소했던 『학산초담』을 가지고 석사논문을 썼다. 그 뒤 3년 동안 사관학교에 근무하면서 『옥류산장시화』를 번역했는데, 그 가운데 가장 대표적인 시화가 바로 허균의 시화였다. 『홍길동전』의 작가로만 알았던 허균이 뛰어난 시인이자 시 비평가라는 사실을 알게 된 나는 한동안 허균에게 빠져 지냈다. 『허균의 시화』라는 책을 내게 된 것도 그 무렵의 일이다.
 나는 박사과정에 들어와 허균의 한시를 연구했다. 남이 지은 시에 대해 이야기하는 시화는 작자가 어느 한 시기에 지었으므로 그의 일생과 연속적인 관계가 없지만, 한평생 지은 한시는 시인의 일생 그대로이다. 허균의 시를 연구하던 나는 자연스럽게 그의 생애에 대해서도 연구하게 되었고, 박사학위 논문인 「허균 시 연구」

를 제출하기 전에 『허균』이라는 전기를 펴냈다.

『허균』을 쓴 지 19년이 지나면서 허균에 대한 내 관점이 많이 달라졌다. 『홍길동전』의 작가에서 시인이자 비평가로, 그리고 이제는 혁명가로 달라진 것이다. 허균이 지은 『홍길동전』은 물론 지금 우리가 보는 『홍길동전』과는 달랐을 것이다. 작가의 이름도 없이 전해지던 『홍길동전』이 상업성을 전제로 하는 방각본(坊刻本)으로 출간되면서 독자의 기호를 고려하지 않을 수 없었기 때문이다. 그러나 같은 시기에 나온 방각본들 가운데서도 『홍길동전』은 독특하다. 조선시대 신분제도의 불평등과 사회체제의 부조리를 비판하고 새로운 세상을 꿈꾼 소설은 이 한 권밖에 없기 때문이다.

『홍길동전』의 작가가 과연 허균인가 하는 문제는 아직도 풀리지 않았지만, 허균이 어떤 형태로든 『홍길동전』을 처음 지은 것은 분명하다. 그의 제자였던 이식이 "허균이 『홍길동전』을 지었다"고 증언했을 뿐만 아니라, 허균이 지은 한문소설 5편의 주인공 모습을 합성하면 바로 홍길동이 되는 것도 내재적인 증거이다. 그보다 더 중요한 증거는 바로 허균 자신의 행적이다.

평소에 허균은 「호민론」(豪民論)이나 「유재론」(遺才論) 같은 글을 지어 서얼 차별 철폐를 주장하고, 민중 봉기를 경고했다. 어디 그뿐이던가. 그런 글들이 사회에 받아들여지지 않자, 결국은 자신이 홍길동이 되어 혁명을 준비하였다. 혁명이 실패하고 그 자신은 결안(結案)도 없이 처형당했기에, 그가 꿈꾸던 새로운 나라의 모습을 짐작할 수는 없다. 그러나 그가 평소에 주장하고 행동하던 것처럼, 서얼이 차별받지 않고 민중들이 사회 전면에 나서는 사회를 꿈꾸었을 것은 틀림없다. 그와 함께 처형당한 혁명 동지 대부분이 중종반정이나 인조반정의 주역들같이 양반 사대부 중심이 아니라 민중들이었기 때문이다.

허균의 문집은 조선시대 문집 가운데서도 가장 다양하고 특이한 형태로 편집되어 있다. 대부분의 문집이 본인 사후에 간행되는 것과는 달리 자신이 생전에 편집한 것도 특이하거니와 부부고(覆瓿藁), 즉 '장독이나 덮을 정도의 하찮은 글'이라고 이름 붙인 것도 특이하다. 이는 글자 그대로 자신의 글을 겸손하게 낮춘 것이 아니라, 자신을 대문장가 양웅(揚雄)에다 견준 것이다.

그러나 어디 그뿐이던가. 시(詩)·부(賦)·사(辭)·서(序)·기(記)·전(傳)·서(書)·논(論)·설(說)·변(辨)·해(解)·잡문(雜文)·제발(題跋)·독(讀)·잠(箴)·명(銘)·송(頌)·찬(贊)·뇌(誄)·애사(哀辭)·제문(祭文)·행장(行狀)·비문(碑文)·신도비문(神道碑文)·갈(碣)·묘표(墓表)·묘지(墓誌)·기행(紀行)·잡기(雜記)·척독(尺牘: 편지)에서 설부(說部)에 이르기까지, 자신이 평생 지은 글들을 다양한 문체로 나누어 편집했다. 이 가운데 특히 제발이나 독·찬 같은 글은 그의 다양하고 폭넓은 독서 편력을 보여준다.

그런데 이 가운데 불교나 도교에 관한 글은 많지만, 유학(儒學)에 대한 글은 없다. 독(讀)에서는 제자백가에 대한 독후감을 기록했지만 유가의 경전에 관한 글은 없으며, 찬(贊)에서는 부처와 열선(列仙)에 대한 글은 있지만 역시 유학자에 대한 글은 없다. 초당(草堂) 선생의 자제였던 그가 일부러 유학을 도외시한 것이다.

돌아가신 연민 선생께서 20여 년 전에「허균의 사상과 문학」(許

筠的思想及其文學)이라는 논문을 한문으로 쓰시고 중국에서 발표하셨는데, 2000년 2월에 내가 그 책을 『유교반도(儒敎叛徒) 허균(許筠)』이라는 제목으로 번역해서 출간했다. 허균과 사상적으로 가장 가까웠던 이탁오(李卓吾)가 유교반도라는 죄명으로 죽었기에, 선생님께서 그 책의 제목을 그렇게 바꾸신 것이다.

나는 그 책을 번역하면서 허균에 대한 관점을 다시 한 번 정리했다. 19년 만에 허균 평전(評傳)을 다시 쓰면서, 나도 이 책에다 『유교반도 허균』이라는 제목을 붙이고 싶었다. 그러나 유교에 대해서 잘 알지 못하기 때문에, 정작 이 책에서 그 부분은 제대로 다루지 못했다.

내가 20여 년 전에 『옥류산장시화』를 번역해서 출간하자, 연민 선생께서 귀중하게 간직하셨던 허균의 편지를 내게 물려주셨다. 허균이 역적으로 몰려 죽으면서 그의 글씨도 다 없어졌기에, 당시 허균에 푹 빠져 있던 내게는 너무나 소중한 선물이었다. 더구나 가장 친하던 친구 석주 권필이 광해군을 풍자한 시 한 편 때문에 매맞아 죽은 뒤로는 시를 짓지 않기로 했다는 그의 절규가 내 가슴을 아프게 했다. 그가 이 편지를 보낸 친구는 동악 이안눌이다. 당시 문단에서 석주·동악·교산 이 젊은 세 시인을 높이 평가했는데, 석주는 풍자시 때문에 매맞아 죽고, 교산 허균은 암행어사의 장계(狀啓)에 의해 파직된 상태였으며, 동악 혼자만 군수 벼슬에 있었다.

석주 권필은 조선 건국의 주역이자 문단을 주도했던 양촌 권근의 6대손이며, 역시 이름난 시인 습재 권벽의 아들이다. 동악 이안

놀은 좌의정과 대제학을 겸임한 시인 용재 이행의 증손자이자, 허균의 제자였던 택당 이식의 종숙이다. 남산 기슭에 있던 그의 집에 권필·윤근수·이호민 등이 모여서 시를 지으며 놀았는데, 이 모임이 바로 한문학사에 이름난 동악시단이다.

허균의 집안도 고려시대부터 이름난 문벌이었으며, 초당 허엽과 악록 허성·하곡 허봉·난설헌 허초희·교산 허균으로 이어지는 오문장가(五文章家)는 우리 문학사에서 뛰어난 봉우리 가운데 하나이다. 이렇게 가장 촉망받던 세 시인이 석주의 풍자시 한 편 때문에 다른 길을 걷게 되었다. 허균은 동악에게 보낸 편지에서 다짐한 것처럼, 그 뒤로 별다른 시를 짓지 않았다. 물론 짓기야 했겠지만, 문집에 실릴 기회가 없었기에 다 흩어져 없어진 것이다.

허균은 사형장으로 끌려나가면서 "할 말이 있다"고 외쳤다. 그가 마지막으로 하려고 했던 말은 무엇이었을까? 세월이 흘러 내가 무사히 교수직을 마치게 되면, 새로 나온 자료들을 종합하여 허균 평전을 다시 한 번 써보고 싶다.

이 책이 평전의 모습을 조금이라도 갖추게 되었다면, 초교지에서 원고 곳곳에 줄을 그어가면서 고쳐달라고 부탁한 김수영 씨 덕분이다. 허균의 모습을 찾아보려는 독자들에게 이 책이 조금이라도 도움이 되었으면 다행이겠다.

2002년 6월
허경진

차례

- **책머리에** — 11
- **프롤로그** 허균이 살다간 시대 — 21

제1부 시대를 잘못 타고 태어난 예술가

시대를 잘못 타고 태어난 예술가 — 31
엄정한 유학자의 길을 걸어간 아버지 — 37
벗과 사귀며 글을 배우다 — 40
시의 세계를 가르쳐준 작은형 허봉 — 43
천재 시인 허난설헌 — 57
서얼 출신의 스승, 손곡 이달 — 71
스승의 전기 「손곡산인전」 — 76
참다운 글공부의 시작 — 82
불교의 가르침을 전해준 사명당 — 86

제2부 전쟁의 참상을 시로 읊다

임진왜란이 일어나다 — 91
나라를 지키기 위한 대책을 논하다 — 98
전쟁의 아픔을 딛고 — 109
첫 저서 『학산초담』 — 112
낙산사에서 시집을 엮다 — 116

제3부 출세의 꿈, 귀거래의 꿈

드디어 문과에 급제하다 — 121
하늘이 주신 본성대로 살리라 — 124
파란 많은 벼슬길에 오르다 — 132
지식의 목마름을 달래준 중국 — 134
중국 시인과의 만남 — 142
벼슬의 즐거움, 파직의 아픔 — 147
출세의 꿈, 귀거래의 꿈 — 159
놓쳐버린 출세의 길 — 169
금강산에서 신선 세계를 꿈꾸다 — 176
드디어 군수가 되다 — 187
중국 사신 주지번과의 만남 — 192
유교와 불교의 세계를 넘어 — 196

제4부 유배지에서 탄생한 문집

떡 한 덩이의 의미 — 209
「장생전」을 통한 현실의 고발 — 217

조선 최고의 시선집 『국조시산』 ― 221
동지들과 함께한 시간들 ― 227
인간의 숙명적 한계를 보여준 「남궁선생전」 ― 241
이건 허균의 시다 ― 248
궁녀들의 이야기를 시로 읊다 ― 253
자연을 그리며 지은 『한정록』 ― 260
소외된 벗들을 위한 「전오자시」 ― 263
동지들을 과거에 급제시키다 ― 268
유배지에서 탄생한 문집 ― 278
친구의 억울한 죽음에 붓을 꺾다 ― 287

제5부 혁명을 꿈꾸다

『홍길동전』에 담긴 허균의 개혁사상 ― 297
호민론과 유재론 ― 305
서얼 동지들의 옥사 ― 312
권력의 핵심에 들어가다 ― 321
유교반도의 길 ― 331

폐비론을 일으키다 — 341
옛 제자의 밀고 — 348
사면초가 — 354
실패한 혁명 — 365

- **에필로그** 허균은 과연 역적인가 — 375

- 인명해설 — 384
- 허균 연보 — 404
- 참고문헌 — 411
- 찾아보기 — 414

프롤로그

허균이 살다간 시대

조선 전기에는 여러 차례 사화(士禍)가 일어났다. 사화는 대개 정치·경제적으로 기득권을 잡고 있는 훈척파(勳戚派)와 그들의 부정과 부조리를 비판하는 사림(士林) 사이에 일어난 정치적 사건이다. 사림을 제거하기 위해서 정치적 사건을 일으킨 훈척파에서는 그 사건을 난(亂)으로 규정했지만, 일방적으로 당한 사림에서는 어진 선비들이 죄 없이 당한 화(禍)라고 주장했다. 사화는 역모와 근본적으로 성격이 달랐기에, 정권이 바뀌면 억울하게 죽었던 사람들이 모두 복원되었다. 따라서 사림이 정치적으로 우세해진 선조 초반에 들어서야 '사화'라는 표현이 쓰였다.

김종직(金宗直) 일계가 유자광 중심의 훈구파에게 당한 무오사화(1498), 유자광이 연산군의 생모 윤씨의 폐비와 복위 사건을 기화로 일으켰던 갑자사화(1504), 지치주의(至治主義)를 내세우던 조광조(趙光祖) 일계가 훈구파 남곤과 심정에게 당한 기묘사화(1519), 인종의 외삼촌인 윤임이 대윤파 사림을 비호하다가 명종의 외삼촌인 윤원형의 소윤파에게 축출당한 을사사화(1545)가 모두 사림들의 패배로 끝났다.

조선 건국 과정에서 수많은 공신들이 생겨났으며, 수양대군이 조카 단종으로부터 왕위를 찬탈하는 과정에서도 많은 공신들이 생겨났다. 기득권을 차지하고 있던 공신의 후예들과 새로 정권에 진입하는 사림 사이에 충돌이 없을 수 없었다. 성종은 정권을 장악하고 있던 훈구파를 견제하기 위해 사림을 등용했는데, 길재의 학통을 이어받은 김종직을 중용하자 그의 제자인 김굉필·정여창·김일손 등 영남 사림들이 조정에 진출하였다. 그들은 자신들이 주자학의 정통적 계승자이자 요순(堯舜) 정치를 구현하는 군자임을 자부하면서, 세조의 불의에 가담하여 정권을 잡은 훈구파를 사리사욕에 사로잡힌 소인배로 배척하였다.

그러나 새로 조정에 진출한 사림파 관료들은 경제적으로 취약했다. 훈구파 공신들이 방대한 사전(私田)을 소유한 데다 토지 겸병이 자행되었으므로, 토지를 소유하지 못한 일반 서민들은 물론 신진 사림파까지도 경제적으로 어렵게 살 수밖에 없었다. 대의명분을 존중한 김종직은 세조의 불의에 가담했던 공신들을 기회 있을 때마다 탄핵하면서 공신들의 토지를 거둬들이자고 주장했는데, 김종직이 워낙 성종의 신임을 받고 있었으므로 훈구파도 어쩔 수가 없었다. 그러다가 성종과 김종직이 아울러 세상을 떠나자, 김종직이 세조를 비난하기 위해 지은 「조의제문」(弔義帝文)을 사초(史草)에 올린 것을 기화로 사림에 대한 박해가 참혹하게 일어났다. 학자와 문인들을 낮잡아보던 연산군이 김종직 일계의 사림들을 숙청한 사건이 바로 무오사화다. 무오사화 뒤에 일어난 사화들이 표면적인 이유는 서로 달랐지만, 비판적인 사림의 진출을 달가워하지 않는 기득권 세력의 반발이라는 점은 공통되었다.

사림파의 관점에서 보면, 사화는 부패한 특권 보수층에 대한 진보 세력의 끝없는 도전이자 실패였고 수난이었다. 그러나 역사의 진정한 승리자는 한때 승리한 것같이 보였던 훈구파가 아니라 당대에는 여지없이 패배했던 사림파였다. 사림파가 훈구파의 전횡에 맞서 싸웠던 것은 시대의 요청이자 막을 수 없는 흐름이었기 때문이다.

이성계가 역성혁명(易姓革命)에 성공한 이래 조선왕조 5백 년 동안 여러 차례의 혁명이 시도되었는데, 대부분은 정권을 차지하기 위한 거사였다. 허균과 홍경래, 그리고 전봉준의 동학혁명 정도가 정권보다는 이념을 내세우고 새로운 세상을 꿈꿨던 혁명이었다. 그런데 혁명은 이념만 내세워서 성공하는 것이 아니라 그 이념을 수행할 조직도 있어야 한다. 허균의 거사가 실패한 것은 결국 양반 사대부 사이에 조직이 없었기 때문이었다.

선조대에 사림파의 정치력이 형성되면서 사화는 끝났지만, 이번에는 정치권에 진출한 사림 사이에 당쟁이 시작되었다. 허균은 정권의 중심에 들어갈 수 있는 기득권이 있었다. 아버지 허엽(許曄)이 젊은 사림들에게 추대되어 동인의 영수로 활약했고, 장인 김효원(金孝元)은 동인의 선봉장으로 나섰다가 삼척부사로 좌천되기까지 했던 인물이었다. 작은형 허봉(許篈)이 병조판서였던 율곡 이이를 탄핵하다가 귀양 가면서 가세가 기울긴 했지만, 큰형 허성(許筬)은 이조판서까지 오를 정도로 여전히 정치력이 있었다.

그의 생가였던 건천동(乾川洞: 지금의 오장동 부근)이 동쪽에 있었기 때문에 그의 주위 인물들이 동인이라고 불렸는데, 장인이 된 김효원, 영의정까지 오른 스승 유성룡(柳成龍), 작은형을 구해준 영의정 노수신(盧守愼) 등이 모두 그의 후원자였다. 그러나 허균은 이러한 기득권을 포기하고 혁명가로 나섰다. 체제를 비판하는 논설을 수많이 썼지만, 그 정도의 글로 개혁하기에는 사회가 너무나 곪아 있었기 때문이다.

허균은 당대에 보기 드물게 국제 정세를 파악할 줄 아는 정치인이었다. 그 자신을 포함해서 아버지 허엽과 작은형 허봉이 모두 명나라에 사신으로 다녀왔는데, 허봉이 기록한 『조천기』(朝天記)는 우리나라 최초의 연행일기(燕行日記)로 평가받고 있다. 다른 사신들은 중국의 골동품을 사 가지고 왔는데, 허봉은 날마다 일기를 써서 중국의 정세를 기록했으며, 허균은 수천 권의 책을 사들여 국제 정세와 해외 문학의 흐름을 파악했다. 큰형 허성은 일본에 통신사의 서장관(書狀官)으로 다녀왔는데, 자신이 소속한 동인의 당론에 매이지 않고 도요토미 히데요시(豊臣秀吉)가 조선을 침략할 것이라고 조정에 아뢴 것으로 유명하다.

이들 가족이 이처럼 국제 정세에 밝았기에 허균도 누이 난설헌(蘭雪軒)의 시집을 중국에서 발간하게 했으며, 『난설헌집』(蘭雪軒集)은 뒷날 일본에서까지 간행되었다. 그가 오랑캐의 침략을 예언하면서 『서변비로고』(西邊備虜攷)를 지어 서쪽 변방의 방비를 강화해야 한다고 주장한 것도 그의 탁월한 국제 정세 감각을 입증해 준다. 이미 명나라는 자기 나라를 유지하기도 힘들 정도로 쇠약해 있었으므로, 그가 거사에 성공했다면 명나라의 간섭을 받지 않았을 것이다. 광해군도 그를 신임했기에 여진족의 실력을 제대로 평가하고 중립적인 외교정책을 펼쳤던 것이다.

허균은 국내외의 정세를 살피면서 혁명을 준비했다. 서얼을 비롯한 민중들을 거사에 동원한 것도 새로운 사회를 꿈꾸었기 때문이다. 중종반정과 인조반정이 모두 기득권을 지녔던 양반 사대부 중심의 반정인 데 비해, 그의 거사는 민중 중심의 거사였다. 만약 그의 거사가 성공했다면 거사의 주역이었던 서얼과 민중들이 어떤 형태로건 정권의 일선에 나섰을 것이다. 또한 그가 조선 사회를 개혁해야 한다면서 젊은 시절에 썼던 「유재론」(遺才論)이나 「호민론」(豪民論), 「관론」(官論)의 주장들이 실천되지 않았을까?

그러면 이제 허균이 어떤 세상을 살았기에 결국은 거사를 준비할 수밖에 없었는지, 그가 살았던 세상과 그의 글들을 찾아보기로 하자.

제1부
시대를 잘못 타고 태어난 예술가

시대를 잘못 타고 태어난 예술가

 태백산맥이 동해와 만나는 강릉에는 예로부터 명당이 많았고, 그곳의 정기를 타고난 인물도 많았다. 허균 역시 강릉에 있는 외갓집에서 태어났다. 뒷날 임진왜란 중에 강릉으로 피난 가 있으면서 『학산초담』(鶴山樵談)이라는 시화를 지었는데, 그 책에서 허균은 이렇게 말했다.

 강릉부는 예전 명주(溟州) 땅이다. 산과 물이 아름다워 우리나라에서도 으뜸인데, 산천이 정기를 지녀 뛰어난 사람들이 이따금 나왔다.
 우리나라가 시작될 무렵에 살았던 함부림(咸傅霖)의 사업은 역사책에 실려 있다. 참판 최치운(崔致雲) 부자의 문장과 절개 있는 행실 또한 동원(東原: 함부림의 자)에게 견주어 부끄럽지 않다. 매월당(梅月堂: 김시습)은 천고에 뛰어난 무리라서, 온 천하를 찾더라도 (이런 인재는) 절대로 얻을 수가 없다. 원정(猿亭) 최수성(崔壽城)도 뛰어난 행실로 중종 때에 칭찬받았다. 어촌(漁村) 심언광(沈彦光)과 간재(艮齋) 최연(崔演)의 문장도 세상에 이름이 났다.

요즘은 이율곡이 또한 여느 사람들과 다르다. 작은형님과 (누이) 난설헌도 임영(臨瀛: 강릉의 옛 지명)에서 정기를 타고 태어났다고 말할 만하다.

허균은 강릉의 정기를 타고난 인물로 율곡 이이 다음에 작은형 허봉과 누이 난설헌을 들었다. 그 다음에는 허균 자신이 되는 셈이다.

화담(花潭) 서경덕(徐敬德)과 퇴계(退溪) 이황(李滉)의 제자였던 허균의 아버지 초당(草堂) 허엽은 아내를 두 번 맞이했는데, 첫번째 아내는 한숙창의 딸이었다. 그와의 사이에 아들 하나와 딸 둘을 두었다. 맏아들 허성은 근엄한 유학자풍의 고위 관료가 되었으며, 선조가 세상을 떠나면서 아들 영창대군의 뒤를 맡길 정도로 선조의 신임이 두터웠다. 맏딸은 박순원에게 시집갔고, 둘째 딸은 우성전(禹性傳)에게 시집갔다.

초당의 두번째 아내는 예조참판 김광철의 딸인데, 감수성이 예민한 여인이었다. 그래서인지 그가 낳은 두 아들과 딸 역시 감수성이 예민하고 상상력이 뛰어나는 등 예술가적인 기질이 많았지만, 남과 잘 어울리지 못하고 불의를 보면 그냥 지나치지 못했다. 이들이 바로 허봉과 허난설헌, 그리고 허균이다. 모두 뛰어난 시인들이었지만 제명에 죽지 못했다.

허균은 자기가 태어난 강릉 외갓집이 있던 자리를 이렇게 설명했다.

> 강릉에서 북쪽으로 30리쯤 되는 곳에 사촌(沙村: 사천의 옛 지명)이 있다. 동쪽으로 큰 바다를 마주하였고, 북으로는 오대산·청학산·보현산 등 여러 산을 바라보는 곳이었는데, 큰 냇물 한 줄기가 백병산에서 나와 마을 가운데로 흘러들었다. 이 냇물 주위에 사는 사람들이 위아래 수십 리에 걸쳐서 수백 호나 되었다. 이 집들은 모두 양쪽 언덕에 기대어 있었는데, 냇물을 바라보며 문을 내었다.
>
> 개울 동쪽의 산줄기는 오대산 북쪽으로부터 용처럼 꿈틀거리면서 내려오다가 바닷가에 와서 사화산의 수(戍)자리가 우뚝 솟았다. 그 아래로 예전에는 큰 바위가 있었고, 개울이 엇갈리는 곳의 밑바닥에 늙은 이무기가 엎드려 있었다.
>
> 가정(嘉靖) 신유년(1561) 어느 가을날, 이무기가 그 바윗돌을 깨뜨리고 사라져버렸다. 바위가 두 동강이 나면서 문처럼 구멍이 뚫렸으므로, 사람들이 교문암(蛟門岩)이라고 불렀다.

이무기 바위가 두 동강 나고 8년 뒤에 허균이 태어났다. 허균은 임진왜란 때에도 이곳으로 피난 와서 지냈는데, 뒷산 이름을 따서 자신의 호를 교산(蛟山)이라고 지었다. 자신을 아직 용이 되어 하늘로 올라가지 못한 이무기라고 생각한 것이다. 허균은 『홍길동전』에서도 자기의 분신인 홍길동이 태어난 것을 용에다 견주었다.

> 길이 끊어져 (승상이) 갈 바를 모르더니 문득 청룡이 물결을 헤치고 머리를 들어 고함하니, 산이 무너지는 듯하더니 그 용이 입을 벌리고 기운을 토하여 승상의 입으로 들어뵈거늘, 깨고 보니 평생 대몽이라.

홍승상(경판본에서는 홍판서)의 꿈속에서, 홍길동은 산을 무너뜨릴 만한 힘을 지닌 청룡의 모습으로 나타난다. 그러나 이 청룡이 사람의 몸을 입는 과정에서부터 그의 운명이 일그러진다. 조선 사회에서 떳떳한 사대부의 길을 걸으며 자기의 포부를 펴기 위해서는 정실부인의 몸에서 태어나야 한다. 그런데 홍승상이 안채에 들어가 부인의 손을 끌어 잡는 순간 부인은,

> 승상은 나라의 재상이라 체위 존중하시거늘, 백주에 정실에 들어와 노류장화(路柳墻花: 기생을 뜻함)같이 하시니, 재상의 체면이 어디 있나이까.

라면서 옷자락을 떨치고 밖으로 나갔다. 승상이 그 좋은 꿈을 헛되이 버리고 싶지 않아서 마침 눈에 뜨인 계집종 춘섬을 이끌고서 길동을 배게 하였다. 정실부인이 체면을 내세우던 그 순간이 바로 길동에게는 운명의 갈림길이 되었던 것이다. 길동의 사주팔자가 달라졌고 적자와 서자의 차이는 너무나 엄청났다.

청룡 길동은 이 숙명을 그대로 받아들일 수가 없었다. 그래서 서자로 태어나 사회적으로 소외된 그늘에서 살아가게 마련인 자신의 팔자에 승복하지 않고 싸움을 걸고 나섰다. 아버지를 아버지라고 맘껏 부르며 사람답게 살고 싶었던 그의 꿈은, 집을 뛰쳐나간 뒤 율도국(硉島國)이라는 이상국가를 세우기까지 자기에게 주어진 숙명과 싸워나가는 과정에서 차츰 이루어진다. 허균에게도 그런 숙명이 주어졌다. 어머니가 계집종이 아니라 정실부인이었지만 결코 쉽게 받아들일 수 없는 숙명이 주어졌던 것이다.

허균은 1569년 11월 3일에 태어났다. 그가 기록한 사주에 의하면 기사년 병자월 임신일 계묘시였다. 별을 보며 사람의 운명을 점쳐주는 사람이 그의 사주를 보고 이렇게 풀어주었다.

"액이 많고 가난하며, 병이 잦고 뜻한 바가 이뤄지지 않겠다. 그러나 재주가 뛰어나서 그 이름이 천하 후세에 전해질 것이다."

그 시대 사람들은 자기가 태어난 생년월일에 매겨진 여덟 글자의 간지, 즉 사주와 팔자가 태어날 때부터 죽을 때까지 자기의 삶을 결정짓는다고 생각했다. 허균도 그 어지러운 세태에 부대끼며 살아가는 동안 자신에게 주어진 숙명을 새삼 깨달았을 것이다.

묘(卯)시에 태어난 허균에게 주어진 명은 마갈궁(磨羯宮)이었다. 당나라의 문장가 한퇴지나 송나라 시인 소동파(蘇東坡)도 묘시에 태어났는데, 점성가가 풀어준 운명처럼 마갈궁을 신궁(身宮)으로 타고난 이들에게는 평생토록 비방과 칭찬이 늘 함께 따라다녔다.

허균도 벼슬길에 들어서 17, 8년을 지내며 명예와 치욕을 한 몸에 받다 보니, 저절로 어렸을 적의 사주풀이가 생각났는지 자기의 운명을 스스로 풀어보는 「해명문」을 지었다.

> 옛날을 살펴보면 한퇴지의 신궁이 마갈궁이었고, 소동파의 명궁(命宮) 또한 마갈궁이었으니, 이들이 바로 묘시에 태어났다.
> 아! 슬프다. 나 또한 묘시에 태어난 사람이다. 문장과 기이한 재주로는 감히 이 두 분을 바라볼 수 없지만 부딪히는 일들이 시기받는 것으로 보아, 시대에 받들어지지 못한 채 곤궁하고 버림받은 자취는 천 년을 사이에 두고도 신수가 같다. 아! 괴이하구나.
> 일을 꾀하되 언제나 이루지 못하고 (줄임) 언제나 거슬리는구나. 또한 마갈의 궁이여! 귀신의 화액이 되었구나. 아아! 하늘도 슬퍼해주지 않는구나. 어려운 액을 당하여 죽음에 이르렀구나.

허균은 성리학과 봉건제도에 얽매인 이 사회의 벽을 깨뜨리지 못하고 끝내 어려운 화액에 빠져 죽게 된 자신의 운명을 탄식했다. 비록 때를 잘못 타고 태어난 이무기였지만, 그랬기 때문에 더욱더 용이 되려고 괴롭게 몸부림쳐야만 했다. 당시대 사람들이 모두 숙명으로 받아들였던 사주와 팔자를 거부하기 위해서 허균은 싸웠다. 이름난 집안에서 정실의 소생으로 떳떳하게 태어났지만 스스로 시대의 서자가 되었다. 흔들리지 않는 벽을 뛰어넘으려고 집을 뛰쳐나간 홍길동이 된 것이다.

엄청한 유학자의 길을 걸어간 아버지

허균의 아버지 허엽은 호를 초당이라고 했는데, 강릉에서 그가 살던 옛 집이 아직도 초당동에 남아 있다. 초당의 집안은 고려시대부터 문학으로 이름난 집안이기도 했지만, 그 자신이 글 배우기를 즐겨서 여러 스승을 찾아다녔다. 허엽은 자신이 글 배우던 이야기를 아들에게 즐겨 들려주곤 했는데, 허균은 뒷날 귀양 가서 한가할 때 이 이야기들을 기록했다. 허균은 「성옹지소록」(惺翁識小錄)에서 아버지의 스승인 장음정(長吟亭) 나식(羅湜)과 화담 서경덕의 모습을 이렇게 기록했다.

> 기묘년(1519)에 선비들이 화를 당한 뒤로, 민가에서는 (조광조가 내세웠던) 『소학』(小學)과 『근사록』(近思錄)을 말하기조차 꺼렸다. 자제들에게도 배우지 못하도록 일체 금했다.
> 아버님께서는 젊으셨을 때 나식에게 글을 배우셨다. 일찍이 외가에서 부서진 상자 속에 『소학』 네 권이 좀먹은 채 흐트러져 있는 것을 보셨는데, 펼쳐 보고는 배우는 사람이 꼭 읽어야만 되는 글인 줄 알게 되셨다. 첫째 권을 소매 속에 넣고 나공에게 가서 보여드렸다. 나공은 깜짝 놀라면서, "네가 어디 가서 이런 귀물(鬼物)을 얻어왔느냐" 하셨다. 그리고는 눈물을 흘리며 선배들의 화액을 슬퍼하셨다. 아버님께서 배우기를 청하시니, 나공이 매우 칭찬하면서 드디어 『소학』과 『근사록』을 가르쳐주셨다. 그러나 남에게는 알리지 말라 하셨다.

나공은 타고난 자질이 총명하고 큰 절조가 있었다. 그의 글은 매우 높고도 예스러웠으나 그는 과거에 응시하기를 좋아하지 않았다. 두 아우 숙과 익을 가르쳤는데, 모두 세상에 알려졌다. 최수성이 거만하여 남을 칭찬하는 일이 적었는데, 공을 보고는 감동하여 "압록강 동쪽에는 나공 한 사람이 있을 뿐이다"라고 칭찬하였다.

아버님께서는 화담 선생에게 가장 오래 배우셨다. 일찍이 칠월에 선생의 집으로 찾아가신 적이 있었는데, 그가 화담 농막으로 간 지 벌써 엿새째라고 했다. 곧 뒤따라가셨는데, 가을 장마로 물이 한창 넘쳐나서 건널 수가 없었다. 저녁 때 여울물이 조금 줄었으므로 겨우 건너가셨더니, 선생은 한창 거문고를 타면서 높게 읊조리고 있었다. 아버님께서 저녁밥 짓기를 청하자, 선생은 "나도 먹지 않았으니 함께 짓는 것이 좋겠다"고 하였다.

머슴이 부엌에 들어가 보니 솥 안에 이끼가 가득하였다. 아버님께서 이상하게 여기시고 까닭을 물으셨다. 선생이 이르기를, "물이 넘쳐서 엿새 동안 집사람이 오지 못했다. 그래서 나도 오랫동안 식사를 하지 못했으니 솥에 이끼가 났을 것이다" 하였다. 아버님께서 선생의 얼굴을 쳐다보셨는데 굶주린 기색이 조금도 없었다.

장음정이 허엽에게 유가적 소양을 길러주었다면, 화담은 도가적 소양을 길러주었다. 허엽은 이러한 스승 밑에서 글을 배우며 자라, 청렴결백한 관리이자 엄정한 유학자가 되었다. 그와 당파가 달랐던 사람들도 이러한 점에 대해서는 그를 칭찬하였다.

허엽이 젊었을 때 서경덕에게 함께 글을 배웠던 벗들 가운데 가장 가깝게 지낸 이들이 노수신과 박순(朴淳)이다. 이 두 사람은 정계에서 큰 인물이 되어 영의정까지 올랐다. 그러나 노수신은 끝까지 허엽과 가깝게 지내며 귀양 갔던 아들 허봉까지 풀어준 데 비해, 박순은 끝내 원수가 되고 말았다. 허엽이 김효원에게 추대받아 동인의 우두머리가 되고, 박순은 서인의 우두머리가 되었기 때문이다. 허균은 뒷날 김효원의 사위가 되었으며, 그의 집안은 동인의 중심 세력을 이루었다.

허엽은 승지를 거쳐 정3품인 대사간(大司諫), 대사성(大司成), 부제학(副提學) 등 중요한 벼슬을 지내며 서울 건천동 집에서 육남매를 길렀다. 특히 대사헌(大司憲)으로 있으면서 바른말을 잘한 것으로 이름났는데, 사사로운 정에 얽매이지 않고 임금 앞에서도 바른말을 했으므로 선조가 그를 매우 귀중히 여겼다. 이러한 양심과 용기는 그의 두 아들 성과 봉에게 그대로 이어졌다.

퇴계 이황은 학문에 대해서 허엽과 여러 차례 의견을 나누었는데, 비록 견해가 다르긴 했지만 그를 선인(善人)이라고 칭찬했다. 허엽은 경전의 훈계를 매우 좋아했으며 늙을 때까지 그 마음가짐을 흐트러뜨리지 않았다. 그래서 세상 사람들이 그를 어질다고 했다.

당시 왜놈들의 정세가 심상치 않았으므로, 나라에서 경상감사에 마땅한 사람을 뽑느라고 고심했다. 이산해(李山海)·이이·허엽 등이 추천되었는데, 선조는 경험이 많은 허엽을 임명했다. 1579년

5월의 일이었다. 허엽이 경상감사로 내려가 있는 동안 잘 다스렸다는 소문이 났으므로, 나라에서는 그를 장차 크게 쓰기 위해서 우선 판서(判書)로 추천하였다. 그러나 그 즈음 허엽은 병을 얻어 벼슬을 내놓았다. 서울로 돌아오는 길에 상주 객관(客館)에서 숨을 거두었는데, 그의 나이 예순네 살 되던 1580년 2월 4일이었다.

벗과 사귀며 글을 배우다

허균이 아홉 살 때 가족이 모두 상곡(庠谷)으로 이사갔다. 상곡은 '학교가 있는 동네'라는 뜻인데, 남부 학당이 있던 동네, 즉 지금의 필동 부근인 듯하다. 허봉이 명례방(明禮坊: 지금의 명동)에 사는 허균에게 보낸 시가 문집에 실려 있는데, 허균은 그곳에서 임수정(任守正), 임현(任晛), 최천건(崔天健) 같은 벗들과 사귀었다.

임수정은 허균보다 한 살 어렸지만 어려서부터 기이한 뜻을 품고 있었다. 두 사람은 서로를 아끼며 거리낌없이 사귀었다. 풀피리 불며 목마를 타고 노닐던 어린 시절부터 자라나서 책을 끼고 스승을 찾아다니던 때까지 그들의 사귐은 계속 이어졌다. 낮이면 책상에 마주앉아 글을 읽었고, 밤이면 베개를 함께 베고서 잠이 들었다. 한시도 서로 떨어져 있을 수가 없어 그 정다움이 형제와 같았다.

임은 허균과 같은 해에 태어났지만 몇 달 앞섰다. 이들은 비슷한 나이에 과거에 급제하고 벼슬길에 올랐다. 그러나 임수정과 임현은 너무나 젊은 나이에 죽었다. 죽마고우들을 일찍 잃었으므로, 허균의 삶이 더욱 외로웠을 것이다. 최천건만이 오래 살았고 빨리 출세해서 허균이 벼슬에서 쫓겨날 때마다 도와주었다.

유몽인(柳夢寅)은 『어우야담』(於于野談)에서 이 시절의 허균을 이렇게 기록하였다.

> 역적 허균은 총명하고도 영특했다. 태어난 지 아홉 해 만에 시를 지을 줄 알았는데 매우 아름다웠다. 여러 어른이 그를 칭찬하면서, "이 아이는 뒷날 마땅히 문장을 잘하는 선비가 될 것이다"고 했다. 그러나 오직 한 사람, 그의 매형 우성전만은 그의 시를 보고 이렇게 말했다. "뒷날 문장을 잘하는 선비가 되기는 하겠지만, 허씨 집안을 뒤엎을 자도 반드시 이 아이일 것이다."

한씨 부인에게서 태어난 허균의 둘째 누나는 우성전에게 시집갔다. 우성전은 퇴계에게 성리학을 배웠으며 문과에 급제한 뒤 벼슬이 대사성에 이르렀다. 명석하고 성품이 고매하여 허씨 집안과 함께 동인의 중심 세력이 되었으며, 임진왜란 때에는 의병을 일으켜 공을 세웠다. 우성전은 아홉 살 된 허균의 재주가 너무나 번득였기에, 어린 처남의 시 한 편에서도 뒷날 집안을 뒤엎게 되리라는 불길한 징조를 본 것이다.

허균은 열 살 즈음에 『논어』(論語)와 『통감』(通鑑)을 읽었고 일 년도 채 되지 않아서 문장의 이치를 환하게 통했다. 그의 아버지는 형들에게 한 것과 마찬가지로 그에게도 우리나라 역사를 가르쳤다. 많은 문인들이 중국의 역사는 환하게 알면서도 우리나라 역사는 거의 모르는 것을 부끄럽게 여겼기 때문이다. 그래서 허균은 우리나라 역사에 대해서 비교적 자세히 알게 되었고, 뒷날 800여 년에 걸친 시화들을 모아 품평한 『성수시화』(惺叟詩話)를 지을 수 있었으며, 참고문헌 하나 없는 유배지에서도 「성옹지소록」같이 박식한 글을 지을 수 있었다.

허균이 겨우 열두 살의 어린아이였을 때 아버지가 돌아가셨다. 따라서 그의 기록에서는 아버지에 대한 따뜻한 정을 거의 찾아볼 수 없다. 스승으로서의 아버지만 회상되었고 오히려 형들에게서 따뜻한 아버지의 모습을 느끼며 자랐다. 나이 차이가 제법 많았던 형들은 실제로 아버지 노릇을 하며 허균을 길렀는데, 허균도 아버지를 잃었다는 충격과 슬픔을 오래도록 느끼지는 않았던 것 같다. 뒷날 이씨 성을 가진 자신의 제자에게 편지를 보내면서 허균은 이 시절을 이렇게 회상했다.

> 나는 열두 살 때 아버님의 엄한 가르침을 잃었다. 어머님과 형님들은 가엽게 여기고 사랑하셔서 글공부를 감독하거나 꾸짖지 않으셨다.

허균은 이 무렵 부지런히 글을 읽었다. 그러나 그의 목표는 학문을 닦는 데 있지 않고 과거 급제에 있었다. 속을 다지기보다는 겉을 꾸미기에 바빴다. 그는 재주가 뛰어났으므로 과거 공부에도 남다른 소질을 보였다.

좀 자라난 뒤에는 과거 공부하는 사람이 있다는 것을 알았다. 그래서 그를 따르고 본받았다. 그리고는 나도 빨리 이뤄야겠다는 생각이 들어서 육경(六經)과 여러 역사책들을 두루 읽었다. 그러나 그 뜻을 대체로 깨닫기에 그쳤을 뿐이지, 그윽하게 몸으로 받아들이려 하지는 않았다. 뱃이 커지고 간이 부어서 하루에도 수만 마디를 외우느라고 입술을 쉴 새 없이 나불거렸다. 사람들이 나더러 뛰어나게 똑똑하다고 칭찬했고 나 또한 그렇다고 과시했다. 그러나 학문과 문장을 알지 못했으니, 처음에는 많이 보고 외우는 정도에서 벗어나지 못했던 것이다.

「답이생서」(答李生書)『성소부부고』(惺所覆瓿藁) 권10

이처럼 홀어머니와 형들의 귀여움을 받으며 제멋대로 과거 시험 준비만 하던 허균에게 참다운 스승이 나타났다. 그는 바로 천재 시인으로 이름났던 손곡(蓀谷) 이달(李達)이다. 미천한 기생의 몸에서 태어난 서얼이었기에 높은 벼슬에는 오를 수 없었지만, 허씨 집안에서는 그를 스승으로 받아주었다. 초당도 살아 있을 때 이달과 가깝게 지냈으며, 허봉은 그와 가장 가까운 벗이었다.

시의 세계를 가르쳐준 작은형 허봉

허균이 네 살 되던 해에 작은형이 스물두 살 젊은 나이로 문과에 급제했다. 작은형의 이름은 봉(篈), 호는 하곡(荷谷), 자는 미숙

(美叔)이다. 허균이 태어나기 전 해인 1568년에 생원시에서 장원했으며, 문과 급제는 형인 허성보다도 11년이나 앞섰다.

허봉은 1551년 6월 25일에 태어났다. 허균보다는 18년이나 위였으므로, 형인 동시에 스승인 셈이었다. 실제로 허균은 뒷날 작은형에게 시를 배웠으며, 그를 통해 당대의 이름난 시인이나 문장가들을 만났다. 작은형이 죽은 뒤 허균은 그를 위해서 문집과 연보를 엮어주어 제자로서의 도리를 다했다.

허봉은 일곱 살 때부터 글을 지을 줄 알았다. 열 살에는 경전과 역사에 통했으며, 시를 지어도 그 나름대로 일가를 이뤘다. 또한 총기가 뛰어나서 책을 보아도 한 번 읽으면 잊어버리지 않았다. 열여덟 살에 생원시에 장원했는데 그 뒤로도 문장이 날로 더욱 나아졌다.

문과에 급제한 허봉은 승문원(承文院) 부정자(副正字, 종9품)를 거쳐 예문관(藝文館) 검열(檢閱, 정9품)에 제수되었다. 그러나 곧 선조에게 재주를 인정받아 특별히 휴가를 얻어 호당(湖堂)에서 글 읽을 기회를 가졌다. 문학에 뛰어난 젊은 관리에게 녹봉을 주면서 두모포(豆毛浦: 지금의 옥수동 강가) 독서당에서 글만 읽게 했던 사가독서(賜暇讀書)는 문학하는 선비들에게 최대의 영예이자 앞날이 보장되는 길이기도 했다.

허봉은 처음에 당시 유행대로 소동파의 시를 배웠다. 사변적이고 주지적인 송나라 시는 고사성어를 많이 썼으므로, 그가 즐겨 사용한 고사들도 모두 시나 문장에 잘 들어맞았다. 그러다가 호당에서 『당시품휘』(唐詩品彙)를 열심히 읽어 당나라 시를 몸에 익힌 뒤에는 비로소 시가 맑고도 굳건하게 되었다.

허균이 여섯 살 되던 해인 1574년에 예조좌랑(정6품)을 제수받은 허봉은 중국 가는 사신길에 서장관이 되겠다고 스스로 청하고 나섰다. 명나라 황제의 생신을 축하하러 가는 사신 박희립을 따라서 중국으로 가게 된 것이다. 외국에 나갈 기회가 거의 없었던 당시로서는 사신 일행으로 나가는 것이 중국을 구경할 수 있는 유일한 기회였다. 따라서 평생 중국의 책을 읽고 그들의 문학과 역사를 공부한 선비에게 중국 여행은 일생 일대의 영광이기도 했다. 그만큼 능력 있는 관리에게만 주어지는 기회였다.

허봉은 이 사신길에서 중국의 여러 선비들과 만나 시를 주고받았다. 뛰어난 학자라든가 높은 관리에게도 자신의 의견을 굽히지 않았으므로 그들 모두 탄복했다. 허봉은 일을 끝내고 호당으로 돌아온 뒤에, 중국 여행을 더듬으며 『하곡조천기』(荷谷朝天記)를 지었다. 이 책은 지금 남아 있는 연행일기 가운데 최초의 것이다. 그리고는 곧 홍문관(弘文館) 수찬(修撰, 정6품) 벼슬을 받았다. 홍문관은 장래가 촉망되는 젊은 인재들이 반드시 거치던 언관(言官) 벼슬이었으니, 허봉은 스물넷의 젊은 나이에 중국에까지 이름을 날렸으며, 탄탄한 벼슬길에 올라선 것이다.

허균이 여덟 살 되던 해인 1576년에 허봉은 사헌부 지평(持平, 정5품)이 되었으며, 아홉 살 되던 해에는 의정부 사인(舍人, 정4품)과 홍문관 응교(應敎, 정4품) 등의 벼슬을 했다. 이듬해에는 함경도 어사가 되어 국경을 살피고 돌아왔는데, 지금까지 벼슬하던 궁중의 분위기와는 다른 국경 지방의 모습을 시로 읊으면서 호방한 기질을 보였다.

허균이 열다섯 살이 될 무렵, 허봉은 "열다섯 어린아이의 필봉(筆鋒)이 늠름하다"고 하면서 허균의 글 솜씨를 칭찬했다. 그러나 바로 이 해(1583년)에 허봉은 머나먼 귀양길에 오르게 된다.

허봉은 글도 잘 지었지만 술도 잘하는 호인이었다. 그가 옥당(玉堂: 홍문관의 별칭)에 있을 무렵, 밤이면 선조가 숙직자를 불러다 경사(經史)를 강론케 하고, 반드시 술을 많이 권해서 흠뻑 취하게 만들곤 했다. 평소에 술을 많이 마시던 사람들도 혹시나 예의법도를 잃을까 염려해서 머뭇거리며 곧장 마시지 못했다. 그러나 허봉은 대개 큰 잔을 기울였는데, 잔이 돌아오면 거꾸로 뒤집어가며 마셔버렸다. 내시들은 그가 남길 것이라고 생각했기에 머뭇거리면서 잔을 되돌려 받지 않았지만, 임금은 그가 벌써 다 마신 것을 알고 있었다.

옥당에는 노구솥이 하나 있었는데, 닷 되의 술을 담을 만한 크기였다. 이 솥에 가득 담긴 술을 한숨에 통쾌하게 들이마시면 그 사람의 이름을 노구솥에 새겼다. 예전에는 오직 김천령이라는 이름 하나만 새겨져 있었는데, 허봉의 이름이 그 다음으로 새겨졌다. 허균은 작은형의 이러한 풍류를 자랑스럽게 생각해서 「성옹지소록」에다 적었다.

허봉은 술만 잘 마신 것이 아니라 글도 힘차게 지었고, 바른말도 거침없이 잘했다. 명나라에 서장관으로 다녀온 뒤에 곧 이조좌랑이 되었는데, 선조가 자신의 친할머니인 명종의 후궁 안빈(安嬪)의 사당을 대궐 안에 봉안하려고 하자 힘껏 반대했다. 그는 임금에게 강(講)하는 자리에서 이렇게 간했다.

> 명분이 바르지 못하면 순리가 될 수 없고, 백성들은 손발을 제대로 놀릴 수 없습니다. 이번에 덕흥대원군(선조의 친아버지)의 사당을 일컬어 가묘(家廟)라고 했으니, 이것은 무슨 명분에서입니까? 나라에 어찌 종묘 이외의 가묘가 있습니까? 지금까지는 대원군 사당이라 하기도 하고, 혹은 사묘(私廟)라고도 불러왔습니다. 더구나 전하께서는 안빈을 할머니라고 했는데, 이것은 더욱 잘못된 일입니다. 비록 대원군께서 살아 계시더라도 적통(嫡統)에 눌려서, 그 어머니를 어머니라고 할 수 없습니다. 더군다나 나라의 대통을 이어받으셨으니, 어찌 감히 할머니라고 부르겠습니까? 또 대원군은 제후의 별자(別子)이기에 백대에 옮기지 않을 사당이 될 수 있지만, 안빈은 첩모(妾母)라서 사실(私室)에 제사하는 것이 옳습니다. 선조(先祖)의 사당에는 들어갈 수 없습니다.

임금 앞에서 임금의 친할머니를 첩이라고 닦아세우자 선조도 어쩔 수가 없었다. 허봉이 죽은 뒤에 허균은 그가 남긴 글들을 모아서 『하곡집』(荷谷集)을 엮으면서 「하곡선생연보」를 지어 붙였는데, 그 글에서 작은형의 천성이 곧았다고 기록했다.

> 옳은 생각을 가지게 되면, 굳게 잡고서 흔들리지 않았다. (줄임) 비록 임금 앞에 섰더라도 굽힘이 없었다. 때때로 임금의 얼굴빛을 찌푸리게 할 정도로 힘껏 아뢰었다. 임금께서 어쩌다 진

노하시면 옆 사람들까지도 땀을 흘렸지만, 선생은 그래도 흔들리지 않았다.

허봉이 다른 사람들을 두려워하지 않고 바른말을 하는 버릇은 아버지 허엽의 강직한 성품을 그대로 물려받은 것이다. 그러나 선조는 자기의 친할머니가 첩이라는 소리를 듣고 그때부터 허봉을 미워하기 시작했다.

예전에도 서북 지방에 순무어사(巡撫御使)로 나가서 국방을 살폈던 허봉이 계미년(1583)에는 경기도 순무어사로 나가게 되었다. 수원에 이르러 군기 준비가 제대로 되지 못한 것을 보고는 부사 한응을 파면시켜야 한다고 아뢰었다. 나아가서는 병조판서 이이의 잘못을 들어 탄핵까지 했다. 그런데 당시 이이가 서인의 후원자였기 때문에 이 탄핵은 곧 당파 싸움으로 이어졌다. 허봉이 이이를 탄핵한 내용은 이렇다.

> 이이가 갑자기 높은 자리에 승진하여 나라의 중한 책임을 맡았으니, 마땅히 두려워하고 조심하며 마음을 다하여 직무를 수행해야 할 것입니다. 그런데도 군사 행정의 중한 일을 아뢰지도 않은 채 먼저 시행했고, 내병조까지 들어왔다가도 끝내 임금의 명을 받들지 않았습니다. 그는 병권을 마음대로 행사하고 임금을 업신여긴 죄를 범한 것입니다. 이에 대간(臺諫)에서는 사실에 의하여 탄핵하지 않을 수 없고, 이이 자신도 스스로 돌이켜 허물을 반성하기에 겨를이 없어야 하는데, 오히려 남을 의심하고 시기하

며 매우 분해하고 원망하는 마음을 품었습니다. 반드시 대간의 말을 꾸며낸 거짓말처럼 몰아붙이려고, 좌우와 여러 관원에게 물어서 죄의 경중을 판정해달라고까지 전하에게 청했습니다. 그는 승부를 결단하려는 자와 같습니다. 자기가 옳다고 무리하게 변명하며 자기 잘못에 대해 말하는 자를 위협하고 억제합니다. 그는 대간을 업신여기고 공론을 매우 가볍게 여겼으니 파직시키기를 청합니다.

허봉의 동료들도 여러 차례 상소하였다. 그 가운데 주동이 된 이들은 동인의 젊은 기수인 대사간 송응개, 승지 박근원, 전한(典翰) 허봉 세 사람이었다. 그러나 선조가 워낙 이이를 두텁게 신임한 데다 허봉이 바른말 하는 것을 미워했으므로, 이 싸움에서는 동인이 지고 만다. 그래서 특명을 내려 송응개를 장흥부사로, 허봉을 창원부사로 좌천시켰다. 그래도 분이 풀리지 않아 다시 송응개는 함경북도 회령으로, 박근원은 평안북도 강계로, 허봉은 함경남도 갑산으로 귀양 보내라고 명했다. 계미년에 일어난 이 사건을 역사에서는 계미삼찬(癸未三竄)이라고 한다.

허봉이 갑산으로 귀양을 떠나게 되자 여러 사람이 배웅을 나왔다. 허봉은 친구들과 헤어지면서 시를 지어주었다.

차가운 나무에 갈가마귀 울고 날은 저무는데
술 한 동이 가지고 와서 위로해주니 쫓겨가는 신하 서글프구나.
이 세상에서 서로 만날 날 다시는 없을 것 같아

어두운 황천길 곧바로 가리키며 뒷날을 약속하네.

寒樹鴉啼欲暮時 一壺來慰楚臣悲
此生無復相逢日 應指重泉作後期

「贈別」

뒷날 허봉은 귀양에서 풀려나긴 했지만 임금의 명령 때문에 서울 안으로 들어올 수가 없었다. 이 시의 구절처럼 이 세상에서 다시 벗을 만나지 못하고 죽은 것이다. 허봉의 누이동생 난설헌도 오빠를 귀양길로 떠나보내면서 시를 지어주었다.

멀리 갑산으로 귀양 가는 나그네여
함경도 가느라고 마음 더욱 바쁘시네.
쫓겨나는 신하야 가태부와 같지만
임금이야 어찌 초나라 회왕이시랴.
가을 비낀 언덕엔 강물이 찰랑이고
변방의 구름은 저녁 노을 물드는데,
서릿바람 받으며 기러기 울어 예니
걸음을 멈춘 채 차마 길을 못 가시네.

遠謫甲山客 咸原行色忙
臣同賈太傅 主豈楚懷王
河水平秋岸 關雲欲夕陽
霜風吹雁去 中斷不成行

「送荷谷謫甲山」

허봉에게 탄핵받고 잠시 병조판서 벼슬을 내놓았던 이이가 고향에서 쉬다가 다시 서울로 올라왔다. 선조가 이조판서로 임명하자 이이가 아뢰었다.

"박근원과 송응개는 전혀 악한 마음이 없다고는 할 수 없습니다. 그렇지만 허봉은 경망하고 일을 좋아할 뿐이지 간사한 사람은 아닙니다. 그 재주가 아깝습니다. 이 세 사람이 견책을 받은 것이 너무 중하니, (줄임) 모름지기 너그러운 처분을 내리소서."

그렇지만 율곡이 죽을 때까지 허봉은 유배지에서 풀려나지 못했다. 허봉은 귀양을 가서도 집에 남아 있는 아우 균을 생각하면서 시를 지어 보냈다.

처마 밑 풍경 소리가 댕그랑거리며 밤이 깊어가는데
잠도 이룰 수 없어 멀리서 글 읽는 소리만 듣는단다.
네 생각하다가 어머니 그리워 다시 눈물 흘리니
한강 남쪽 언덕엔 봄풀 새로 돋겠구나.
簷鐸丁當欲二更 不眠遙聽讀書聲
因君更洒思親淚 漢水南邊草又生

「傷懷贈舍弟」

허봉이 귀양 간 1583년에 큰형 허성이 서른다섯의 나이로 문과에 급제했다. 허성은 그동안 쌓인 저력으로 순탄하게 승진했다. 아버지가 없는 집안을 바로잡고 아우 균을 보살피며 어려운 일을 겪을 때마다 도와준 이가 바로 큰형 허성이었다.

이 무렵 허균은 한참 과거 준비에 열심이었다. 그러다가 1585년(선조 18) 봄에 한성부에서 치르는 초시에 합격했다. 상곡에서부터 글공부를 같이하며 자라던 동갑내기 임현과 함께 합격한 것이다. 그러나 임현은 아버지의 상을 당하여 곧 남쪽으로 내려가고 혼자서 과거 공부를 계속했다.

한편 허봉이 멀리 갑산으로 귀양 간 뒤에도 그를 구해주려는 상소가 잇달았다. 그의 편이었던 동인 측에서는 물론이고, 그와 적대 관계에 있던 서인들까지도 그를 풀어달라고 아뢰었다. 그의 뛰어난 재주가 아까웠던 것은 물론이고, 바른말을 했다고 해서 위험한 곳으로 귀양 보낸 것도 지나쳤기 때문이다.

1584년(선조 17) 1월 16일에 이조판서 이이가 죽자, 그 해 여름에 정철(鄭澈)이 선조에게 차자(箚子: 간단한 서식의 상소문)를 올려 아뢰었다.

"허봉, 송응개, 박근원 세 사람을 반드시 죽을 땅에 두었으므로 여론이 좋지 않습니다. 참작하시어 옮기기를 청합니다."

정철은 서인이었지만 여론을 어루만지기 위해서 허봉의 석방을 청한 것이다. 그러나 선조는 결코 용서하지 않았다. 그 다음해인 1585년 2월에 영의정 노수신이 다시 아뢰었다.

"이들 세 신하가 귀양 간 사건에 대해 (그 사실의 자세한 과정은) 알든 모르든 간에 모든 사람들의 여론이 너무 지나쳤다고 합니다. 하늘의 천둥과 번개도 하루를 넘기는 노여움이 없으니, 너그러운 용서를 내리시기 빕니다."

노수신은 허엽과 예전부터 건천동에 같이 살았으며, 서경덕에게 같이 나아가 글을 배웠던 옛 친구였다. 그는 좌의정으로 있다가 서인들의 등쌀에 못 견디어 벼슬을 버리고 고향 상주로 돌아가 쉬고 있었는데, 선조가 여러 번 부르자 1584년 5월에야 비로소 올라와 있었다. 노수신의 추천으로 선조는 유성룡을 다시 등용하였고, 그렇게 미워하던 허봉 등 세 사람까지도 놓아주었다. 그러나 선조는 이 석방에 대해서 단서를 붙였다.

"송응개와 허봉, 이 간사한 두 사람은 오랜 감정을 품고 거짓 꾀를 꾸며내었다. 무리를 이루어 외치면서 어진 선비를 모함하고 배척했다. 행동이 가볍고 망령된 자들이 따라서 외쳐대므로, 그만 조정이 크게 어지러워지고 온 나라까지 위태롭게 되었다. 그래서 멀리 내쫓아 귀양 가는 형벌을 내려서, 뒷날에라도 신하들 가운데 나쁜 마음을 품고 나라를 병들게 하는 자로 하여금 경계할 줄을 알게 했던 것이다. 이제 그대가 그토록 말하니, 두 사람을 석방하여 먼 지방에 살게 하라."

갑산으로 귀양 간 지 두 해 만에 풀려나게 된 것이다. 허봉은 귀양길을 떠나면서도 이태백의 시집을 가지고 가서 열심히 읽었다. 이태백을 일러서 '인간 세계로 귀양 온 신선'〔謫仙〕이라고 하듯, 허봉도 그곳에서 귀양 온 신선처럼 살았다. 허봉의 글 솜씨가 하도 놀랍고 사람됨이 또한 신선 같았으므로, 귀양 온 죄인의 처지임에도 불구하고 함경감사 권극지(權克智)가 그를 극진히 대접했다. 그래서 사헌부에서는 권극지를 심문하게 해달라고 선조에게 청한 일까지 있었다. 자유의 몸이 되어 함원역에 다다른 허봉은 너무도 기뻐서 첫번째 시를 지었다.

북풍을 등에 받으며 밝은 햇빛 아래로 돌아온 이 몸
나라님의 은혜가 바다 같아 끝없이 눈물 흘리고 섰네.
역마을에 걸터앉아 그동안 살아온 일 헤아려보니
홍문관에서 글 날리던 시절이 마치 꿈속만 같구나.
日下歸人背朔風 聖恩如海泣無窮
郵亭坐筭平生事 玉署金華似夢中

「赦後到咸原驛」

홍문관에서 글 날리던 시절은 허봉의 전성기였다. 허봉은 다시 돌아올 것 같지 않은 그 시절을 그리워하며 눈물을 흘리면서 이 시를 지었다. 그리고는 기약 없는 떠돌이 길에 올랐다. 백운산에 들어가 글을 읽기도 했으며, 춘천까지 떠돌아다니며 산과 물을 찾아 즐겼다. 서울로 들어올 수 없었던 허봉은 한때 인천에 머물며 글을 지었다. 인천은 서울과 가까운 곳이었지만 집에 편지를 부쳐도 답장이 없었다. 그래서 집에 있는 아우에게 시를 지어 보냈다.

은하수는 맑고도 고요하게 땅바닥까지 이어지고
한밤중 차가운 서리는 버들가지에 내려앉았네.
한강 물은 푸른 바다까지 이어졌건만
어인 일로 돌아오는 밀물에다가 답장을 부쳐주지 않나.
星河垂地沈寥寥 午夜寒霜集柳條
何事漢江連碧海 不將音信寄歸潮

「仁州寄舍弟」

허봉이 아우에게 보낸 편지들을 보면 "온갖 일이 사람에게 일어나는데, 내 재주 굴러떨어져 씀바귀처럼 되었네"라는 푸념과 눈물로 가득 찼다. 허봉은 세상과 어울릴 수 없는 괴로움을 견디기 위해서 차츰 불교에 몸을 담았다. 가까운 벗 사명당(四溟堂)과 더불어 불교의 깊은 교리를 논하기도 했다. 그러다가 1588년(선조 21) 가을에 금강산을 찾아들어갔다. 대명암에서 머물며 좀더 깊이 도를 닦고 세상의 괴로움을 잊기 위해서였다.

먼저 구룡연을 둘러보고, 금강산에서 가장 높다는 비로봉을 찾아 올라갔다. 그 날이 마침 추석이었다. 멀리 나가 있는 자식들이 모두 집에 모여서 살아 계신 부모를 찾아뵙고 조상의 무덤도 돌아보는 추석이었지만, 나라로부터 버림받은 허봉은 서울에 돌아갈 수가 없었다. 그래서 눈물을 흘리며 시를 지어 사랑하는 아우 허균에게 부쳤다.

> 팔월 보름날 밤에
> 비로봉 위에 나 홀로 섰네.
> 계수나무엔 서리가 내려 차갑고
> 한 마리 기러기가 서풍에 날아가네.
> 형님은 순천 땅에 가 계시고
> 아우는 명례방에 있는데,
> 해마다 헤어져 있는 설움으로
> 괴롭게 흘리는 눈물이 가을 서리를 적시네.
> 八月十五夜 獨立毘盧頂

桂樹天霜寒 西風一鴈影

兄在順天府 弟居明禮坊

年年離別恨 苦淚濕秋霜

「楓岳寄舍弟」

 허봉은 이어서 대명암에 내려와 머물렀다. 그러나 젊어서부터 술을 너무 많이 마신 탓에 황달에 걸렸고, 시고 차가운 것을 너무 많이 먹었기 때문에 한담(寒痰)까지 걸렸다. 병마에 시달리다 너무 괴로워 의원에게 보일까 하고 들것에 실려 마을로 내려왔지만, 강원도 금화현 생창역에 이르러 끝내 숨을 거두었다. 1588년(선조 21), 그의 나이 서른여덟 살이었다.

 마침 허봉의 벗 서인원이 그 고을의 사또로 있었으므로 그의 장사를 도와주었다. 허봉의 주검을 옮겨서 한강 남쪽 상초리에 있는 아버지 초당의 무덤 서쪽에 묻었다. 임금 앞에서도 눈치를 살피지 않고 바른말을 해서 번번이 화를 입었던 그였기에, 홀어머니가 계신 서울 안에도 들어가지 못하고 떠돌아다녀야만 했다. 그가 남긴 것이라곤 몇 권의 저서와 천여 편의 시, 그리고 불경 몇 권뿐이었다.

 허봉의 죽음을 슬퍼하면서 여러 벗들이 모여들었다. 허균이 특히 유심히 본 것은 사명당의 조문이었다. 사명당은 그때 오대산에 들어가 있었는데, 찾아와서 서럽게 조상하고 만사(輓詞: 죽은 사람을 위하여 지은 글)까지 지어주었다. 그 글에는 친구의 죽음 때문에 몹시 괴로워하는 모습과 슬퍼하는 뜻이 깃들여 있었다. 얼핏

보기에는 사람이 살고 죽는 문제에 대해 석연치 않게 여기는 것 같기도 했다. 그래서 한참 불교에 빠져들던 허균은 속으로 이렇게 의심했다.

"스님의 도는 아직도 상승의 경지를 깨닫지 못한 것 같다. 그렇지 않다면 어찌 세속 사람들이 슬퍼하고 기뻐하는 것을 못나게 본받을까?"

사명당에 대한 허균의 호기심은 그 뒤에도 여전했다. 임진왜란이 일어나자 중들을 이끌고 나가 살생도 서슴지 않았던 그였고, 싸움이 끝나자 바다 건너 일본까지 찾아가서 강화조약을 맺고 돌아온 그였다. 세상의 인연을 버리고 산 속으로 숨어들어간 스님이 아니라, 세상을 지키기 위해 사대부나 문인보다도 더 큰일을 해낸 스님이었다. 스승처럼 모셔온 작은형이 제명에 못 죽었지만, 손곡이나 사명당처럼 기이한 스승들이 여전히 허균의 앞길을 열어주었다.

천재 시인 허난설헌

작은누나의 이름은 초희(楚姬), 호는 난설헌, 자는 경번(景樊)이다. 조선시대 여인들은 이름이 없었다. 몇몇 양반집 여성들에게는 당호(堂號)가 있었고 기생들에게는 이름이 있었지만, 그것이 자신을 내세우기 위한 이름은 아니었다. 족보에도 이름이 제대로 오르지 못했으니, 일생 동안 이름도 남기지 못하고 살다가 죽었던 것이다. 이러한 조선시대에 살면서 떳떳하게 이름과 자, 그리고 호까지 지니고 살던 여자가 바로 허초희이다. 그러나 다른 여인들이 못 가졌던 이름을 가지고 자신을 남과 구별했다는 것부터가 그에게는 불행의 시작이었다.

난설헌은 1563년(명종 18)에 태어났다. 그 다음해에 아버지가 경주부윤이 되었으며, 곧 대사성이 되어 서울로 올라왔다. 아버지와 오빠들의 벼슬길은 그 뒤로 한동안 순탄했다. 이처럼 유복한 집안에서 자라난 난설헌은 특히 글재주가 뛰어나서 여신동이라고 불렸다. 중국의 『양조평양록』(兩朝平攘錄)에도 "장원 허균의 누이가 일곱 살에 능히 시를 지었으므로 온 나라에 여신동이라고 불렸다"고 기록되어 있다.

난설헌은 또 「광한전백옥루상량문」(廣寒殿白玉樓上樑文)을 여덟 살에 지어 많은 사람들의 입에 오르내렸는데, 명나라 사람 전겸익(錢謙益)은 자신이 엮은 『열조시집』(列朝詩集)에서 난설헌을 이렇게 칭찬했다.

"난설헌은 조선 사람이다. 그 오라버니 봉과 균이 모두 장원을 했다. 여덟 살에 광한전 백옥루의 상량문을 지었다. 재주로 이름 났는데, 두 오라버니보다도 더 뛰어났다."

난설헌이 글을 배우는 동안 가장 큰 영향을 끼친 사람은 오빠 허봉과 스승 손곡 이달이었다. 오빠 허봉은 어린 누이와 시를 주고받았으며, 좋은 시집이나 붓을 구하면 누이에게 보내주어 격려했다.

신선 나라에서 예전에 내려주신 글방의 벗
가을 깊은 규중에 보내어 경치를 그리게 한다.
오동나무를 바라보며 달빛도 그려보고
등불을 따라다니며 벌레나 물고기도 그려보아라.
仙曹舊賜文房友 奉寄秋閨玩景餘
應向梧桐描月色 肯隨燈火注虫魚
「送筆妹氏」

허봉은 난설헌더러 자기의 글벗인 이달의 시를 배우라고 권했다고 한다. 난설헌은 이달의 시를 배우는 동안 그의 사람됨까지 받아들이게 되었다. 이달은 양반의 아들이었지만 미천한 기생첩에게서 태어났기 때문에 뛰어난 글재주에도 불구하고 제대로 대접받지 못했다. 난설헌은 규중에서 곱게 자라난 규수였지만, 일생을 떠돌아다닌 불우한 시인 이달에게서 그의 가난과 불만을 함께 느꼈다. 유복하게 살았던 난설헌이 가난한 사람들의 이야기를 시로 지은 까닭은 스승에게 받은 영향 때문이다.

허균이 아홉 살 때쯤 난설헌은 김성립(金誠立)에게 시집갔다. 안동 김씨 집안인 시댁은 5대나 계속 문과에 급제한 문벌이었다. 김성립의 할아버지 김홍도는 진사에도 장원하고, 문과에도 장원한 드문 인재였다. 아버지 김첨도 문과에 급제하고 호당에 드나들었다. 성립의 아버지와 난설헌의 작은오빠 사이가 가까웠으므로, 이들이 호당에 드나들며 혼담을 추진한 것이다.

그러나 김성립은 난설헌과 짝이 될 수 없었다. 난설헌이 죽던 해에야 문과에 급제했으며 벼슬도 홍문관 정자(正字, 정9품)에서 그쳤으니, 재주와 학식을 난설헌과는 도저히 견줄 수 없었다. 게다가 전해오는 이야기에 따르면, 김성립은 얼굴이 못생긴 데다 방탕기까지 있었다고 한다.

김성립은 과거 공부를 한다면서 집에 붙어 있지 않았다. 이러한 이유 때문에 난설헌은 신혼 초기부터 불행했다. 마음이 맞는 아버지와 오라버니들 사이에서 곱게 자랐던 그로서는 너무나도 커다란 시련이었을 것이다. 난설헌이 강가 서당에서 글 읽는 남편을 생각하면서 시 한 편을 지어 보냈다.

> 제비는 처마 비스듬히 짝지어 날고
> 지는 꽃잎은 어지럽게 비단옷 위를 스치네.
> 동방에서 기다리는 마음 아프기만 한데
> 풀이 파래져도 강남에 가신 님은 돌아오질 않네.
> 燕掠斜簷兩兩飛 落花撩亂撲羅衣
> 洞房極目傷心處 草綠江南人未歸
>
> 「寄夫江舍讀書」

미물인 제비조차도 짝을 지어 나는데, 신혼살림을 차린 방에서 오지도 않는 님을 혼자 기다리며 지은 시이다. 철 따라 봄은 찾아오고 풀도 푸르러지며 모두가 제대로 되어가는데 자기만 홀로 있다는 내용이다. 신혼 초에 아내가 낭군을 기다리는 것쯤이야 당연하다고 할 수 있으련만, 이수광(李睟光)은 『지봉유설』(芝峰類說)

에서, "이 시가 너무나 방탕해서 『난설헌집』에 실리지 못했다"고 설명했다. 난설헌은 시집가기 전에 사랑하는 님과의 행복한 생활을 꿈꾸며 「연 따는 노래」(采蓮曲)라는 시를 지었다.

> 가을 호수는 맑고도 넓어 푸른 물이 구슬처럼 반짝이는데
> 연꽃 둘린 깊숙한 곳에다 목란배를 매어두었네.
> 님을 만나 물 건너로 연꽃 따서 던지고는
> 행여나 누가 보았을까봐 한나절 부끄러웠네.
> 秋淨長湖碧玉流 荷花深處繫蘭舟
> 逢郎隔水投蓮子 或被人知半日羞
>
> 「采蓮曲」

 이 시는 너무나 사랑에 겨운 노래이지만 뒷날 너무나 방탕하다고 해서 문집에 실리지 못했다. 결국 난설헌에게 이러한 행복과 즐거움은 어디까지나 꿈이었을 뿐이다. 정작 난설헌이 겪어야만 했던 결혼 생활은 슬픔과 눈물로만 이어졌다.

 난설헌이 지은 시 가운데 사랑을 노래한 것은 몇 편 안된다. 물론 폐쇄적이고 보수적인 조선 사회에서 그처럼 적나라한 사랑 노래를 계속 지을 수는 없었을 것이다. 그러나 난설헌의 시를 읽어보면 이들 부부는 처음부터 사이가 좋지 않았던 것 같다. 결혼 초기에 김성립은 글을 읽기 위해 강가에 있는 서당에 나가 지냈기 때문에, 난설헌은 남편과 떨어져 지내야만 했다. 규방의 외로움을 노래한 시들은 이 무렵에 지었을 것이다.

그러나 김성립은 난설헌의 이러한 외로움을 거들떠보지도 않았다. 그는 자기의 재주와 얼굴이 아내보다 못한 것에 대해서 심한 열등감을 느꼈던 것 같다. 처남이었던 허균까지도 「성옹지소록」에서, "나의 매부 김성립에게 경전과 역사를 읽으라고 해보면 혀도 제대로 놀리지 못했다"고 기록할 정도의 인물이었기 때문이다. 김성립은 매우 방탕한 생활을 했다고 전한다. 따라서 난설헌의 외로운 넋두리도 끝내는 질투로 바뀌었다.

> 내게 아름다운 비단 한 필이 있어
> 먼지를 털어내면 맑은 윤이 났었죠.
> 봉황새 한 쌍이 마주 보게 수놓아 있어
> 반짝이는 그 무늬가 정말 눈부셨지요.
> 여러 해 장롱 속에 간직하다가
> 오늘 아침 님에게 정표로 드립니다.
> 님의 바지 짓는 거야 아깝지 않지만
> 다른 여인 치맛감으론 주지 마세요.
> 我有一端綺 拂拭光凌亂
> 對織雙鳳凰 文章何燦爛
> 幾年篋中藏 今朝持贈郞
> 不惜作君袴 莫作他人裳
>
> 「遣興」

난설헌은 여러 차례 님에게 호소하고 질투도 해봤지만 님의 마음은 끝내 돌아오지 않았다. 난설헌은 규중 깊숙이 들어앉아서 그러한 원망과 체념을 시로 읊었다.

 난설헌은 조선시대의 평범한 여인네가 될 수는 없었다. 뛰어난 글과 그림 솜씨뿐만 아니라, 예술가로서의 성격이 그를 한갓 아내로서 며느리로서만 놓아두지 않았던 것이다. 시어머니의 눈 밖에 나서 고부 간에도 늘 불화가 있었다고 한다. 시어머니 은진 송씨는 당대에 경학으로 이름났던 이조판서 송기수의 딸이었는데 만만찮은 성격을 지니고 있었다. 더군다나 아들이 집에 거의 없었으므로 시어머니와 며느리 사이에는 늘 불화가 있었다. 그러던 가운데 난설헌에게 더 큰 시련이 찾아왔다.

> 지난해에는 사랑하는 딸을 여의고
> 올해에는 사랑하는 아들까지 잃었네.
> 슬프디 슬픈 광릉 땅에
> 두 무덤이 나란히 마주 보고 서 있구나.
> 사시나무 가지에는 쓸쓸히 바람 불고
> 솔숲에선 도깨비불 반짝이는데,
> 지전을 날리며 너의 혼을 부르고
> 네 무덤 앞에다 술잔을 붓는다.
> 너희들 남매의 가여운 혼은
> 밤마다 서로 따르며 놀고 있을 테지.
> 비록 뱃속에 아이가 있다지만
> 어찌 제대로 자라나기를 바라랴.

시대를 잘못 타고 태어난 예술가

하염없이 슬픈 노래를 부르며
피눈물 슬픈 울음을 속으로 삼키네.

去年喪愛女 今年喪愛子
哀哀廣陵土 雙墳相對起
蕭蕭白楊風 鬼火明松楸
紙錢招汝魄 玄酒奠汝丘
應知弟兄魂 夜夜相追遊
縱有腹中孩 安可冀長成
浪吟黃臺詞 血泣悲吞聲

「哭子」

 남편과 시어머니에게 버림받고 오직 정을 붙이고 살던 아이들마저 일찍 죽었다. 난설헌은 밤이면 비바람 불고 도깨비불마저 반짝이는 무서운 숲 속에 어린 자식들을 둘씩이나 묻어놓고, 너무 슬퍼 울음 소리도 못 내며 처절하게 울었던 심정을 시로 읊었다. 그러나 어디 그뿐이었던가. 난설헌이 못내 걱정하던 대로 유약한 체질 때문에 뱃속에 있던 아이까지 햇빛을 못 보고 죽고 말았다.

 친정에서 자라나던 시절과는 주위 환경이 너무나도 달랐다. 그토록 괴로운 나날을 보내면서, 난설헌은 자기가 살고 있던 조선 사회에 대해, 그리고 남편 김성립에 대해 회의를 느꼈다. 난설헌이 느꼈다고 전하는 세 가지 한은 이렇다. 첫째, 이 넓은 세상에서 하필이면 왜 조선에 태어났는가? 둘째, 하필이면 왜 여자로 태어났는가? 셋째, 하필이면 수많은 남자 가운데 왜 김성립의 아내가 되었는가? 이것은 조선이라는 봉건 사회에서 이단아 허균이 느꼈던 갈등과도 비슷했다.

첫째와 둘째 불만은 난설헌의 선천적인 재능에서 오는 필연적인 불만이다. 유교사상에 찌든 사회, 남존여비를 내세워 아무리 글재주가 뛰어나도 여자이고 보면 사회 진출이 막히고 홀로 시들어버려야만 하는 사회, 삼종지도(三從之道)와 칠거지악(七去之惡)이란 틀을 만들어놓고 모든 것이 남자를 위해서만 존재하는 사회에 대해서 불만을 느낀 것이다.

셋째, 왜 하필이면 김성립의 아내가 되었던가? 김성립의 집안은 안동 김씨 명문으로 허씨 집안에 버금가는 당대의 문벌이었지만, 정작 남편인 김성립이 난설헌의 눈에는 차지 않았을 것이다. 당대의 문장가였던 친정 오빠와 동생을 상대하여 시를 주고받던 난설헌에게 그 정도의 남편이 만족스러울 리는 없었다.

난설헌이 남편에게 불만을 느꼈다는 것은 후세 사람들에게도 널리 인정받고 있는 사실이다. 그런데 그 일로 해서 난설헌을 이해해준 사람보다는 비난한 사람이 더 많았으니 남존여비를 내세운 폐쇄적인 윤리관 때문이었다. 어떤 사람들은,

> 인간 세상에서 김성립과 한 번 헤어진 뒤에
> 지하에 들어가 두목지를 다시 만나리라.
> 人間一別金誠立 地下重逢杜牧之

라는 구절을 지어서 난설헌의 작품이라고 퍼뜨렸으니, 그에 대한

모욕이 이토록 심했다. 심지어는 정만조 같은 20세기의 문인도 이 시를 예로 들면서,

> 만약 사랑의 시를 짓는다면 반드시 이와 같은 모욕을 받을 것이다. 그러므로 딸을 기르는 사람들은 엄히 시를 짓지 못하게 해야 한다. 천한 무리들은 듣고 보는 것이 거의 없으므로, 창기 가운데나 혹시 시를 짓는 사람들이 있다.

라고 할 정도로 너무나도 심하게 난설헌을 헐뜯었다. 여자가 사랑의 시를 지어서 집 밖으로 이름이 알려지는 것은 창기와 같다는 뜻이다. 시대를 앞서간 여인이었기에 난설헌은 안팎으로 괴로운 시집살이를 겪어야만 했다.

1589년(선조 22)에 허균이 생원이 되었는데 이때 그의 나이 스물하나였으니, 작은형이 열여덟에 장원으로 합격한 것에 비한다면 허균 같은 천재로서는 좀 늦은 합격이었다.

누이 난설헌은 그 무렵 현실 세계에서 만족을 느끼지 못해 비현실적인 꿈의 세계, 신선의 세계로 눈을 돌렸다. 신선 세계야말로 난설헌의 영원한 고향이었다. 주어진 운명에 만족하지도 못하고 그렇다고 정면대결할 수도 없었던 난설헌은 신선이 사는 세계로 숨어든 것이다.

> 향기로운 나무는 물이 올라 푸르고
> 궁궁이 싹도 가지런히 돋아났네.

봄날이라 모두들 꽃 피고 아름다운데
나만 홀로 자꾸만 서글퍼지네.
벽에는 「오악도」를 걸고
침상머리엔 『참동계』를 펼쳐놓았으니,
혹시라도 단사를 만들어내면
돌아오는 길에 순임금을 뵈오리라.
芳樹譁初綠 蘼蕪葉已齊
春物自姸華 我獨多悲悽
壁上五岳圖 牀頭參同契
煉丹倘有成 歸謁蒼梧帝

「遣興」

　난설헌은 방 벽에다 늘 「오악진형도」(五岳眞形圖)를 걸어놓고 침상머리에는 신선의 책인 『참동계』(參同契)를 펼쳐놓은 뒤, 장생불사의 영약인 단사(丹砂)를 만들어 하늘나라로 올라갈 꿈을 꾼 듯하다. 난설헌이 하늘나라로 돌아가면서 가장 먼저 만나고픈 사람은 순(舜)임금이다. 순임금이 창오(蒼梧)에서 죽었을 때, 그의 두 왕비인 아황과 여영도 그를 따라 상수(湘水)에 몸을 던져 죽었다. 그토록 좋았던 그들의 금실이 난설헌은 부러웠다. 현실에서 이루지 못한 부부의 금실을 선계에서라도 이루고 싶어, 이상적인 남자로서 순임금을 생각한 듯하다.

　난설헌은 하늘나라의 생활을 꿈꾸며 그 이야기들을 모아서 87수나 되는 「유선사」(遊仙詞)를 지었다. 그가 평소에 지은 시에는 눈물과 외로움이 가득하지만, 「유선사」에는 불만도 눈물도 보이지 않는다. 이 글에서 하늘나라는 곧 난설헌의 고향이었고, 난설헌은 잠시 인간 세계에 내려와 살았던 선녀였다.

신선 세계를 그린 난설헌의 시 가운데 「보허사」(步虛詞)는 글자 그대로 하늘 위를 걸어다니며 부르는 노래, 즉 신선들의 노래이다. 난설헌이 지은 이 시에 대해서 아우 허균은 이렇게 평했다.

> 「보허사」는 유몽득(劉夢得)의 체를 본받았지만, 오히려 그보다도 맑고 뛰어났다. 또한 「유선사」 백 편을 지었는데, 모두 곽경순(郭景純)이 남긴 뜻을 이어받았으며, 조요빈(曹堯賓) 같은 무리들이 따라오지 못했다. 작은형과 손곡까지도 누이의 시를 흉내 내어 지었지만, 모두들 누이의 울타리 안을 벗어나지 못했다. 누이는 참으로 하늘 선녀의 글재주를 가지고 있다고 할 만하다.

난설헌의 시를 보면 오히려 하늘나라가 그의 현실적인 고향이었고, 땅 위의 인간 세계는 잠시 와서 머문 곳처럼 보인다. 그래서 중국의 시인 주지번(朱之蕃)도 난설헌의 시집에 붙인 머리말에서, "그는 봉래섬을 떠나 인간 세계로 우연히 귀양 온 선녀다"라고 소개하였으며, 그가 지어 남긴 시들은 모두 아름다운 구슬이 되었다고 칭찬했다.

난설헌은 언젠가 하늘로 돌아갈 것을 꿈꾸었고 자기가 돌아갈 때를 알고 있었다. 죽기 바로 한 해 전에 이상한 꿈을 꾸고는 시를 지었다.

푸른 바닷물이 구슬 바다에 스며들고
파란 난새가 채색 난새와 어울렸구나.
연꽃 스물일곱 송이 붉게 떨어지니
달빛 서리 위에서 차갑기만 해라.
碧海侵瑤海 靑鸞倚彩鸞
芙蓉三九朶 紅墮月霜寒

「夢遊廣桑山詩」

허균은 『학산초담』에 이 시를 전하면서 이렇게 덧붙였다.

이 시를 지은 이듬해에 누님은 세상을 마쳤다. 삼구는 이십칠이라, 누님이 세상에서 누린 햇수와 꼭 같았다. 사람의 일은 이미 예전에 정해져 있으니, 커다란 운수를 어찌 벗어날 수 있으랴.

1589년, 스물일곱이란 너무나도 젊은 나이에 난설헌은 이 세상을 떠났다. 김성립은 그 해에 비로소 문과에 급제했다. 허균은 누님의 글과 죽음에 대해서 또 이렇게 말했다.

누님의 시와 문장은 모두 하늘이 내어서 이룬 것들이다. 「유선시」(遊仙詩)를 짓기 좋아했는데, 시어가 모두 맑고도 깨끗해서 사람의 솜씨가 아니라고 이를 만하다. 문장이 또한 기이하게 뛰어났으며, 그 가운데서도 사륙문이 가장 아름다웠는데, 「백옥루 상량문」이 세상에 전한다. 작은형이 일찍이 이렇게 말씀했다.

"경번의 글재주는 배워서 얻을 수 있는 힘이 아니다. 대체로 이태백과 이장길(李長吉)이 남겨둔 글이라고 할 만하다."

오호라! 살아 있을 때에는 부부의 사이가 좋지 않더니, 죽어서도 제사를 받들어줄 아들 하나 없이 되었구나. 벽을 허물어뜨릴 만한 큰 슬픔이 어찌 끝나랴.

김성립은 다시 장가를 들었지만, 3년 뒤에 임진왜란을 맞아 싸우다 죽었다. 시체는 찾지 못하고 의관만으로 장사를 지냈는데, 경기도 광주시 초월면 경수산 안동 김씨 선영에 두번째 부인 홍씨와 함께 묻혔다. 난설헌도 그곳에 따로 있는, 어려서 죽은 아들딸의 쌍분묘 곁에 나란히 묻혀 있다.

난설헌이 지은 시는 천여 편이 넘었다지만, 그는 인간 세상을 떠나기 전에 자기가 지었던 글들을 모두 불살라버렸다. 별당에 가득 찼던 그의 시들이 모두 재로 변해버린 것이다. 자신처럼 불행한 여인이 다시는 나타나지 않기를 바란 것 같다. 허균은 이듬해인 1590년에 누이가 지어서 보내주었던 시들과 자기가 예전에 외웠던 시들을 한데 묶어서 『난설헌집』을 엮었다.

난설헌의 시가 워낙 훌륭하다 보니, 허균이 210편의 시를 정리하면서 자신이 지은 시도 집어넣고, 당나라와 명나라 시인의 시도 끼워넣었다는 의심을 받았다. 그러나 이들의 분위기가 다른 데다가 격이 또한 달라서, 서로 쉽게 넘나들 수 있는 것은 아니다. 허균이 스승인 서애(西厓) 유성룡을 찾아가 추천의 글을 받았는데, 서애가 이 글을 써준 것은 1590년 11월이었다. 난설헌의 시집은 그 뒤에 중국과 일본에서도 간행되어 우리 역사상 가장 국제적인 시인이 되었다.

서얼 출신의 스승, 손곡 이달

이달은 한곳에 오랫동안 자리잡아 살지 않고 한평생 떠돌아다 녔다. 그만큼 만남과 헤어짐도 많았다. 그의 일생 가운데서 가장 극적인 만남은 자신의 시와 사람됨을 참되게 알아준 제자 허균과 의 만남이었을 것이다.

뒷날 허균은 『학산초담』과 『성수시화』를 지으면서 손곡을 당대 최고의 학당파(學唐派) 시인으로 평가했으며, 그의 시집을 엮어서 간행하기까지 했다. 그러나 이들의 첫만남은 극적이라거나 감격 적인 분위기와는 전혀 달리, 싸늘한 가운데서 시작되었다. 홍만종 (洪萬宗)이 지은 『소화시평』(小華詩評)에서는 이 둘의 만남을 다 음과 같이 기록하고 있다.

이달은 젊었을 때 허봉과 더불어 서로 가깝게 지냈다. 하루는 허봉의 집으로 찾아갔는데 그의 아우 허균이 마침 와 있었다. 허균은 이달을 곁눈질로 잠시 흘겨보고는, 예의도 제대로 갖추 지 않고 시에 대하여 제멋대로 이야기했다. 그래서 형 허봉이 말했다.

"시인이 이 자리에 와 있는데, 너는 일찍이 이 사람의 이름을 들어보지도 못했느냐? 너를 위해서 시 한 편을 지어달라고 부탁하겠다."

그 즉시 운을 불러주자, 이달이 곧 이에 맞추어 절구 한 수를 지었다.

날이 맑아 굽은 난간에 오랫동안 앉아 있으면서
겹문까지 닫아걸고 시도 짓지 않았네.
담 구석의 작은 매화가 바람에 다 떨어지니
봄빛이 살구꽃 가지 위로 옮겨가는구나.
曲闌晴日坐多時 閉却重門不賦詩
墻角小梅風落盡 春心移上杏花枝

「呼韻」

허균은 이 시를 듣자마자 얼굴빛을 고치고 깜짝 놀라 일어나서 머리를 굽히고 사죄하였다. 그들은 곧 시로써 벗을 맺었다.

이달과 허균은 여러 면에서 비슷한 점이 많았다. 둘 다 글재주가 뛰어났으며 세속적인 예의범절 차리기를 즐겨하지 않았고, 남에게 얽매이기를 싫어했다. 그래서 이들은 남에게 미움을 받기도 했다.

허봉의 집에서 두 천재 시인이 처음 만났을 때 이달은 얼굴뿐 아니라 옷차림도 초라했다. 허균은 처음 만난 사람을 의식하지 않고 거리낌없이 시에 대해 이야기했다. 그러나 허균은 누구보다도 시를 잘 가려내는 눈을 가졌으므로, 이달의 시를 듣는 순간 그의 참모습을 알게 되었다. 이때부터 허균은 이달에게 나아가서 시를 배웠다. 뒷날 허균이 서얼들을 동정하게 된 것은 세속의 속박을 싫어하는 그의 자유스러운 성격에서도 비롯되었지만, 서얼 출신의 스승인 이달에게서 받은 영향 또한 무시할 수 없을 것이다.

앞의 시에 나오는 낙화의 이미지는 이달에게 있어서 헤어짐을 뜻한다. 봄의 마음〔春心〕이 꽃잎 다 떨어진 매화 가지로부터 살구꽃 가지로 옮겨가는 것은 여기저기 떠돌아다니는 자신의 모습을 나타낸 것이다. 매화의 꽃잎을 떨구는 바람은 그가 살고 있던 궁핍한 시대의 세태이기도 했다. 이러한 이미지가 허균의 가슴속에 깊이 들어와 박혔고 이들의 사귐은 계속되었다.

이달은 여기저기 떠돌아다니며 마음이 맞는 벗들을 만나면 술 마시고 시를 읊었다. 마음에 드는 기생이 있으면 그를 사랑하기도 했다. 너무 지나쳐서 병까지 얻을 정도였다. 이따금 서울에 들렀지만 정작 그를 받아주는 곳은 거의 없었다.

> 좋은 자리의 높은 벼슬아치들을 곳곳에서 만나는데
> 수레는 물같이 흘러가고 말도 마치 용 같구나.
> 장안의 길 위에서 이따금 머리를 돌려보면
> 친구들 집이 곁에 있지만 아홉 겹이나 닫혀 있네.
> 好爵高官處處逢 車如流水馬如龍
> 長安陌上時回首 咫尺君門隔九重
>
> 「洛陽有感」

높은 벼슬아치도 그와 함께 글을 배웠던 친구였지만 이제는 다른 사람이 되었다. 타고 있는 말과 수레도 그의 초라한 나귀와는 비교가 안되었다. 그래서 아홉 겹이나 막아선 대문을 두드릴 생각도 못한 채 바로 그 앞에서 발길을 돌리고 말았다는 내용이다. 이것이 그에게는 이미 익숙해진 체념이었다.

 허균은 문과에 급제하기 이전에 지었던 시들을 모아서 『교산억기시』(蛟山臆記詩)라는 제목을 붙였는데, 그 시고(詩稿) 마지막 장에 스승 이달을 생각하면서 지은 시가 있다.

> 손곡은 머리가 희어질 때까지 시만 읊었는데
> 백 편이 모두 무르녹게 아름다워 유장경(劉長卿)에 가까워졌네.
> 요즘 사람들은 겉만 보고서 비웃으며 손가락질하지만
> 만고에 흐르는 강물을 어찌 그치게 할 수 있으랴.
> 蓀谷吟詩到白頭 百篇穠麗近隨州
> 今人肉眼雖嗤點 豈廢江河萬古流
>
> 　　　　　　　　　　　　　　　「絶句」

 이달이 오언절구를 잘 지었으므로, 역시 오언절구를 지어 이름났던 당나라 시인 유장경에 견준 것이다. 때를 못 만나 끝내 괴롭게 살았던 이달을 참으로 알아준 허균은 스승의 전기를 지으면서, "그를 더럽히고 모욕하여 형망(刑網)에 얽었지만, 끝내 죽여서 그의 이름을 빼앗지는 못했다"고 하였다. 사람은 받아들여지지 않았지만 그의 시는 받아들여졌다. 비웃고 손가락질하던 사람들도 끝없이 흐르는 강물을 어찌할 수가 없었던 것이다.

이러한 세태 속에서도 이들의 사귐은 계속되었다. 스승과 제자의 사이를 넘어서, 하소연할 곳 없는 떠돌이의 마음속을 열어보일 만한 사이에까지 이른 것이다. 시름에 겨워 잠도 오지 않는 밤이면 이달은 시를 지어서 허균에게 보내주었다.

나그네 시름은 가을 맞아 더하고
고향 그리는 마음은 밤이 되면서 더 깊어지네.
어둠 속의 귀뚜라미는 벽 가까이서 울고
차가운 이슬 방울은 성긴 숲 속으로 떨어지네.
서울 길에 나그네 된 지도 벌써 오랜데
산과 바다에 노닐자던 마음만은 아직도 잊을 수 없네.
향을 사르며 앉아 잠도 이루지 못하노라니
궁궐의 물시계 소리 따라 밤만 더 깊어지네.
旅病逢秋甚 鄕愁到夜深
暗蛩啼近壁 凉露墮疎林
久作洛陽客 未忘江海心
焚香坐不寐 宮漏更沈沈

「夜坐贈許端甫」

뒷날 양경우(梁慶遇)가 중국 사신을 맞으러 가던 길에 평양에 들렀더니, 이미 일흔이 넘어 머리가 다 희어진 이달이 늙은 기생을 데리고 살고 있었다 한다. 이달은 결국 평양에서 세상을 떠나

기생들의 공동묘지인 선연동 한 귀퉁이에 묻혔다. 양경우는 자기가 보고 들은 시인들의 이야기를 모아서 『제호시화』(霽湖詩話)를 지었는데, 아버지 양대박의 친구였던 이달의 마지막 모습을 동정하며 기록을 남겼던 것이다.

스승의 전기 「손곡산인전」

허균은 서얼 출신의 스승 이달을 주인공으로 해서 「손곡산인전」(蓀谷山人傳)이라는 소설을 지었다. 서사증(徐師曾)이라는 중국학자는 『문체명변』(文體明辨)이라는 책에서 전(傳)이란 문체를 설명하면서, "(역사상 뛰어난 인물의) 사적을 기재하여 후세에 전하려고 쓴 글인데, 한나라 사마천이 『사기』(史記)를 쓰면서 「열전」(列傳)이라는 형태를 처음 만들어 한 사람의 시종(始終)을 기록한 데서 시작되었다"고 했다. 원래 '전'이란 문체는 역사 기술의 한 방법이었으며, 사실 위주로 씌어졌던 것이다.

그러나 당시에는 종이가 귀했으므로 문장을 짧게 썼다. 그러다 보니 가장 의미 있는 내용만 기록해야 했으며, 짧은 문장을 통해서 뛰어난 인물의 생애와 역사적인 의미를 다 보여줘야 했으니 자연히 문학적인 구성을 통해 인상 깊은 문장으로 쓰게 되었다. 『사기』「열전」이 문학적인 작품으로 널리 읽히는 이유도 이 때문이다. 그 뒤에는 역사가가 아니라도 전을 쓰게 되었으며, 역사적으로 뛰어난 사람이 아니라도 개인적인 관계 때문에 전을 지어주게 되었다. 작가의 창작적인 의도가 더해지면서, 문집 속에 실린 전 가운데 상당수는 문학작품이 되었다. 한 인물이 살다간 삶의 모습을 생생하게 보여주는 서사문학이 된 것이다.

허균은 5편의 전을 지었는데, 모두 『성소부부고』(惺所覆瓿藁) 권8 '문부'(文部) 5에 실려 있다. '문부' 1·2는 서(序), 3·4는 기(記), 5는 전(傳), 6·7은 서(書)의 순서로 편집되었으니, 그가 이미 '전'이라는 문체를 생각하고 5편을 지었음을 알 수 있다. 그가 지은 전은 모두 넓은 의미의 한문소설에 들어간다. 5편의 주인공들은 모두 실제 인물이며, 허균이 만났던 인물들이다. 그런데 하나같이 신분상 보잘것없는 인물들이다.

「손곡산인전」의 이달은 천첩 소생의 서얼이고, 「남궁선생전」의 남궁두는 아전이며, 「장생전」의 장생은 비렁뱅이 천민이다. 「엄처사전」의 엄처사는 몰락한 양반이고, 「장산인전」의 장산인은 대대로 의업에 종사해온 중인이다. 모두 유교 사회에서 소외당했던 인물들이니, 허균이 『홍길동전』을 짓기 전부터 신분 사회에서 소외당한 인물들에게 관심이 있었음을 알 수 있다. 남다른 능력을 지녔으면서도 부조리한 사회체제 때문에 시련을 당해야 했고, 그런 사회와 맞서 끝내 자신을 굽히지 않고 살아간 주인공들의 이야기를 허균은 소설로 썼다. 「손곡산인전」은 별다른 허구성 없이 사실을 기록한 글 같지만, 이 글도 소설적인 성격을 지니고 있다.

손곡산인 이달의 자는 익지(益之)이니, 쌍매당(雙梅堂) 이첨(李詹)의 후손이다. 그의 어머니가 미천한 기생이었으므로 세상에 쓰이지 못했다. 그는 원주 손곡에 살면서 그것으로 호를 삼았다.

이달은 젊었을 때에 벌써 읽지 못한 글이 없었고, 지은 글도 매우 많았다. 한때 한리학관(漢吏學官)이 되었으나, 뜻에 맞지 않는 일이 있어서 벼슬을 버리고 떠났다. 고죽(孤竹) 최경창(崔慶昌)·옥봉(玉峰) 백광훈(白光勳)과 함께 노닐며, 몹시 기뻐하여 시사(詩社)를 맺었다.

그 무렵 그는 소동파의 시를 본받아서 그 뼛속까지 터득했으므로 한번 붓을 들면 곧 몇 백 편을 지었는데, 모두 아름답고 넉넉해서 읊을 만했다. 하루는 사암 박순 상공이 이달에게 이르기를,

"시의 도는 마땅히 당(唐)으로써 으뜸을 삼아야 한다네. 소동파가 비록 호방하기는 하지만, 벌써 이류로 떨어진 것일세."

라고 충고하면서, 곧 책시렁 위에 꽂힌 이태백의 악부(樂府)·가(歌)·음(吟) 등과 왕유(王維)·맹호연(孟浩然)의 근체시(近體詩)를 뽑아 보여주었다. 이달은 깜짝 놀라서, 시의 바른 법도가 여기에 있음을 그제야 깨달았다. 그는 앞서 배웠던 것들을 모두 내버리고, 옛날에 은거했던 손곡의 집으로 돌아왔다.

이 소설 첫머리에서 허균은 이달의 선조가 뛰어난 문장가이자 재상이었지만, 기생첩에게서 태어나는 바람에 세상에 쓰이지 못하게 되었다고 설명했다. 아버지의 이름조차 밝히지 않은 것도, 그 아버지가 이달에게 아무런 도움도 되지 못했기 때문이다. 이달이 세상에 쓰이지 못한 이유는 그가 실력이 없기 때문이 아니라, 자기 의지와는 상관없이 기생첩에게서 태어났다는 이유로 신분

제약을 가하는 사회체제 때문이었다.

 허균이 지은 다른 한문소설의 주인공들처럼, 이달도 남다른 능력을 지닌 재사(才士)였다. 이달은 당대에 가장 뛰어난 시인이었으므로, 허균은 그가 시를 익힌 과정을 낱낱이 소개하였다. 조선 초기 문단의 유행이었던 송나라의 시를 공부해서 이름을 날리다가, 당나라 시를 퍼뜨리던 박순을 만나는 순간 그동안의 공부를 다 버리고 당나라 시를 배우게 된 사연도 간결하게 묘사하였다. 지나치게 사변적이고 도학적인 송나라 시를 주로 공부했던 그에게는 진솔한 인간의 감정 표현에 힘쓴 당나라 시가 너무나 마음에 들었던 것이다.

 이달은 손곡 옛 집에 들어앉아 5년 동안 당나라 시집만 읽고 시를 지었다. "밤을 낮삼아, 무릎이 자리에서 떠나지 않기를 5년이나 계속했다. 어느 날 갑자기 마음이 밝아져서 마치 무엇을 깨달은 듯싶었다. 그래서 시를 지어보았더니 시어가 매우 맑고도 적절해서, 옛날의 모습을 깨끗하게 씻어버렸다"고 한다. 허균이 이달을 처음 만나 스승으로 모신 것도 이 무렵이다. 그는 스승이 시 짓는 모습을 이렇게 묘사했다.

> 그는 시를 지을 때에 말 한마디까지도 갈았으며, 글자 하나까지도 닦았다. 또한 소리와 율까지도 알맞게 갈고닦았다. 법도에 알맞지 않은 것이 있으면, 달이 가고 해가 가더라도 고치기를 계속했다. 이렇게 해서 열댓 편이 지어지면 그제야 여러 시인들 앞에다 내어놓고 읊어 보였다.

이달은 이백(李白)같이 타고난 시인이라기보다, 두보(杜甫)같이 갈고닦은 시인이다. 그의 시에서 두보의 분위기가 느껴지는 것도 그 때문이다. 허균은 이 소설의 앞부분에서 이달이 당대 최고의 시인으로 이름나게 된 과정을 묘사하였고, 뒷부분에선 그럼에도 불구하고 벼슬도 못한 데다 사람들에게 미움까지 받았던 이야기를 기록했다.

> 그의 마음은 가운데가 텅 비어서 아무런 한계가 없었으며, 살림살이를 돌보지 않았다. 어떤 사람들은 이러한 성품 때문에 그를 사랑하였다. 그는 평생토록 몸 붙일 곳도 없이 떠돌아다니며 사방에서 비렁뱅이 노릇을 했으므로, 많은 사람들이 그를 천하게 여겼다. 그리하여 가난과 곤액 속에서 늙었으니, 이는 참으로 그의 시 때문인 것 같다. 그러나 그의 몸은 곤궁했지만 그의 시는 썩지 않을 것이다.

자유분방한 성품 때문에 그를 사랑한 사람도 있었지만, 자유분방하게 살다 보니 가난했기에 그를 천하게 여긴 사람도 있다는 허균의 설명은 그에 대한 당대 사람들의 상반된 평가를 간결하게 보여준다. 또한 허균은 "이달의 얼굴이 단아하지 못한 데다 성격이 또한 호탕하여 절제하지 않았고, 게다가 세속의 예법을 익히지 않았으므로 당시 사람들에게 미움을 받았다"고 했다.

신분 사회에서는 신분에 따라 사는 것이 예법인데, 그는 천한 신분이면서도 예법을 거부하고 살았다. 이달처럼 남에게 굴종하기를 거부한 삶의 자세는 5편의 한문소설 주인공들의 공통점인데, 이는 작가 허균의 자세이기도 하다.

이달이 평범한 서얼이었다면 특별히 불행을 느끼지 못했을 테지만, 그가 뛰어난 재주를 지니고 있었기 때문에 문제는 심각했다. 그는 자신의 능력을 받아주지 못하는 사회를 긍정할 수 없었기에 예법에 얽매이지 않고 살았다. 그의 자유분방한 행동은 유교 사회에 대한 도전이었다. 개인의 힘으로 그 사회를 이길 수는 없었지만 그 자신도 끝내 굽히지 않고 사회를 무시하며 살았다. 주인공과 당대 사회의 대립이나 긴장 관계가 끝까지 해소되지 않은 것이다.

작가는 당대 최고의 시인 이달의 불우한 삶을 통해서 신분제도의 모순과 유교 사회의 행동 규범을 비판했다. 허균이 이달의 전기를 지은 동기는 사회의 예법과 부조리를 끝까지 긍정할 수 없었던 작가 자신이 스승 이달을 인간적으로 동정하면서, 이달을 통해서 자신의 생각을 형상화시킨 것으로 볼 수 있다.

후대에 썩지 않을 이달의 시를 전하기 위해, 허균은 그의 시집을 간행하고 그의 전기를 지었다. 그는 『학산초담』과 『성수시화』에서 이달을 당대 최고의 시인으로 평가했는데, 이러한 평가는 오늘날의 문학사에서도 그대로 받아들여졌다. 서자도 아닌 그가 『홍길동전』을 짓게 된 것도 스승 이달이 개인적으로 평생 느꼈던 한을 사회 문제화한 것이다.

참다운 글공부의 시작

열일곱 살이 되던 해인 1585년에 허균은 장가를 들었다. 아내는 의금부 도사 김대섭(金大涉)의 둘째 딸이었는데, 허균보다 두 살 아래인 열다섯에 시집왔다. 제자가 장가드는 것을 축하하면서, 스승 이달이 시를 지어 보냈다.

> 서궁의 작은딸 옥치랑께서
> 운우(雲雨) 노래를 훔쳐 베끼느라 동방을 닫았구나.
> 엿보지 못하도록 다른 사람 오는 걸 금하고
> 아름다운 화촉 밝혀 신선 낭군을 기다리네.
> 西宮季女玉卮娘 偸寫雲謠閉洞房
> 禁着外人窺不得 九華蓮燭待仙郞
>
> 「催粧戲贈蛟山」

허균은 일생 동안 여러 여인을 거쳐가며 사랑했지만, 그가 가장 사랑하고 아꼈던 여인은 첫째 부인 김씨였다. 옥치랑은 서왕모의 셋째 딸인데, 이달은 김씨 부인을 옥치랑에 비유했다. 그는 어진 아내의 노릇과 착한 어머니의 노릇을 잘했다. 허균은 어린 나이에 엄한 아버지를 잃고 어머니와 형들의 사랑만 받고 자랐으므로 버릇이 없었다. 더구나 자신의 뛰어난 기억력만 믿고서 글공부도 게을리 했다. 이러한 허균을 길들여가며 선비로 키운 데에는 그의 홀어머니와 형들 못지않게 아내의 공이 컸다.

술집과 기생집을 즐겨 드나드는 허균에게 충고한 것도 첫째 부인 김씨였는데, 그렇다고 질투를 드러내지는 않았다. 밤늦도록 허균과 마주앉아서 등불 심지를 돋워가며 글공부를 지켜본 것도 김씨였고, 잠시라도 졸면 우스갯소리를 해가며 그를 일깨운 것도 김씨였다. 또한 집안 살림이 넉넉하지 못했을 때 길쌈과 집안 다스림에 힘쓰며 홀어머니를 정성껏 모신 것도 역시 김씨였다. 허균은 김씨를 아내로 맞으면서부터 마음에 안정을 얻고, 글공부에 전념할 수 있었다.

결혼한 이듬해 봄이 되자 허균은 작은형에게 글을 배우기 위해 백운산으로 찾아갔다. 허균의 참다운 글공부는 여기서부터 시작되었다. 그곳에는 금각(琴恪)이란 젊은이가 먼저 와서 글공부를 하고 있었는데, 뛰어나게 총명하다는 소문이 멀리까지 나 있었다. 그와 편지를 주고받던 허균은 자신보다도 박식한 금각에게 무척이나 끌렸던 모양이다. 신혼살림이 정리되자마자 작은형도 볼 겸 금각도 만날 겸해서 허균은 처남 김확을 데리고 백운산으로 들어갔다.

금각은 허균보다 두 살이나 어린 아우였는데 이들은 친형제같이 가깝게 지냈다. 금각은 열두엇에 벌써 읽지 않은 책이 없다고 소문날 정도의 천재였다. 열다섯이 되던 해에 마침 허봉이 귀양에서 풀려났으므로, 금각은 책상자를 싸 짊어지고 이 천재 문인에게 찾아가 제자가 되기를 청했다. 허봉은 금각의 아버지에게 편지를 보내면서,

"참으로 그가 제게 스승이 될지언정, 제가 그의 스승이 될 수는

없습니다."
라고까지 칭찬했다. 허균은 그와 가장 가까운 글벗이 되었다. 금각의 글 솜씨는 곧 세상에 널리 알려졌다. 그가 지은 「주유천하기」(周遊天下記), 「풍창낭화」(風窓浪話) 등의 문장들은 특히 뛰어났으며, 이 글을 베껴서 외우는 사람들도 많았다. 그러나 산 속에서 건강도 돌보지 않고 글공부만 하던 그는 결국 폐결핵에 걸렸고, 2년 뒤에 18세의 젊은 나이로 세상을 떠났다. 허균은 친구의 죽음을 슬퍼하며 묘지명을 지었다.

> 병술년(1586) 가을에 폐결핵을 얻어 나날이 초췌해졌지만, 오히려 손에서 책을 놓지 않았다. 아버지와 형들은 그의 병이 더욱 깊어질까 염려되어 공부를 말렸지만, 그는 그 말을 듣지 않고 이렇게 말했다.
> "아침에 도를 들으면 저녁에 죽어도 좋다고 했습니다. 제가 좋아하는 일이라서 힘든 줄을 모르겠으니, 어찌 이 몸을 상하겠습니까?"
> 그리고는 사마광(司馬光)의 『통감』, 『강목』 등 여러 의학서들을 두루 보다가 말했다.
> "하늘이 만약 내게 몇 년을 더 빌려준다면, 아직도 채 읽지 못했던 책들을 다 읽고서 세상 마치기를 바란다."
> 병이 이미 돌이킬 수 없이 되었지만, 생각은 여전히 어지러워지지 않았다. (부모에게) 쓸데없는 기도를 못하게 하면서 이렇게 말했다.

"죽는 것은 운명에 달렸습니다. 기도는 해서 무엇하겠습니까? 나의 죽음은 (19세가 되기 전에 죽은) 장상(長殤)이니 신주를 세우지 않는 것이 좋겠습니다. 또한 몸과 넋은 땅으로 돌아가고 귀신의 기운은 가지 않는 곳이 없으니, 나를 여기에다 장사지내는 것도 또한 좋겠습니다. 어찌 고향 선영으로 돌아갈 필요가 있겠습니까? 시골길이 험하고도 멀어서, 부모님께 근심을 더 끼칠까 봐 걱정이 됩니다."

그는 병중에 있으면서 스스로 자기의 지문(誌文)을 지었다.

"봉성(鳳城) 사람 금각의 자는 언공(彦恭)이다. 일곱 살에 글을 배웠고, 열여덟에 죽었다. 뜻은 원대했지만 나이 젊어 죽었으니, 운명이다."

또한 임종할 무렵에 스스로 자신의 제문을 지었다.

"아버님이여, 어머님이여. 나를 위해 울지 마소서."

금각이 자신의 죽음을 위해 지은 지문과 제문만 보더라도 감정을 절제한 그의 글 솜씨를 알 수 있다.

허균은 작은형에게서 옛글을 배우면서 그 이전에 과거 급제를 위해 하던 글공부와는 달리 삶을 위한 학문에 비로소 눈을 떴다. 뒷날 이생(李生)이란 제자에게 보내는 편지에서 허균은, "그제야 문장의 길이 여기(옛글)에 있는 것이지, 저기(과거 준비)에 있지 않다는 것을 알았다"고 고백했다.

불교의 가르침을 전해준 사명당

허균은 작은형과 함께 지내면서 글공부 외에도 많은 이야기를 들었으며 여러 친구들을 만나게 되었다. 허봉은 이 즈음 불교에 빠져들기 시작했는데, 허균 역시 불교에서 깊은 영향을 받았다. 그 가운데서도 가장 인상 깊었던 것은 사명당과의 만남이었다. 사명당은 18세에 선과(禪科)에 급제한 뒤 글재주로 이름을 날렸고, 여러 선비 및 명사들과 가까이 지냈는데 그 가운데서도 허봉과는 내기를 할 정도로 가까웠다. 사명당은 허봉보다 일곱 살 위였다.

허균이 사명당을 처음 만난 것은 작은형을 따라다니면서 글을 배우던 병술년(1586) 여름이었다. 허균은 사명당을 처음 만나던 순간을 오래도록 기억했다. 그로부터 26년이나 지난 뒤에 사명당의 문집인 『사명대사집』(四溟大師集)이 나오게 되었는데, 사명당의 제자인 혜구 스님의 부탁으로 이 책의 머리말을 쓰면서 허균은 그 옛날의 첫만남을 이렇게 회고했다.

> 지난 병술년 여름에 나는 작은형을 모시고 있었다. 배를 타고 봉은사 아래에서 쉬고 있었는데 중 하나가 바삐 오더니 뱃머리에서 읍했다. 그의 몸은 헌칠하고 얼굴은 엄숙했다. 자리에 앉아 그와 함께 말해보니, 말은 짧았지만 그 뜻은 원대했다. 내가 그의 이름을 물었더니, 종봉(鍾峰) 유정(惟政) 스님이라고 했다. 나는 마음속으로 사뭇 그를 좋아했다.
>
> 그 날 잠은 매당(梅堂)에서 잤다. 나는 또 그의 시를 꺼내어 보

았는데 그 소리가 맑고도 뜻이 높았다. 작은형이 몹시 칭찬하면서, "그는 당나라 아홉 중의 무리에 들 만하다"고 하셨다. 그때 나는 아직 어려서 그 시의 오묘한 뜻은 아직 알지 못했지만 혼자서 마음속에 간직해두고 하나도 잊지 않았다.

허균은 사명당에게서 불교의 가르침을 많이 받았다. 사명당은 불교뿐 아니라 문학에도 뛰어났으며 여러 방면으로 아는 것이 많았다. 그는 허균의 스승이 될 만한 사람이었다. 허균은 사명당의 비문을 지으면서 "그와 형제같이 사귀었다"〔弟兄之交〕고 썼다.

사명당은 허균의 경박한 행동을 주의시키면서, 특히 말조심하라는 충고의 시를 지어주기도 했다.

남의 잘잘못을 말하지 말게나.
이로움 없을 뿐만 아니라 재앙까지 불러온다네.
만약 입 지키기를 병마개 막듯 한다면
이것이 바로 몸 편안케 하는 으뜸의 방법이라네.
休說人之短與長 非徒無益又招殃
若能守口如甁去 此是安身第一方

「贈許生」

허균은 이 무렵에 다시 서울로 돌아와서 서애 유성룡에게 나아가 문장을 배웠고, 손곡 이달에게 시를 배웠다. 이들은 둘 다 작은형의 친구였는데, 형에게서 배울 수 없는 것들을 가르쳐준 스승이었다. 당시에 스승과 제자의 관계는 매우 의례화된 제도였다. 그것은 한 인간의 학문적인 영역뿐만 아니라 자신의 존재 자체에 큰 영향을 미치는 일생을 건 헌신이었다. 정치적 출세를 위해서 스승을 정하기도 했으며, 그 관계는 평생 유지되었고 대를 이어서 지속되었다. 스승을 위해서는 목숨까지도 버릴 각오가 되어 있어야 했다.

허균은 처음 벼슬에 나아가서 유성룡을 모시고 일했는데, 그는 허씨 집안의 친구이자 후원자였다. 영의정 벼슬에 있으면서 임진왜란의 어려움을 잘 다스린 유성룡과 아무런 벼슬도 없이 떠돌아다닌 서얼 이달을 같이 놓고 귀한 아우를 맡겼던 허봉의 식견은 참으로 놀랍다. 이달은 허균의 출세에 아무런 도움도 되지 못했지만, 허균이 정(情) 위주의 당나라 시를 배울 수 있었던 것은 이달의 공이 컸다.

제2부

전쟁의 참상을 시로 읊다

임진왜란이 일어나다

이 무렵 일본에서는 도요토미라는 영웅이 나타나 여러 제후의 지방 세력을 통일했다. 국내 통일에 성공한 그는 오랜 싸움에서 얻은 제후들의 강력한 무력을 해외로 내보냄으로써 국내의 통일과 안전을 도모하고 대륙 침략을 꿈꾸었다. 그래서 도요토미는 쓰시마주(對馬島主) 소오 요시시게(宗義調)에게 명하여, 조선이 일본에 사신을 보내도록 하여 서로 수호(修好)하라고 했다. 그는 조선과 동맹을 맺고 명나라를 칠 생각이었다. 쓰시마주에서는 조선 조정에 일본과 수호하고 통신사를 일본에 보내라고 요구해왔다. 조선 조정에서는 그제야 일본의 국내 정세가 바뀐 것을 알았으나, 그의 서신에 오만무례한 구절이 있다고 해서 이를 거절했다.

도요토미는 쓰시마주를 통해 재차 교섭을 청하였고, 교섭이 뜻대로 안되면 침략할 뜻을 나타냈다. 조정에서는 오랜 논의 끝에 일본의 실정과 도요토미의 속뜻을 살피기 위해 1590년에 정사 황윤길(黃允吉), 부사 김성일(金誠一), 서장관 허성을 일본으로 보냈다.

이듬해 3월 통신사 편에 보내온 도요토미의 답서에는 "명나라를 치기 위해 조선의 길을 빌려달라"〔征明假道〕는 구절이 있었다. 침략하려는 뜻이 분명했지만 사신들의 보고는 서로 일치하지 않았다. 황윤길은 도요토미가 반드시 침략할 것이라고 했으나, 김성일은 이에 반대하여 전쟁이 없을 것이라고 아뢰었다. 이렇게 되자 조정의 신하들 사이에서도 의견이 엇갈리게 되었다. 황윤길은 서인이었고 김성일은 동인이었으므로, 이들의 지지 세력이 달라 국론이 통일되지 않은 것이다. 허균의 큰형 허성은 동인이었지만, 당파에 휩쓸리지 않고 자신이 본 대로, "도요토미가 반드시 쳐들어올 것이다"고 아뢰었다. 그러나 태평하기를 바라는 요행심 때문인지, 조정에서는 김성일의 의견을 따랐다.

허균은 임진왜란이 일어나기 전에 난리가 일어날 징조의 꿈을 꾸었는데, 뒷날 그 이야기를 이렇게 기록했다.

> 내가 일찍이 꿈을 꾸면서 한곳에 이르렀다. 황폐하여 아무도 오지 않고 들풀만 우거졌는데, 눈 닿는 곳이 끝없었다. 나무 하나가 있었는데, 이런 글씨가 분명하게 씌어 있었다.
>
> 원한 맺힌 기운은 아득히 끝없어
> 산하가 한 가지 빛이고,
> 온 나라엔 사람도 없는데
> 하늘마저 달이 어둡네.

깨고 난 뒤에 몹시 몸서리를 쳤다. 임진왜란이 일어나 서울과 시골에 핏물이 넘쳐흐르고 건물들도 모두 불타버렸다. 이때에 이르러서야 이 시가 바야흐로 효험을 보였다.

허균뿐만이 아니라 앞을 조금만 내다볼 줄 아는 사람이라면 누구나 일본이 조선을 칠 것이라고 생각했다. 다만 당파 싸움 때문에 그것을 서로 이용하려고 했을 뿐이다. 그동안 일본에서는 계획대로 침략 준비를 진행시켰다. 임진년(1592) 4월, 모든 사람이 설마 하고 있었지만 도요토미는 15만 대군으로 원정군을 조직해서 조선을 침략했다. 4월 14일, 고니시 유키나가(小西行長)를 선봉으로 하는 제1군이 부산에 상륙했다.

그 이튿날에는 송상현이 지키는 동래성이 함락되었다. 김해, 상주, 탄금대에서도 조선 군사는 계속 전멸했다. 탄금대에서 신립 장군마저 고니시의 군대에게 전멸당했다는 소식이 들어오자 서울의 인심이 극도로 흉흉해졌다. 선조는 마침내 신하들과 더불어 서울을 떠나 평양 방면으로 피난했고, 두 왕자 임해군과 순화군을 함경도와 강원도로 보내어 군대를 모집케 했다.

그러나 민심은 벌써 정부에서 떠나 있었다. 선조가 피난 가는 길을 막으며 욕하는 사람들도 있었고, 왕의 행차가 서울을 나서자마자 노비들은 관청에다 불을 질렀다. 자신들의 노비 문서를 맡고 있는 장예원(掌隸院)과 형조 건물을 먼저 불지르고 다른 궁궐들도 불태웠다. 군대를 불러모아도 따르는 자들이 없었다.

허균 가족도 피난을 떠났는데 뒤에 서울은 곧 함락되었다. 5월

2일에 고니시 군대는 별다른 저항도 없이 서울을 손에 넣었다. 다시 군대를 둘로 나누어서 가토 기요마사(加藤淸正)는 함경도로, 고니시는 평안도로 올라갔다.

허균은 홀어머니를 모시고 만삭이 된 아내 김씨와 함께 피난길에 올랐다. 결혼 8년째인 그들에게는 어린 딸이 하나 있었다. 몸이 무거워 잘 걷지도 못하는 아내 때문에 피난길은 힘겹고 더디기만 했다. 함경도 쪽을 향해 가는 피난길에서 보이는 것이라곤 황폐한 마을과 핏기 없는 얼굴들, 그리고 난리 통에 더욱 기승을 부리는 관리들의 행패뿐이었다. 허균은 이러한 모습을 그대로 기록해서 고발했다. 민심이 떠난 정부를 비판하는 허균의 개혁 정신은 이때부터 드러나기 시작했다.

> 해는 지는데 늙은 아낙네가 황폐한 마을에서 통곡하네.
> 엉클어진 머리엔 서리 내리고 두 눈동자는 흐릿하네.
> 사내는 빚 갚을 돈이 모자라 차가운 감옥에 갇혀 있고
> 아들놈은 도위를 따라 청주 땅으로 향해 떠났다네.
> 집안은 난리를 겪느라고 기둥 서까래마저 다 불타버리고
> 자신은 숲 속에 숨느라고 베 잠방이마저 잃어버렸네.
> 살림도 썰렁하고 살 생각마저 없어졌는데
> 관가 아전은 또 무슨 일로 이 집 대문을 두드리시나.
> 老妻殘日哭荒村 蓬鬢如霜兩眼昏
> 夫欠債錢囚北戶 子從都尉向西原
> 家經兵火燒機軸 身竄山林失布褌

産業蕭然生意絶 官差何事又呼門

「記見」

  허균은 가토의 군대에게 쫓겨다니면서도, 이곳저곳을 다니면서 경치를 즐기고 누정마다 걸려 있는 시판(詩板)들을 평했다. 원래 명승지라든가 역마을에는 다락에 시판을 걸어놓았는데, 대개는 잡스럽고도 진부한 시들이 모여 있어서, 비록 새롭고 맑은 시가 끼어 있다고 해도 쉽게 가려낼 수 없었다. 그래서 난리 중에 왜군들이 현판을 뜯어서 불 속에 집어넣는 것을 당연하게 생각하기도 했다. 왜냐하면 하늘이 싫어하는 시들이 다락 높은 곳에 걸려 있다가 끝내 천벌을 받은 것이라고 여겼기 때문이다. 허균이 피난길에서도 시 비평하는 버릇을 버리지 못하고 즐기는 동안, 아내는 만삭의 몸을 제대로 가누지 못하며 따라다녔다.

  허균의 가족들이 가토의 군대에 쫓겨다니다가 단천에 이른 것은 7월 7일이었다. 단천은 함경도 남쪽 바닷가에 있었는데, 칠석날 이곳에서 아내가 첫아들을 낳았다. 그러나 그곳에서 마음놓고 몸을 풀 수도 없었다. 왜군이 다시 들이닥친 것이다.

  순변사(巡邊使) 이영이 마천령을 지키다가 물러섰다. 허균은 어머니와 아내, 그리고 어린 딸까지 이끌고서 밤새도록 고개를 넘었다. 임명역에 다다르자 기운이 다해 아내는 말도 제대로 하지 못했다. 마침 허형이란 사람이 마중 나왔기에 그와 함께 섬으로 피난했다. 그러나 그곳에도 마음놓고 머물 수 없었기에 산성원(山城院)에 있는 박논억의 집에까지 겨우 이르렀다.

아내는 결국 10일 저녁에 목숨이 끊어졌다. 허균은 피난길에 줄곧 타고 다닌 소를 팔아 관을 사고, 옷을 찢어서 염했다. 아내의 몸이 아직도 따뜻해서 차마 땅에 묻을 수 없었다. 그러나 왜적이 곧 성을 공격한다는 소문이 들려오자 허균은 아내의 주검을 뒷산 등성이에다 임시로 묻었다. 그리고는 어린 딸과 갓 낳은 아들을 들쳐업고 어머니와 함께 뒷산 등성이를 넘어 다시 북쪽으로 피난길에 올랐다.

아내 김씨가 허균과 함께 결혼 생활을 한 것은 겨우 8년, 그의 나이 겨우 스물둘이었다. 그가 죽어가며 낳았던 아들도 결국 젖이 없어서 죽고 말았다. 아버지와 형, 누나, 그리고 아내와 외아들까지도 차례로 죽어간 것이다. 당시 겨우 스물네 살이었던 허균에게는 너무나도 큰 시련이었다.

허균의 가족들은 길성현에 있는 영동역을 거쳐 경성도호부에 있는 수성역까지 피난 갔다. 거의 국경 가까이까지 피난 간 셈이었다. 그런데 허균처럼 함경도로 피난 왔던 임해군과 순화군이 가토의 군대에게 잡히면서 함경도의 피난 생활도 위험하게 되었다.

임해군은 원래 선조의 첫째 아들이었지만, 성질이 너무 사나워서 인심을 얻지 못했다. 선조도 그를 마땅치 않게 여겼으므로 그의 아우 광해군을 세자로 삼았다. 임해군은 그 뒤에도 함경도 곳곳을 돌아다니며 백성들에게 행패를 부렸다. 나중엔 강원도로 피난 갔던 아우 순화군까지도 이 무리에 끼었으므로 그 폐가 더욱 컸다. 가토의 군대가 바로 뒤를 쫓아왔으므로, 이들도 허균의 피난길 그대로 마천령을 넘어 7월 초에 회령에 이르렀다.

그곳에서 몇 달을 머무르면서 임해군과 순화군은 성질 사나운 하인들을 민가에 풀어놓았다. 이 하인들이 백성들의 재물을 노략질하고 고을 수령들에게 금품을 강요하여 이 두 왕자는 인심을 크게 잃었다. 나라에서 아무런 준비도 못하고 이처럼 큰 난리를 만났으므로 백성들에게는 이미 조정과 왕실에 대한 존경심이 없었다. 그런 데다가 임해군의 난폭한 행동을 보고는 더 이상 참지 못하고 반란이 일어났다. 이 반란의 주모자는 회령부의 아전 국경인이었다. 그는 두 왕자와 여러 원로대신, 그리고 고을의 부사와 그의 아내·딸까지 수십 명을 묶었다. 그리고는 말을 달려서 적에게 통첩을 보내어 항복했다.

국경인은 본래 전주에서 함경도로 귀양 온 자였다. 귀양 와 있는 무리들이 평소에도 조정에 대해 원한을 품고 있었으므로, 이 기회에 그들을 선동해서 반란을 일으킨 것이다. 가토는 혼자서 말을 타고 성에 들어와 이들의 항복을 받았다. 그는 결박된 왕자와 고관들을 풀어서 후하게 대우하고, 반역자 국경인을 오히려 꾸짖었다. 두 왕자를 진중에 머무르게 하고, 경인에게는 회령을, 그의 숙부 국세필에게는 경성을 지키게 했다.

이들 외에도 적이 임명하는 벼슬을 받고 적을 위해서 성을 지켜주는 반역자들이 많았다. 왜군에게 함락된 성도 있었지만, 평소에 억눌려 지냈던 백성들에게 포로로 잡히거나 죽임을 당한 수령들도 많았다. 함경도의 고을이 하나둘 함락되거나 스스로 항복하자, 그곳도 마음놓고 피난할 곳은 못 되었다. 허균은 어머니를 모시고 뱃길에 올랐다. 육지의 길은 다닐 수 없었기 때문이다. 가을 바람을 받은 배는 9일 뒤에 이미 왜적이 거쳐간 강릉에 도착했다. 강릉에는 허균의 외갓집이 있었다.

나라를 지키기 위한 대책을 논하다

허균은 강릉에서 피난 생활을 하면서도 혹시라도 다시 왜란이 일어나면 강릉으로 피난 와서는 안된다고 생각했다. 예전에 피해가 적었다는 소문이 나면 좁은 지방에 너무 많은 사람들이 몰려들 테고, 그렇게 되면 왜적이 다시 쫓아들어올 염려가 있기 때문이다. 그래서 「관동불가피난설」(關東不可避難說)이라는 글을 지었다. 아울러 다음번에는 북쪽에 있는 오랑캐가 쳐들어올 것이라고 예측했다. 그 내용을 담아 『서변비로고』(西邊備虜攷)라는 두 권의 책을 지었는데, 이 책은 지금 없어지고 서문만 남아 있다. 이 글들과 「병론」(兵論)에는 허균의 국방정책이 잘 드러나 있다.

「관동불가피난설」은 적극적인 국방정책이 아니라, 강릉 피난 생활에서 우러나온 단편적인 생각이다.

> 영동은 땅이 좁고 백성이 적어서 풍년이 들면 쌀이 흔하지만, 조금이라도 태풍을 만나거나 가뭄이 들면 금새 기근이 든다. (왜란이 일어났던) 지난 계사년(1593)에 충주와 원주 두 고을 사람들이 서로 강릉으로 피난 와서 먹고살다가, 몇 달이 못 되어 손님과 주인이 모두 곤핍해졌다. 나무껍질을 벗기고 조개를 주워

굶주림을 겨우 때우다가, 그것마저 대지 못하면 서로 (시체를) 베고 죽어갔다. 이제 만일 난리가 (다시) 난다면 충주와 원주 두 고을 사람들만 (강릉에) 모여들어 먹을 것이 아니라 온 나라에서 모여들 테니, 내 생각에 그들 주인과 손님이 모두 굶어 죽게 될 것이 틀림없다.

남쪽의 왜적은 (다시) 오지 않겠지만, 북쪽의 오랑캐는 본래 동북쪽에 침을 흘려왔다. 만일 고려 때와 같이 정주와 평산 이북을 차지한다면, 적선이 관동 아홉 고을에 드나들기를 반드시 고려 때처럼 할 테니 참으로 두렵지 않겠는가.

허균은 이 글을 통해 강릉이 지난번에 피해가 적었다고 다시 피난 갈 것이 아니라, 수원 같은 곳으로 피난 가라고 했다. 수원은 서울에서 가깝기 때문에 모든 백성들이 화를 피해서 다른 곳으로 갔는데, 백성이 없으니까 왜군도 들어오지 않았던 것이다. 그는 허허실실의 피난법을 소개한 것이다. 다음에 전쟁이 나면 남쪽의 왜적이 아니라 북쪽의 오랑캐가 쳐들어올 것이라고 했는데, 그는 걱정만 한 것이 아니라 『서변비로고』라는 2권의 책을 썼다. "서쪽 변방의 오랑캐를 대비하자"는 뜻의 책인데, 북쪽 오랑캐가 자주 쳐들어왔던 고려시대의 방비책을 소개하고, 북방의 산천과 성채를 기록했으며, 북쪽을 지키는 군사의 정원과 군량의 다소를 기록했다. 서문을 보면 허균이 이 책을 쓰게 된 동기를 알 수 있다.

북방은 태조 임금께서 왕업을 일으키신 곳이다. 조종(祖宗) 이래로 오랑캐에게 정해준 경계를 견고히 하고, 성벽의 연못을 깊게 파는 등 온갖 힘을 기울여 이곳을 지켜왔다. 또한 착실하게 훈련된 병사와 말들을 모아다가 이곳을 지켰기에, 내침이 있어도 쉽게 막았다. 북쪽 오랑캐들은 구탈(甌脫: 국경에서 척후병들이 머무는 흙집)이 제대로 이어지지 않아서, 어쩌다 좀도둑은 있었지만 큰 세력은 아니었다. 겨우 조그만 땅덩이를 다투는 정도여서, 2백 년 동안 침입해 왔다지만 우리나라에 큰 피해를 끼치지는 못했다. (줄임)

오늘날 가장 크고 심각한 근심거리는 서쪽에 있다. 서쪽의 요새지는 다만 압록강 일대와 연평령(延平嶺)만이 있을 뿐이다. 압록강에 얼음이 얼면 평평한 땅처럼 되고, 연평령 또한 험하지 않아 쉽게 넘어올 수 있다. 이곳만 지나면 수레를 나란히 하여 순조롭게 진격하니, 대정강(박천강)에서 사현(沙峴)까지는 그들을 막아낼 만한 곳이 없게 된다. 그래서 적이 압록강을 건넌 지 열흘도 채 못 되어 평양성 아래까지 이를 수가 있다.

게다가 오랫동안 평화스러웠기에, 황해도와 평안도 일대의 고을들은 누각이나 꾸미고 술 잔치를 사치스럽게 벌여 사신을 즐겁게 하는 것만 일삼고 있을 뿐, 견고한 방비가 어떤 것인지 알지도 못한다. 문관과 무관들도 시절이나 즐기며 임기가 차기만 기다려 옮겨갈 생각만 할 뿐, 군적(軍籍)은 반나마 비었으며 군사들의 조련(調練) 또한 폐하였다. 성채는 이지러졌으며 해자(垓字)는 메워졌고, 무기는 녹슬었으며 군량미는 다 떨어졌다.

백성들의 살림살이는 관리들의 착취와 세금 때문에 어려워져,

(압록)강변 여섯 고을의 백성 가운데 십중팔구는 내지(內地)로 유입되었다. 갑자기 위급한 상황이 생기면 흙담이 무너질 듯할 것이다. 그때에는 중국이 도울 것이라고 구차하게 바란다. 그러나 중국도 오랑캐들의 사나운 반항이 벌써 근심거리가 되었다. 근래에는 만주의 여러 부족들이 날이 갈수록 창성해지고, 날이 갈수록 주위를 정복하고 있다. 몇 해가 지나면 요동(遼東)도 또한 달걀을 쌓아놓은 것처럼 위태롭게 될 것이다. 우리 서방이 탄환 같은 땅이 되는 것이다. 우리나라가 짓밟히지 않으리라고 어찌 보장할 것이며, 또한 중국이 와서 구원해줄 것이라고 어찌 보장하겠는가.

내 일찍이 우리나라 역사를 살펴보니 요(遼)가 세 번, 합단〔哈丹: 원나라 태조의 아우 합적온(合赤溫)의 5세손〕이 한 번 쳐들어왔으며, 몽고가 여섯 번, 홍건적이 두 번 쳐들어왔는데, 이들 모두가 서쪽 국경을 통해서 들어왔다.

조선시대에는 이성계가 왕업을 일으킨 함경도와 압록강 상류 지역의 국방에 치중하였다. 세종대에 여진족을 막기 위해 개척한 사군(四郡)도 압록강 상류에 있었고, 육진(六鎭)도 두만강 유역에 있었다. 사군과 육진을 개척한 뒤에도 여러 차례 여진족과 충돌이 있었으며, 이곳으로 부임하는 관원들은 좌천되는 것으로 여겼고, 강제로 이주당한 백성들도 몰래 내지로 도망왔다. 그러나 지형이 워낙 험하기에 방비하기도 쉬웠다. 이에 비해 압록강 하류의 의주 부근에는 성채도 튼튼하지 않게 쌓았으며, 지형도 평탄해서 백성들이 몰려 살았다. 이쪽은 여진족이 많이 살지 않는 명나라의 직할령이어서, 국방을 걱정할 필요가 없었다. 명나라와 조선의 사신들이 오가는 길목이어서, 허균의 지적대로 성채를 튼튼히 쌓기보다는 누각을 화려하게 지어서 그들을 접대하는 것이 일이었다.

그러나 국제 정세에 밝은 허균은 명나라가 망할 것을 내다보았다. 지금같이 조선과 외교 관계를 맺고 있는 명나라의 힘이 약해지고 이 지역의 오랑캐가 강해지면, 바로 사신들이 오가던 길을 통해서 오랑캐가 쳐들어올 것이라고 경고한 것이다. 임진왜란 때에 명나라가 도와주었기에 조정과 백성들은 다음 전쟁에도 명나라가 도와줄 것이라고 믿고 있었지만, 허균은 명나라 자체의 존망이 위태하다고 보았다. 과연 허균의 지적대로 20여 년 뒤에 서쪽 오랑캐가 압록강을 건너 의주 쪽으로 쳐들어왔고, 명나라는 아무런 도움도 주지 못했다. 이미 자기 나라도 지키지 못하게 되었던 것이다. 허균은 열흘도 못 되어 평양에 이를 것이라고 했는데, 12월 9일에 압록강을 건넌 청나라 군사는 열흘 만에 서울까지 진격하였다.

허균은 정유재란 당시 병조에 벼슬하면서 여러 차례 서쪽 변방을 돌아다녔다. 명나라에 원군을 청하러 가기도 했고, 사신을 맞으러 다니기도 했다. 남달리 국방에 관심이 있었던 그는 실제로 국경을 지키던 병사들에게 우리나라 국방의 문제점과 그 대비책을 물어보기도 하였다.

내가 서쪽 국경을 드나든 지 12년이나 되었기에, 일찍이 그곳

산천에 대하여 좀 알고 있다. 또 늙은 장교나 퇴역한 병졸들에게 그곳 생활은 편한지, 정세는 어떠한지에 대해서 묻기도 했다. 그러자 그들이 한가지로 대답했다.

"조정에서는 유능한 인재를 택해서 그에게 병사를 맡겨, 선비건 천민이건 가리지 말고 군대에 예속시키며, 늙은이나 어린이들은 군량미의 보급을 돕게 해야 합니다. 또 계략이 있는 자들을 뽑아서 압록강에 연한 각 고을을 다스리게 하여, 봉록을 넉넉히 주고 (성채를) 수선하는 책임을 지워야 합니다. 그 다음엔 산마루와 좁은 곳에 파수대를 설치해야 합니다. 또 삭주·귀성·안주 등지에 진을 갖추어 중무장한 군대를 머물게 하고, 둔(屯)·보(堡)끼리 서로 식량을 대어, 병졸들의 의식이 넉넉해지고 무기와 훈련이 충분케 해야 합니다. 그렇게 된 뒤에 만약 적이 쳐들어온다면, 적의 철갑 기병이.수만이더라도, 어찌 부수고 넘어오겠습니까?"

병사들이 말한 대비책은 허균이 평소에 생각하던 대비책이기도 했다. 양민에게만 병역의 의무를 지울 것이 아니라 선비와 천민까지, 상하 모두가 병역의 의무를 지고 나라를 지키자는 주장은 당시 신분 사회에서는 세대를 앞서간 주장이다. 군대에 나가지 않는 늙은이와 어린이들이 군량미를 내어서 보급을 도우면, 온 백성이 나라를 지키는 셈이 된다. 그러면 인적·물적 자원이 넉넉해져서 성채도 든든하게 수리할 수 있고, 온 백성의 마음도 하나가 되어 나라를 지킬 수 있게 된다는 것이다. 실제로 성채를 미리 수선한

임경업은 병자호란 때에 의주 백마산성을 든든히 지켰다.

허균은 쓸 만한 군사가 없는 우리나라가 아직 나라를 유지하고 있는 것이 요행이라고 비꼬면서 「병론」을 지어 그 첫머리에서 이렇게 말했다.

> 천하에 군사 없는 나라가 있는가? 없다. 나라에 군사가 없으면, 무엇으로써 포악한 침입을 막을 것인가? 포악한 침입을 막을 수단이 없으면 나라가 어떻게 스스로 설 것이며, 임금은 어떻게 높임을 받을 것인가? 백성은 어찌 하루라도 베개를 높이 하고 잘 것인가?
>
> 그런데도 천하에 군사 없는 나라가 있다. 군사가 없으면서도 수십 년이나 보전한 나라는 예나 지금이나 없는 법인데, 우리나라가 바로 그런 나라이다.
>
> 그렇다면 포악한 침략을 막을 수단이 없으면서도 (우리나라가) 천승(千乘)의 왕위를 보전한 데는 그럴 만한 방책이라도 있었던가? 그렇지도 않다. 오직 우연이었을 뿐이다. 내가 왜 우연이라고 말하는가? 왜놈들은 물러간 뒤에 우연히 다시 오지 않았고, (여진족 추장) 누르하치도 우연히 우리나라를 침략하지 않았으며, 복로(卜虜)도 우연히 북쪽 변방을 시끄럽게 하지 않았다. 그래서 우리나라는 걱정할 것이 없으니, 세월을 구경이나 하면서 헛되이 보냈다.
>
> 군사가 없다고 말한 것은 군졸이 (전혀) 없다는 뜻이 아니고, 군졸이 적어서 쓸 수가 없다는 뜻이다. 군졸이 적은 까닭은 군대

의 행정을 제대로 운영하지 않았기 때문이요, 그나마 쓸 수가 없다고 한 까닭은 장수건 병졸이건 적당한 사람이 없기 때문이다.

나라를 자기 힘으로 유지하기 위해서는 다른 나라의 침입으로부터 자기 나라를 지킬 군사가 필요하고, 임금이 높임을 받기 위해서도 군사가 필요하다. 그런데도 우리나라는 쓸 만한 군사가 없었으니, 처음부터 자기 힘으로 나라를 지키고 임금 노릇할 생각이 없었던 것이다. 그동안 중국이 지켜주었고, 요행히도 다른 나라가 쳐들어오지 않았다. 그러나 허균은 그것이 모두 우연이라고 생각했다. 허균 당대의 누르하치는 우연히 쳐들어오지 않았지만, 허균이 걱정한 대로 그의 아들 태종이 쳐들어와 남한산성을 함락시켰다. 인조가 청나라 태종 앞에 무릎을 꿇고 아홉 번 절하며 항복한 것도 모두 쓸 만한 군사가 없었기 때문이다.

허균은 북쪽 오랑캐의 침입을 여러 차례 막았던 고려시대의 국방정책을 설명한 뒤에, 당시 조선에 군사가 없는 이유를 구체적으로 들었다.

오늘의 우리 땅을 고려 때와 견주어 보아도 더 늘거나 줄어들지 않았으며, 백성의 수효도 더 늘거나 줄어들지 않았다. 그런데도 늘 군사가 없다고만 하면서 무서워 벌벌 떠니, 참으로 알 수 없는 일이다. 오늘날 군사 가운데는 벼슬아치나 재상의 아들, 조정의 유생들이 소속되지 않았을 뿐만 아니라, 종이나 천민들도 모두 병적에서 빠지려고 애쓴다.

(게다가) 군사들이 써야 할 물자는 병사를 맡은 관리들이 뜯어먹어서, 골수까지 벌써 말라빠졌다. 평시에 잘 먹이고 잘 입혔어도 난리를 만나 죽음을 무릅쓰고 적을 막으라고 책임지게 하면 달아나서 살기를 구하는 자가 있는 법이거늘, 하물며 모질게 부려먹기만 하다가 죽을 곳으로 몰아넣는다면 그들이 뿔뿔이 흩어질 것은 뻔하다.

『서변비로고』의 서문에서 말한 것처럼, 그는 이 글에서도 양반 사대부들이 군대에 나가지 않기 때문에 군사가 적다고 설명했다. 고려시대보다 땅도 커지고 백성도 많아졌는데, 군사가 적어진 이유는 벼슬아치나 재상의 아들, 조정의 유생, 그리고 종과 천민들까지 군대에 가지 않으려고 애쓰기 때문이었다. 힘이 없는 백성만 군사가 되는 데다 그들이 입고 먹을 물자까지 관원들이 빼돌리니, 전쟁이 일어났을 때에 정작 목숨을 걸고 싸울 군사가 없는 것은 뻔한 일이었다. 허균은 이 모든 책임을 임금 한 사람에게 돌렸다.

　장수를 고를 때에는 반드시 백성을 잘 다스리는 자를 써야만 한다. 백성을 다스리는 법과 병사를 다스리는 법도 참으로 같지 않거든, 하물며 백성도 제대로 다스리지 못하면서 윗사람이나 잘 섬기는 사람을 장수로 뽑아서 무엇하랴. 그러므로 이런 자들이 한번 장수가 되었다가 난을 만나면 손발을 어떻게 놀려야 할지도 모른다. 적을 바라보기도 전에 먼저 무너지니, 모두가 이 모양이다.

아아! 이런 장수가 이런 군사를 거느리고 있으니 군사가 없다는 말이 옳은 것이요, 그러고도 이 나라가 나라 꼴을 하고 있는 것 또한 우연이다. 그렇다면 어떻게 해야 이런 폐단을 고칠 수 있을까? 고려 때의 제도와 같게 하면 군사가 강해질 것이고, 장수를 잘 고르게 되어 나라가 나라답게 될 수가 있다.

그러나 많은 군사를 거느리고 국경에 오래 있었던 장수치고 사람들의 헐뜯음과 임금의 의심을 받지 않은 자가 드물다. 군사를 강하게 훈련시키고 아랫사람들을 잘 단속하며 군율을 엄하게 하되 위와 아래가 서로 친해서 적국이 두려워하던 장수라도, 한 번 임금의 의심을 받게 되면 발을 돌릴 사이도 없이 몸은 죽음에 빠지고 따라서 나라도 위태롭게 된다.

이로써 본다면 병사를 잘 다스리고 장수들을 잘 거느려서 그 나라를 강하게 할 수 있는 자는 오로지 임금뿐이다.

허균은 결국 조선에 군사가 없는 것이 모두 임금의 책임이라고 말했다. 임금이 임금 노릇을 못하기에 장수를 믿지 못하고, 신임받지 못한 장수는 군사를 기르지 못한다. 임금이 재상을 믿지 못하기에 재상도 국력을 기르지 못한다. 임금이 모든 권한을 가지고 있던 조선시대에 모든 책임을 임금에게 돌리는 글을 쓰기는 어려운 일이다. 그런데 허균은 「병론」에서 그렇게 썼다. 어디 「병론」뿐이던가. 「학론」(學論)에서도 참다운 학자를 등용하여 경륜을 펼치게 하는 것이 임금의 책임이며, 그러기 위해서는 임금이 그 마음을 바르게 해야 한다고 했다.

임금이 참으로 공(公)과 사(私)를 바르게 분별한다면, 참과 거짓도 알아내기 어렵지 않을 것이다. 이미 공과 사, 참과 거짓을 분별한다면, 반드시 이치를 궁구하고 도리를 밝히는 사람이 나와서 그들이 배운 것을 행할 것이다. 자신의 겉이나 꾸미는 자들은 감히 자신들의 계책을 행하지 못하여 모두 깨끗이 거짓을 버릴 것이며, 나라의 커다란 시비(是非)도 그에 따라서 정해질 것이다. 그렇다면 그러한 기틀이 어디에 있을까? (그러한 기틀은) 임금 한 몸에 있으며, 역시 "그 마음을 바르게 해야 한다"고 말할 수밖에 없다.

당파 싸움이 성행하는 것도 임금 자신이 마음을 바르게 하지 못했기 때문인데, 특히 광해군은 즉위 과정에서 문제가 있었으므로 자신의 마음을 바르게 할 수 없었고, 공과 사를 바르게 분별할 수도 없었다. 그랬기에 참다운 신하와 거짓 신하를 알아낼 수 없었던 것이다. 허균은 「정론」(政論)에서도 정치의 책임을 신하보다는 임금에게 돌렸다.

후세에 (세종같이) 훌륭히 다스린 임금이 없었던 까닭은 모두 이런 데서 연유한다. 그렇다면 어떻게 해야 하겠는가? "(임금이) 밝음으로써 아랫사람을 살피고, 믿음으로써 (적당한) 신하에게 맡긴다"는 두 가지 원칙을 지키면 다 이룰 수 있다. 그 결과야 (임금의) 굳은 의지와 결단에서만 나올 뿐이다.

아무리 훌륭한 신하가 있어도, 임금이 밝은 눈으로 살펴 벼슬을 주고 신임해서 일을 맡기지 않으면 나라를 잘 다스릴 수가 없다. 결국은 「학론」에서 주장했던 것같이, 조선 같은 전제국가에서는 "임금이 마음을 바르게 해야" 나라가 잘 다스려지는 것이다. 그러나 현실은 그렇지 못했다. 허균은 뒷날 『홍길동전』을 지어 홍길동 같은 영웅을 만들었지만, 그의 활빈당 행적으로도 나라를 구하지 못했다. 결국은 홍길동 자신이 율도국을 정복하고 임금이 되어 이상국가를 다스렸던 것이다.

전쟁의 아픔을 딛고

허균은 함경도에서 피난 오는 길에 강릉 사촌에다 배를 대었다. 그곳에는 예전에 외할아버지 김광철이 세웠던 애일당(愛日堂)이 있었기 때문에 비교적 편안한 생활을 즐길 수 있었다.

또한 그곳에는 교산이라는 나지막한 야산이 있었는데 굴곡지고 물의 형세가 깊어서, 예로부터 그곳의 정기를 타고 특이한 사람들이 많이 태어났다. 허균의 외할아버지가 집을 지은 곳은 바닷가에서 가장 가까운 데였기 때문에, 새벽에 일어나 창을 열고 해 뜨는 것을 즐겨 보았다고 한다. 또 어머니를 이곳에 모셔놓고 즐거운 나날을 보냈으므로, 그 집에다가 애일(愛日)이라 이름 붙였다. 어머니를 모시고 사는 하루하루가 즐거우면서도, 어머니께서 늙어가는 하루하루가 아쉽다는 뜻이 담겨 있다. 명나라에서 사신으로 왔던 오희맹이 큰 글자로 현판 글씨를 써주고, 공용경이 시를 지어주었다. 이름난 사람들이 이에 화답하자 애일당은 곧 강릉에서 유명한 곳이 되었다.

그러나 허균이 찾아온 애일당은 예전의 모습이 아니었다. 집을 지은 지 벌써 50년이 훨씬 넘었고, 이곳에서 살던 외할아버지가 세상을 떠난 지도 43년이나 되었다. 그동안 뜰에 우거진 풀을 베지 않아서 담쟁이가 이리저리 얽혔고, 잡풀들이 더부룩했다. 울타리는 무너지고 집은 다 쓰러져갔다. 벽은 벌어지고 그 위에 걸어두었던 시판들도 반이나 없어졌다. 비가 새서 대들보가 썩었으며 난간과 창살은 뜯겨 있었다. 예전의 아름다운 모습은 찾아볼 수 없었다.

허균의 어머니 김씨가 이를 보고 울음을 터뜨렸으므로, 허균은 종들을 재촉해서 청소했다. 더러운 것을 치워내고 풀들을 베었다. 물을 뿌려 쓸어낸 뒤에 어머니와 함께 그곳에 머물렀다. 그리고는 외할아버지가 자기 어머니를 위해 애일당을 지은 효도의 마음 그대로, 자신도 어머니의 뜻을 편안케 받들어 모시겠다고 다짐했다. 그는 「애일당기」(愛日堂記)를 지어 이러한 뜻을 뒷사람들에게 전했다.

그러나 해가 바뀌면서 허균은 차츰 서울에 있는 집이 그리워졌다. 즐겨 읽다가 내버리고 온 책들, 지금은 가볼 수도 없는 아버지의 무덤, 허균은 이런 것들을 생각하면서 여덟 수의 절구를 지었다.

내 집은 장릉 땅 작은 저자 동쪽에 있건만

몇 칸 초가집을 한 해 남짓 비워두었네.
찌를 붙인 만 권의 책들은 어디로 갔으려나.
도랑 속이 아니면 땅 속에 묻혔을 테지.
家在長陵小市東 數間茅屋一年空
牙籤萬軸歸何處 不落溝中卽土中

아버님의 무덤은 한강 옆에 있으니
해가 바뀌었다고 그 누가 돌봐주랴.
서쪽 멀리 가래나무 숲을 애타게 바라보다가
날 저문 하늘 끝에서 눈물로 수건 가득 적시네.
先子丘墳寄漢濱 歲時誰是掃墳人
松楸西望腸堪斷 日暮天涯淚滿巾

「避地連閣八絶」

　허균은 애일당에 엎드려서 밤낮으로 글공부를 했다. 아내마저 없었기에, 책 읽기에만 마음을 쏟을 수 있었다. 교문암에 올라 동해를 바라보며 가슴에 가득 맑은 공기를 들이쉬기도 했고, 어쩌다 틈이 나면 외사촌들과 반곡서원(盤谷書院)을 찾아가 노닐기도 했다. 반곡서원은 외갓집의 서재인데, 경치 좋은 산 속에 천여 권의 책이 간직되어 허균이 피난 와중에도 즐기던 곳이었다. 허균은 「반곡서원기」를 지어 그런 즐거움을 기록했다. 고향 강릉에서 허균은 전쟁의 아픔을 잊고 글을 지으며 몇 년 동안 살았다.

첫 저서 『학산초담』

1593년 10월에 허균은 『학산초담』을 지었다. 전쟁이 일어나기 전에 『북리집』(北里集)이나 『섬궁뇌창록』(蟾宮酹唱錄)을 지었다고 하지만 그것들은 습작시를 몇 십 편씩 모은 것에 불과하며 그나마 임진왜란 중에 다 타버렸으므로, 실질적으로 그의 첫 저서는 스물다섯 살에 지은 『학산초담』이다.

『학산초담』은 108개의 이야기로 되어 있는데, 그 가운데 시화(詩話)와 시평(詩評)이 99개이다. 여기에는 주로 허균이 살았던 선조대 시인들에 대한 시평이 실려 있다. 여러 시인에 대해서 말하고 있지만 허균 자신이 학당파 시인인 이달에게 당나라 시를 배웠던 만큼 그 시대의 새로운 흐름인 학당파에 대해서 가장 많은 이야기를 담고 있다.

우리나라의 시인들은 시를 배울 때 그 모범을 중국 시인들 가운데서 찾았다. 비록 우리나라 사람을 스승으로 모시고 시를 배웠다고는 하지만, 스승에게서 배운 것 역시 중국의 시였고 읽은 책 또한 우리나라 사람의 책보다는 중국의 시집이 훨씬 많았다. 그것도 당시의 시가 아니라 옛 시들을 배우고 익혔으며, 즐겨 따랐다.

우리의 한시가 꽃을 피운 것은 고려 중엽부터이다. 그때부터 우리나라에서는 같은 시대 중국 송나라 시인이었던 소동파의 시를 높이 보기 시작했는데, 과거 시험 급제자가 발표되면 "이번에도 33명의 소동파가 나왔다"고 할 정도로 모두들 소동파의 영향을 벗어나지 못했다. 이러한 흐름은 성리학을 기반으로 한 조선조에 들어와서 더욱 심해졌다. 그렇게 모든 시인이 송나라의 사변적인 시를 익히기에 다른 생각이 없을 때, 당나라의 정감적인 시를 익혀서 새로운 시를 짓고 문단의 흐름을 뒤바꾼 학당파 삼당시인(三唐詩人)이 일어났다.

최경창·백광훈·이달이 바로 그들이었는데, 이 세 시인들은 모두 허균과 가까운 사이였다. 누이 난설헌은 이들을 위해서 시를 지어주기도 했으며, 작은형 허봉은 이들과 가장 가까운 벗이었다. 허균은 스승 이달을 통해서 이들에 대하여 많은 이야기를 들었다.

허균은 일찍이 많은 책을 읽었고 기억력도 좋았으므로, 여러 시인의 시만 읽고서도 그들이 시를 익힌 과정을 날카롭게 파헤쳤다. 또한 당나라의 시가 송나라의 시보다 뛰어나기 때문에 송시만 배우면 병폐가 생기지만, 당시를 제대로 익히면 시의 경지가 높아진다고 『학산초담』에서 밝혔다.

『학산초담』에 가장 많이 나오는 사람은 작은형 허봉(25군데)이고, 그 다음으로 삼당시인(18군데)과 난설헌(6군데)이다. 그밖에도 이주(李冑)·김정(金淨)에서부터 노예 백대붕(白大鵬)에 이르기까지, 학당파의 시평 및 시화가 중심을 이루고 있다.

허균은 뒷날 전라도 함열현으로 귀양 가 있으면서 무료함을 메우기 위해서 『성수시화』를 지었다. 이 책은 신라의 최치원(崔致遠)부터 허균 당시의 시인에까지 이르는 비평을 담고 있다. 『학산초담』이 선조대 중심의 공시적(共時的)인 시화(詩話)라면, 『성수시화』는 신라부터 선조 때까지의 통시적(通時的)인 시사(詩史)이다. 『학산초담』에서 당시대에 치우친 점을 보완하기 위해서 『성수시화』를 지은 것이다.

그러나 예리한 비평이라든가 갑절을 넘어서는 분량 등으로 미루어볼 때, 질적으로나 양적으로 『학산초담』이 더 뛰어나다고 할 수 있다. 『학산초담』을 쓴 때는 생원시에 합격한 뒤요, 문과에 급제하기 직전인 만큼 그가 점차 전성기로 올라가는 과정에 있었지만, 『성수시화』를 쓴 때는 형벌을 받고 귀양을 가 있는 불우했던 기간인 만큼, 이 두 시화가 나오게 된 배경이 각기 달랐고, 따라서 저술에 임하는 마음가짐도 달랐기 때문이다. 스물다섯 살의 청년이 참고 자료도 없는 피난살이 와중에 자신의 기억력 하나에만 의지해서 이토록 예리한 시화를 쓸 수 있었다는 점이 놀랍다. 지금도 이 두 책은 조선시대 시인들을 평하기 위한 자료로 가장 많이 쓰이고 있다.

허균은 『학산초담』에서 자기의 스승 이달을 변호했다. 세상 사람들이 "그의 시는 꽃이 없고 열매가 병들었다"고 하는 말을 듣고서, 몇 편의 시를 예로 들면서 그의 참다운 시 세계를 드러내 보여준 것이다. 그런데 당시에 박엽이란 사람이 허균의 시를 흉내내어 짓고 돌아다녔으므로, 허균은 자신의 시에 대한 변명도 해야 했다.

박엽은 허균보다 한 살 아래였는데 시와 문장에 능했으며 성품이 경박해서 기생집에도 잘 돌아다녔다. 일찍이 허균의 글씨와 시 짓는 법을 흉내내어 이르는 곳마다 벽에 글을 썼고, 나중에 사람들이 와서 보고는 반드시 허균의 시일 거라고 생각하면서 비웃었다고 한다. 그렇지 않아도 성품이 경박하고 행실이 단정치 못하다는 평을 듣고 있던 허균은 박엽의 시 때문에 더욱 많은 놀림과 비웃음을 받아야만 했다. 허균은 『학산초담』에서 자신을 흉내낸 시들의 예를 들었다.

> 봉황무늬 저고리는 가볍고도 엷어 봄 추위가 스며드는데
> 은병풍에 기대어 이별을 원망하네.
> 낭군께선 한 번 가신 뒤로 돌아오시지 않아
> 봄바람 손꼽아 기다렸건만 또 삼월 되었네.
> 鳳衫輕薄春寒襲 斜倚銀屛怨離別
> 藁砧一去歸不歸 屈指東風又三月
>
> 「傷春曲」

> 파랑새는 훨훨 날아 비단 편지 전해주고
> 광한전에는 옥피리 소리 가득하네.
> 아마도 신선 세계 꽃 같은 여인이
> 풍류 넘치는 허시중을 웃으며 가리켰겠지.
> 靑鳥翩翩錦字通 玉簫吹咽廣寒宮
> 情知洞裏如花女 笑指風流許侍中
>
> 「洞仙謠」

마지막 구절에서 자신을 신선 세계에서 노니는 풍류남아 허시중이라고 밝혔으므로, 이 시는 더욱이나 허균의 시라고 의심받았다. 아래의 시는 허균이 죽은 뒤에 그의 시집에 실리기까지 했다. 허균은 이 일에 대해서 이렇게 변명했다.

그의 시격(詩格)은 나와 비슷했다. 게다가 글자의 획까지도 비슷하여 참과 거짓을 가릴 수 없었으므로, 사람들이 참으로 미혹되었다. 나도 이 때문에 화류가에 드나든다는 이름까지 얻게 되었으니, 참으로 우스운 일이다. 옛사람들은 찻집이나 술집까지도 외롭게 드나들지 않았으니, 하물며 이보다 심한 일이 있겠는가.

20대 초반에 허균의 시를 흉내내는 시인이 있을 정도로, 그는 이미 특색 있는 시인이 되어 있었다.

낙산사에서 시집을 엮다

허균은 애일당에서 글을 읽다가 낙산사에 올라가 날을 보내기도 했다. 그곳에서 불교 이야기를 들으며 호기심을 가지기도 했고, 나이를 따지지 않고 스님들과 사귀기도 했다. 그가 특히 흥미를 느낀 스님은 옥준 선사(玉俊禪師)였다. 이 늙은 스님은 낙산사에서 도를 닦고 있었는데, 도를 깨우친 것이 매우 높았으므로 쌍림사에서 그를 받들었다. 그러나 자질구레한 행동 규범에 얽매이지 않았으므로 사람들이 그를 등은봉(鄧隱峰) 조사에게 견주었다. 그가 평생토록 좋아한 것이 네 가지 있었다. 술 마시기, 말 타기, 활 쏘기, 장기 두기 등의 노름들이다. 그는 속세의 사람들보다도 이런 노름들을 더욱 즐겼다.

옥준 선사는 그 고을의 기생 양대월과 정을 통하기까지 했다.

스님의 자비가 변하여 참다운 사랑이 되었고, 선(禪)을 하던 자리가 바뀌어 침상이 되었다. 허균은 그래서 옥준 선사의 즐거움 가운데 색(色)을 즐기는 것이 더 늘었다고 놀리면서,「옥준선사오기가」(玉俊禪師五嗜歌)를 지어서 그에게 주었다. 그토록 뛰어난 풍류가 아까우니 속세로 돌아와 사내아이나 낳고 살면서 맘껏 술을 마시며 사내 대장부의 포부를 펴보는 것도 나쁘지는 않다고 하며 환속을 권하기까지 했다.

그렇지만 아직까지 허균이 불교에 귀의한 것은 아니었다. 스님들의 사람됨이 좋고 절간의 분위기가 좋아서 절에 머물렀을 뿐이지, 불교가 인간을 구원해주지는 못한다고 생각했다. 낙산사에는 장삼 대신에 갑옷을 입고서 평양성 탈환에 앞장섰던 휘상인(輝上人) 같은 스님도 있었다. 그러나 그가 장부의 뜻을 버리고 다시 불교로 돌아왔으므로, 허균은 무척이나 아쉬워했다. 불교가 청운의 푸른 꿈을 이뤄줄 수는 없다고 생각했기 때문이다.

허균은 어려서부터 시 짓는 법을 알았다. 손곡에게 이백의 시를 배웠으며, 작은형에게선 당나라의 시와 한퇴지, 소동파의 글을 배웠기 때문이다. 임진왜란의 소용돌이 속에서도 허균은 두보의 시를 읽으며 공부했다. 시를 배운 지 12년 남짓 되자 자신의 성정을 읊을 정도가 되었으며, 그 가운데는 남들이 즐길 만큼 아름다운 글도 있었다. 그래서 그것을 책으로 묶었다.

전쟁이 나기 전에 지은 습작시들을 모아서 『북리집』과 『섬궁뇌창록』을 엮었지만 난리 통에 모두 불타버렸고, 강릉에 이르러서 『감호집』(鑑湖集)을 지었지만 그것도 친구가 보겠다고 빌려갔다가 잃어버렸다.

낙산사에 있는 동안 시를 새로 짓기도 하고, 예전에 지었던 시들을 외워 기록하기도 했다. 지었던 시들은 많았건만, 열 가운데 일고여덟은 벌써 잊혀졌다. 세월이 흐를수록 차츰 더 잊혀질 것 같았다. 그래서 생각나는 대로 책자에다 기록했다. 지은 날짜의 앞뒤를 가리지 못한 채, 한 권의 시집으로 묶은 것이 『교산억기시』이다.

현재 남아 있는 허균의 문집인 『성소부부고』 권1에는 1597년에 지은 「정유조천록」(丁酉朝天錄)부터 실려 있고, 그 이전에 지은 시 가운데 남아 있는 것은 『교산억기시』에 실린 것이 전부이다. 1595년 가을 낙산사에서 허균의 9촌 조카사위 최정립이 『교산억기시』의 초본을 베껴 전해지기 시작했는데, 그 뒤 2년 동안의 시가 뒷날 덧붙여져 재편집되었다.

지금 규장각본 『성소부부고』에는 『교산억기시』의 시 154편이 실려 있는데, 북리(北里)의 세태를 읊은 시나 강릉의 모습을 읊은 시들이 많아서, 『북리집』이나 『감호집』 같은 초기 시집에 실렸던 시들을 허균이 기억나는 대로 『교산억기시』에도 실었음을 알 수 있다. 그밖에 과거에 급제하고 예문관 검열이 되어 궁궐에 들어가던 날의 시를 비롯해서 동료들과 주고받은 시들도 몇 편 실려 있는 것을 보아, 1597년 즈음에 지어서 『금문잡고』(金門雜稿)에 실었던 시들도 일부 『교산억기시』에 들어왔음을 알 수 있다.

제3부
출세의 꿈, 귀거래의 꿈

드디어 문과에 급제하다

온 나라가 난리에 휩쓸린 데다 사랑하는 아내와 아들까지 잃었지만, 허균은 글공부에 더욱 힘썼다. 그래서 스물여섯 살 되던 1594년(선조 27) 2월 29일, 정시(庭試)에서 을과(乙科)에 뽑히게 되었다. 작은형 허봉이 스물두 살에 급제한 데 견준다면, 허균의 천부적인 재주로는 조금 늦은 듯한 급제였다.

봄에 허균은 사대교린(事大交隣)에 관한 외교 문서를 맡아보는 승문원에서 일했는데, 아마도 임시직이었던 듯하다. 작은형이 임시직인 승문원 권지부정자를 거쳐 예문관 검열이 되었듯이, 허균도 이러한 단계를 거쳐 예문관 검열에 오른 것이 아닌가 생각된다.

그 즈음 요동에는 조선을 돕기 위해 명나라 군대의 지휘부가 와 있었으며, 송응창(宋應昌)이 경략(經略)의 일을 맡아보았다. 우리나라에선 윤두수(尹斗壽)가 파견되어 그를 보살폈는데, 허균이 연락 문서인 자문(咨文)을 지니고 요동까지 다녀왔다. 돌아오는 길에는 왕명으로 종사관(從事官)이 되어 중국 사신을 접대하게 되었다.

이 무렵에는 중국에서 자주 오는 사신을 맞기 위해 조정에서 신경을 쓰며 준비를 하고 있었다. 국가의 존망이 위태로운 때였으므로, 그만큼 중국 사신에 대한 접대는 큰 문제였다. 5월이 되자, 원접사(遠接使) 윤선각(尹先覺)은 함께 데려갈 종사관을 고르는 데 몹시 속을 썩었다. 예로부터 종사관은 재주 있는 사람들 가운데서도 가려 뽑았기 때문이었다.

그가 천거한 사람은 조정지, 허균, 신흠(申欽) 세 사람이었다. 조정지는 그때 승문원 판교(判校, 정3품) 자리에 있으면서 외교 문서를 맡았다. 허균은 그 재주를 높이 평가해서 추가로 청해졌는데, 나이가 어리고 아직 큰일을 치러보지 못했다는 평을 들었다. 신흠은 비변사(備邊司)에 오래 있으면서 중국에 다녀온 적도 있었으므로, 크고 작은 일들을 다 알고 있다는 장점이 있었다. 그러나 임금이 신흠을 허락하지 않아서 다시 신광필이 천거되었다.

허균도 이때 종사관으로 나선 듯하다. 그로부터 3년 뒤인 1597년에 그는 사신들 틈에 끼어서 처음으로 중국을 다녀오는데, 북쪽 지방으로 가는 길이 그에겐 벌써 익숙해 있었다. 특히 의주 동남쪽 20리에 있는 전문령(箭門嶺)에 올라가서 지은 시에서는 3년 전에 나그네였음을 떠올리기도 했고, 그 고을의 백성과 벼슬아치들이 낯익은 얼굴이라고도 했다.

전문령 고개 위에 올라서니

비낀 해가 앞서가는 깃발을 비추네.
만 리 타향 머나먼 길
삼 년 전에도 이 몸은 나그네였었지.
구름 끄트머리에 대륙이 열리고
물결 저 밖으론 외로운 성이 가려 있는데,
백성과 벼슬아치들 아는 얼굴도 많아서
은근한 정으로 길 가득 마중 나왔구나.

行登箭門嶺 斜日照前旌
萬里他鄉路 三年久客情
雲邊開大陸 波外隱關城
萬里多相識 慇懃滿路迎

「登箭門嶺」

의주는 접반사(接伴使)들이 중국의 사신을 맞으며 머무는 곳이다. 그런데 허균이 1594년에 종사관으로 따라갔다는 기록은 확실하지 않았다. 그에 관한 연구가 여럿 있었지만 문과에 급제한 뒤부터 2, 3년간의 생활은 감춰져 있었다. 이러한 수수께끼는 연세대학교 도서관이나 국립중앙도서관에 소장되어 있는 필사본 『성소부부고』에서 풀린다. 이 시 뒤에 허균 자신의 설명을 덧붙였기 때문이다.

이 기록에 따르면 허균은 이때 명나라에서 사신으로 온 급사중(給事中) 허홍강(許弘鋼)의 접반사인 윤국형(尹國馨: 윤선각이 고친 이름)을 따라서 종사관으로 갔었다고 한다. 요동 경략 송응창이 왜군과 화의하자고 주장하다가 명나라 조정에서 탄핵받게 되었는데, 허홍강이 그 사실을 조사하러 나온 것이다. 허홍강은 결국 "송응창이 봉공(封貢)을 허락하여 일을 그르쳤다"고 결론을 내리고 송응창을 탄핵하여 파직시켰다. 그곳에서 허균이 넉 달이나 머물렀기 때문에 시 가운데 '삼 년 전 나그네'라서 '아는 얼굴도 많다'고 했던 것이다.

과거에 급제하기 전부터 허균은 문장과 재주로 이름을 날렸으며 집안 배경도 있었기 때문에, 정식 벼슬을 받기 전부터 외교 사명에 나설 수 있었다. 그의 아버지와 작은형은 중국에, 큰형은 일본에 사신으로 다녀오면서 이름을 날렸었다. 첫번째 종사관으로서의 실력을 인정받은 허균은 그 이후에도 세 차례나 종사관으로 임명되어 이 방면에 기록을 세웠으며, 중국에 두 차례나 사신으로 다녀오기도 했다.

1594년 여름에 허균은 이조 관직에 추천되었다. 그러나 홀어머니가 돌아가시자 삼년상을 지키느라고 강(講)에 응하지 못했다. 모처럼 벼슬길에 오르려다가 다시 고향으로 돌아가게 된 것이다.

하늘이 주신 본성대로 살리라

어머니 김씨는 불행한 여인이었다. 강릉 명문에 태어나 초당의 아내가 되었으며 뛰어난 두 아들과 딸 하나를 두어 남부러울 게 없었지만, 남편을 앞세운 뒤에 아들 허봉은 30대 한창 나이에, 딸

난설헌은 스물일곱에 자신보다 먼저 세상을 떠났다. 막내아들도 재주가 뛰어났지만 너무 자유분방하게 행동해 주위로부터 늘 비판을 받았다. 말년에 친정으로 피난 왔다가 결국 막내아들이 제대로 벼슬하는 것도 보지 못하고 세상을 떠난 것이다.

당시에 부모상을 당하면 삼년상을 지내야 했는데, 이 동안에는 고기도 먹지 못하고, 부부 사이도 멀리하는 것이 예법이었다. 그러나 워낙 자유분방하게 살았던 허균은 이 기간 동안에도 남들의 눈을 의식하지 않고 마음 내키는 대로 살았던 듯하다. 그가 뒷날 역적으로 몰려 죽을 무렵에 홍문관 언관들이 광해군에게 이렇게 차자(箚子)를 올렸다.

> 하늘이 허균이라는 한 괴물을 세상에 내셨는데 (줄임) 균의 일생은 모든 악이 구비되었으며, 인륜의 도덕을 어지럽혔고 행실을 더럽혔습니다. 이는 사람의 도리라고 할 수 없습니다. 상중에도 기생을 끼고 놀아서 사람들로부터 버림을 받았습니다.

그런데 허균만 삼년상 기간에 기생과 놀았던 것이 아니라 작은형 허봉도 부친상 동안에 기생과 놀았다고 한다. 이들 형제가 남들처럼 숨어서 즐기지 않았기 때문에 곧 소문이 났던 것이다. 유교 사회에서는 삼년상을 지키지 않았던 이들은 천하의 불효자요, 죄인이었다. 그러나 그것은 범죄가 아니라 당대 윤리 도덕을 벗어난 것뿐이고, 삼년상이 없는 사회에서 본다면 아무런 문제도 되지 않는 행위였다. 이들은 성리학으로 무장된 조선 사회에 살면서 그

출세의 꿈, 귀거래의 꿈 125

들이 정해놓은 약속을 지키지 않고 자유롭게 살았기 때문에 비난을 받았다. 이들 형제가 시대를 앞서가면서 자유롭고 솔직하게 살았던 것이 반드시 죄라고 할 수는 없을 것이다.

허균은 당시에도 이러한 비난에 대해서 그 사실을 숨기거나 변명하지 않고 성리학 사회에 대항해서 자기의 신념을 솔직하게 밝혔다. 그의 주장은 성리학 사회의 뿌리를 부정하는 발언이어서 많은 사람들이 비난했는데, 허균의 제자인 택당(澤堂) 이식(李植)까지 자신의 문집인 『택당집』(澤堂集)에 허균의 주장을 기록하며 비난했다.

후세의 실학자 안정복은 천주교를 비판한 그의 저서 『천학문답』(天學問答)에서 허균이 상을 지내며 무례했고 성욕에 미쳐 망령되게 행동했다는 점을 들어서 그를 명교(名敎), 즉 인륜과 명분을 가르치는 유학의 죄인이라고 배척했다. 그는 이식의 기록까지 인용해서 비판했다.

> 균은 총명하고 문장에 능했지만, 행동을 전혀 절제하지 않았다. 상을 입고서도 고기를 먹고 애를 낳았으므로, 사람들이 모두 침을 뱉으며 더러워했다. 사대부들로부터 용납받지 못할 것을 스스로 알고는 부처에다가 행적을 의탁했다. 밤낮으로 부처에게 절하며 불경을 외우고는, 지옥이나 면하게 해달라고 빌었다. 그가 일찍이 이렇게 외쳤다.
>
> "남녀 간의 정욕은 하늘이 주신 것이요, 인륜과 기강을 분별하는 것은 성인의 가르침이다. 하늘이 성인보다 높으니, 나는 차라

리 성인의 가르침을 어길지언정, 하늘이 내려주신 본성을 감히 어길 수는 없다."

성인 공자의 가르침은 유교 사회인 조선의 제도였고 구속이었다. 이를 과감하게 뿌리치고 자기에게 주어진 본성대로 살려 했던 허균이었기에, 그의 앞길은 계속 어렵기만 했다. 남에게 보이기보단 스스로에게 충실했고 솔직했던 그였으므로, 성욕과 상례의 문제만이 아니라 살아나가는 모든 문제를 그는 온몸으로 부딪쳐야만 했던 것이다. 그랬기에 이러한 사회를 개혁하기 위해서 허균은 뒷날 중국에 사신으로 갔던 길에 천주교의 교리와 서적을 들여왔다. 안정복도 허균이 당대의 윤리 도덕을 어긴 행위가 천주교의 영향이라고 보았다.

그 다음해(1595년) 가을에 허균은 죽은 아내의 무덤을 강릉 외갓집 쪽으로 옮겨왔다. 피난길에 길주에다 임시로 묻어두었는데 이제 난리도 진정되고 마음도 잡혔으므로 옮겨온 것이다.

8월에는 다시 낙산사로 올라가서 경치를 즐기며 마음을 달랬다. 그는 자신이 짧은 벼슬길 끝에 다시 낙산사로 들어온 까닭을 소갈병 때문이라고 했다.

> 비야성의 거사가 소갈병이 들어
> 유마의 주지 방에 찾아와 누웠다오.
> 毗耶居士病消渴 來臥維摩方丈室
>
> 「贈靜上人」

그가 걸린 소갈병은 육체의 병일 수도 있지만 마음의 병이기도 하다. 자신을 늘 병든 사마상여(司馬相如)에게 견주었기에, 자기의 증세를 사마상여처럼 소갈병이라고 진단한 것이다. 그러나 허균을 받아들인 정(靜) 스님은 그가 왜 이 병에 걸렸는지 알아내고는 처방을 일러주었는데, 그 내용을 허균은 이렇게 기록했다.

> 만나자마자 내게 물었네, 무엇 때문에 그리 괴로워하느냐고,
> 명예와 이익 때문에 반세상 동안이나 사뭇 취해 빠졌느냐고.
> 마음 씻고 참선 배우라는데 왜 아니하느냐고,
> 인간 세상의 늙고 병들어 죽는 일들을 모두 마칠 수 있을 거라고.
> 相逢問我苦何事 半世沈酣名與利
> 洗心何不學參禪 了盡人間老病死
>
> 「贈靜上人」

세상의 명예와 이익에 빠져 늙고 병들어 죽는 괴로움을 더 이상 겪지 말고, 모든 것을 씻고서 참선에 힘쓰라는 가르침이다. 사실 허균은 지난 한 해 동안 세상의 명예와 이익에 휩쓸려 세월을 보냈다. 그러면서도 벼슬길이 뜻대로 되지 않아서 산 속으로 들어왔던 것이다.

그렇지만 그에게는 아직도 세상의 명리에 대한 미련이 있었다. 명리 그 자체가 탐난다기보다도, 자신의 재주와 포부를 실컷 펼치고 싶었기 때문일 것이다. 참선이나 귀거래도 그 다음의 일이었다. 입신양명을 전제로 하지 않는 귀거래란 조선조 지식인들에게

사실상 실패한 삶을 의미했기 때문이었다.

대지팡이에 미투리로 낙산사를 찾아든 허균은 암(昍) 스님과 함께 노닐며 선에 대해서 이야기하다가 차츰 흥미를 느끼게 되었다. 일찍이 작은형과 사명당을 통하여 불교에 관심을 가졌던 허균은, 인생은 떠도는 존재라서 머물러 살 곳이 없다고 여겼다. 그래서 출가하지는 않았지만 속제자(俗弟子)로서 보살의 행업을 닦았던 유마(維摩)에게 자신의 몸을 의탁하기를 원했다. 자신을 비야거사(毗耶居士)라고 자칭한 것은 여기에서 나온 말이다. 그러나 허균은 끝내 세상을 버리지 못했다.

> 원컨대 내 몸을 유마에게 맡겨서
> 우리 스님 짝이 되어 부처님을 모시리라.
> 언젠가 벼슬 내놓고 이곳에 머물리니
> 절간의 한 자리를 내게 내어주소.
> 願將身世寄維摩 長伴吾師參佛祖
> 投簪他日住行脚 一榻容我靑蓮宇
>
> 「洛山記遊贈昍老釋」

'언젠가 벼슬 내놓는 날' 이란 입신양명을 이룬 뒤이다. 허균은 그동안 짧게나마 맛보았던 벼슬을 잊지 못해서, 불교에 귀의하기로 결심하고도 그 실천을 '세상에서의 성공'을 이룬 뒤로 미루었다.

귀거래에 대한 생각도 마찬가지다. 허균은 세상일이 뜬구름과 같다고 여기며 헛된 명예나 이익에는 도취되지 않으리라고 생각했다. 마음 내킨 김에 집 지을 만한 곳을 찾아서 몇 뙈기의 땅이라도 살 수 있다면, 그곳에다 집을 짓고서 몸을 편히 쉬고 싶었다. 그러나 마음에 드는 땅이 있었지만 자신이 땅을 사고 싶을 만큼 고결한 땅 주인이 없다고 생각했다.

> 시내와 산 가는 곳마다 집 지을 만한데
> 고결한 땅 주인 없는 게 안타깝구나.
> 열 이랑 되는 양선의 땅을 사서
> 가까운 곳에 어진 분을 모시면,
> 굳이 「귀거래사」를 다시 읊거나
> 의관 벗어 왕궁 문에다 걸 필요도 없을 텐데.
> 溪山隨處可結茆 只欠高人爲地主
> 願買陽羨十畝田 隙地依仁陪杖屨
> 不須更賦歸去來 經把衣冠掛神武
>
> 「懷遠堂詩」

세상으로 나갔다가 현실에 부딪혀서 좌절한 뒤에 「귀거래사」(歸去來辭)를 다시 짓고 돌아올 필요 없이, 이번에 자리를 잡고 머물러 앉아버리고 싶었지만 마땅한 땅 주인이 없었다는 것이다. 그러나 실제로 없었던 것은 땅 주인이 아니라 진정한 귀거래의 의지였다. 땅 주인이 없다는 말은 자신에 대한 변명일 뿐이었다.

허균이 「귀거래사」를 다시 짓지 않겠다고 한 것을 보면 이번 귀향 길에서도 「귀거래사」를 지었던 것 같은데, 그는 16년 뒤 『성소부부고』를 엮던 그 해까지도 「귀거래사」를 몇 번이나 더 지었다. 어쩌면 귀거래의 의지를 실천에 옮기지 못했기에 그의 삶이 비극으로 끝난 것인지도 모른다.

스물여덟 살 되던 1596년에 허균은 외교 문서를 다루는 승문원에서 일했다. 그는 영의정 유성룡의 집에 업무상 자주 드나들었는데, 그곳에서 사명당을 오랜만에 다시 만났다. 작은형이 죽었을 때 오대산에서 잠깐 나와 슬프게 조문하고 돌아간 뒤로, 거의 10년 만이었다. 임진왜란 중에는 소식만 들었을 뿐이었다. 그때 사명당은 의병을 일으켜 군사들을 거느렸으며 여러 번 왜적을 쳐부수어 국가를 어려운 처지에서 구하였다. 사명당은 그 뒤로도 임금의 명을 받들어 적진으로 들어가 가토를 달래어 공을 세웠다.

그 해 겨울에 허균이 나랏일로 유성룡의 집을 찾아갔다가 뜻밖에 사명당을 만났다. 사명당은 긴 수염을 늘이고서 좋은 옷을 입고 앉아 있었다. 스님이라기보다는 장군의 풍채였다. 허균은 사명당의 손을 잡고 즐겁게 옛일들을 이야기하다가 함께 여관으로 가서 세상 돌아가는 일들을 의논했다. 허균은 뒷날 『사명대사집』의 서문을 쓰면서, 이 날의 감격을 다음과 같이 표현했다.

> 그는 엄지손가락을 손바닥에 대고 비분강개하면서 이해득실을 따졌는데, 옛사람의 절개와 호협한 기상이 있었다. 말 안장을 어루만지면서 뒤돌아보는 그의 뜻에는 맑은 기운이 있었으니, 마치 우렁차게 호령하는 늙은 장수 같았다. 나는 그를 더욱 공경하고 소중히 여기며 "그의 시와 문장은 다만 여사(餘事)에 지나지

않고, 그의 재주가 어려운 시국을 널리 구제할 만한데, 아깝게도 불문(佛門)에 발을 들여놓았구나"라고 생각했다.

파란 많은 벼슬길에 오르다

허균은 1597년 봄에 예문관 검열 및 춘추관(春秋館) 기사관(記事官)에다 세자시강원(世子侍講院) 설서(說書)를 겸하게 되었다. 예문관은 임금의 칙령과 교명(教命)을 기록하는 곳인데, 예전에는 예문춘추관이라고 하다가 태종 때 예문관과 춘추관으로 나뉘었다. 예문관 검열은 네 사람으로 구성되어 있는데, 왕조실록의 자료가 되는 사초(史草)를 꾸몄다. 이를 한림(翰林) 또는 사신(史臣)이라고도 했는데, 비록 정9품의 낮은 벼슬이었지만 앞으로 출세가 보장되는 수재들의 등용문이었다. 춘추관의 일은 평상시에는 예문관과 비슷했으므로 검열이 기사관을 겸했다. 세자시강원은 왕세자를 모시고 경서와 사적을 강의하며 도의를 가르치는 곳이었다. 여기서 실력을 인정받으면, 왕세자가 즉위한 뒤에 출세하기 쉬웠다. 허균이 이때 맡았던 벼슬은 글 잘하는 젊은 선비에게 내려진 영예로운 자리였다.

허균은 사관이 되자, 임진년 이후의 사첩(史牒)을 죄다 교열했다. 그런데 중국 장수가 군사를 쓴 것과 우리나라 장수가 공을 세운 것, 그리고 왜군이 침공해온 사실을 명백하게 기재한 책이 하나도 없었다. 그냥 보기에는 마치 태평하고 무사했던 나라 같았다. 사관들이 이때껏 태만하게 기록했기 때문이었다.

그 뒤에 임금이 명을 내렸으므로, 명나라가 군사를 출동시켜서 동쪽의 우리나라를 극진하게 구원한 사연을 엮어 『동정록』(東征錄)을 만들어 바쳤다. 허균이 비변사의 낭청(郞廳)으로 있으면서 엮어 바친 것이다. 이 책은 『선조실록』을 엮을 때 중요한 자료가 되었다. 지금은 전하지 않지만, 허균이 얼마나 역사 자료를 중요하게 여겼는지 알 수 있다.

조선시대 중앙 관청 가운데 성균관·예문관·승문원·교서관을 아울러 4관(館)이라고 했다. 4관의 관리들은 문장으로 뽑혔으며 앞으로의 출세길도 열려 있다는 자부심 때문에 아랫사람을 심하게 단속했다. 예문관이 더욱 까다로웠는데, 함께 앉는 것도 허락하지 않았다. 당번에서 나가는 것도 허락하지 않고, 버릇이 조금만 방자해도 채찍질했다.

허균은 1594년 2월에 문과에 급제한 뒤 홍문관과 이조에 추천받았지만, 모친상을 지키느라고 벼슬에 나아가지 못했다. 그래서 동기들보다 늦은 1597년 봄에야 비로소 스물아홉의 나이로 관에 들었다. 심액·이유홍 등이 모두 그의 후배였는데, 이들이 위에 있으면서 매우 까다롭게 굴었다.

마침 그때 중시(重試)를 베풀었다. 중시는 과거에 급제한 사람을 계속 격려하는 뜻에서 특별히 실시하는 과거였는데, 10년에 한 번씩 실시했다. 당하관 이하의 문신만을 대상으로 시험했는데, 한림 하번(下番)만은 규례상 응시할 수 없었다. 허균이 중시에 응시하고 싶어 두 사람에게 부탁했지만 모두 허락해주지 않았다. 그런데 중시 날짜를 며칠 앞두고 불행인지 다행인지 허균은 이유를 알 수 없는 일 때문에 파직을 당했고, 덕분에 중시에 응시할 수 있었다.

4월 9일에 치러진 중시에 입장한 관리는 71명이었다. "천하다고 해서 충간(忠諫)의 길을 막지 말라고 제갈량이 청하다"는 제목의 시험이었는데, 32명이 답안지를 냈다. 전 검열 허균이 장원으로 뽑히고, 당대 최고의 문장가였던 차천로(車天輅)가 그 다음으로 뽑혔으며, 다섯 명이 급제했다.

허균은 중시에 장원한 덕분에 품계가 정6품으로 뛰어올랐으며, 예조좌랑으로 승진했다. 당시 재미난 일화가 있었는데, 허균이 임금에게 사은하러 대궐에 들어갔다가 상번(上番) 심열과 함께 앉아서 이야기하고 있을 때, 하번 심액이 대간의 말을 접수해서 상번에게 알리려고 들어왔다. 선생이 좌석에 있으면 하번이 선생에게 먼저 말하고 다음에 상번에게 말하는 것이 관례였기 때문에, 그동안 허균을 괴롭혔던 심액이 먼저 그에게 엎드려서 절하고 다 아뢴 뒤에 나갔다. 그러자 허균이 통쾌하게 웃었다. 문장의 힘을 처음 느낀 것이다.

지식의 목마름을 달래준 중국

허균은 중국을 몹시 사모했지만, 단순한 사대주의는 아니었다. 예전부터 중국에 사신으로 다녀왔던 아버지와 형들에게 중국 이야기를 듣고는 많은 호기심을 가졌고, 여러 책을 쌓아놓고 중국 공부를 했다. 중국에 관한 지식이 너무도 넓고 깊어 중국 사람들까지도 놀랄 정도였다.

허균은 시에 있어서는 당나라의 시를 으뜸으로 삼았으며, 산문에 있어서는 한나라의 문장을 가장 추켜세웠다. 이 무렵에 지었던 『학산초담』을 보면, 그의 이러한 경향이 뚜렷이 보인다. 허균은 이따금 중국에서 태어나지 못한 것을 안타까워했는데, 다른 까닭에서가 아니라 뛰어난 재주를 드넓은 중원 천지에서 맘껏 뽐내보고 싶었기 때문이다.

1597년 8월에 허균은 드디어 중국 길에 올랐다. 여기에 대해선 왕조실록에도 뚜렷하게 기록된 것이 없지만, 아마도 정유재란의 피해가 심해져서 원군을 다시 청하러 간 듯하다. 정기원이 봄에 청해온 원군들이 고전을 면치 못한 데다 왜군은 서울 가까이까지 밀려와 있었다. 허균은 사신의 임무를 마치고 돌아오는 길에 본국의 승전 소식을 처음 듣고서 시 한 편을 지었다.

> 창 빠르니 일천 군졸 쓰러지고
> 강물이 흐려지며 일만 군졸 치달았네.
> 승전의 소식이 산해관까지 들려오니
> 헛걸음한 이번 행차가 우습기만 하구나.
> 槍急千人斃 江渾萬馬趍
> 楡關傳月捷 可笑此行虛
>   「到山海關聞楊經理直到京城賊到稷山敗回」

출세의 꿈, 귀거래의 꿈 135

이 시를 보면, 그가 명나라 군대의 원조를 청하는 사신으로 갔던 것 같다. 허균은 이 여행길에서 가는 곳마다 시를 지었는데, 이때 지은 44편의 시에다 「정유조천록」이라는 제목을 붙여서 『성소부부고』 첫머리에다 실었다.

허균은 안주 백상루에 이르러서 인생 그 자체에 대하여 생각해 보았다. 앞에는 향로봉이 둘렸고 아래로는 청천강이 흐르는 곳, 그 위 높은 다락에까지 오르니 저도 모르는 새에 나그네 시름이 일었다. 날이 저물 때까지 홀로 거닐며, 그는 인생에 대해 생각했다.

> 사람 산다는 게 백 년도 못 되는데
> 몸을 위해 일하는 게 너무나 번거롭구나.
> 명예와 이익도 또한 헛된 것이니
> 일찌감치 그만두지 않고 무얼하고 있나.
> 人生無百歲 物役爲煩憂
> 名利亦徒爾 奈何不早休
>
> 「百祥樓」

마치 도연명(陶淵明)이 느꼈던 것처럼 허균은 인생무상을 깨달았다. 인생은 백 년도 못 되는데 육신을 위해서 너무나도 애쓰며 살아야 한다. 헛된 명예와 이익이나 구하는 생활을 잠시라도 더 빨리 그만두는 것이 자신을 위하는 길이다. 그래서 허균은 자연으로 돌아가리라 결심했다.

임금이 맡기신 일만 끝내고 나면
벼슬일랑 내던지고 산 속으로 돌아가리라.
학 탄 이에게 물어보노니
내게도 신선 세곌 허락할 건가.
行將畢王事 投紱歸巖幽
寄語鶴上人 肯許仍丹丘

「百祥樓」

 이번 사신길의 일을 마치고는 벼슬을 내버리고 자연으로 돌아가리라 생각했다. 이러한 결심은 이번뿐만이 아니라 허균 일생의 꿈이었다. 누이 난설헌이 그랬던 것처럼 그도 세상을 떠나 신선처럼 살고 싶었다. 그러나 허균은 애써 이러한 꿈을 이루려고 하지는 않았다. 세상을 떠나기 전에 하고 싶은 일이 많았던 것이다. 더구나 이번 사신길은 그의 호기심을 풀 수 있는 가슴 부푼 여행이었다.

 허균이 거쳐간 길은 여느 사신들이 다니던 길 그대로였다. 정주 가는 길에선 더운 날씨에 고달픈 나그네길을 푸념하기도 했고, 전문령을 넘어서면서 의주 관리들과 백성들의 은근한 마중을 받기도 했다. 3년 전에 왔던 곳이라 더욱 정겨웠다. 허균은 압록강을 건너고 나서야 차츰 나그네 시름을 느꼈다.

사내들은 장쾌한 유람길을 귀하게 여기건만
아이와 계집들은 이별을 쓸데없이 서러워하네.

丈夫貴壯遊 兒女徒傷離
　　　　　　　　　　　　「渡江作」

 이렇듯 울며 손 흔드는 이들을 비웃었지만 그 날 밤 달을 보면서 허균도 끝내는 시름에 잠겼다.

　　오직 어여쁠사 고향의 달이여
　　만 리까지 찾아와서 나를 따르는구나.
　　猶憐故鄉月 萬里來相隨
　　　　　　　　　　　　「渡江作」

 여기부터는 중국 길, 그는 책에서만 알고 있었던 고장들을 하나하나 거쳐갔다. 북쪽 차가운 곳이라 벌써 가을이 되었는데, 잠도 오지 않는 밤이면 허균은 남쪽으로 날아가는 기러기떼를 물끄러미 바라봤다.

 당나라 태종이 안시성을 치기 위해서 머물렀던 안산에선 이를 물리친 양만춘의 영웅적인 행동을 자랑하기도 했지만, 광녕에 이르러선 도호부의 엄정한 규모와 중국 대륙의 드넓음에 놀라면서 과연 인물이 활동할 만한 무대임을 확인했다.

 이러한 자신의 갈등을 허균이 시로 읊은 건 행산에 이르러서이다.

　　먼 길 나그네 시름겨워 잠도 못 드는데

초가을의 서늘함이 구레나룻 사이로 스며드네.
기러기 소리는 하늘 밖으로 멀리 사라지는데
벌레 울음 소리는 밤 깊어갈수록 더욱 슬퍼라.
공훈을 세우기에는 때가 벌써 늦었고
고기잡이나 나무꾼이 되려 해도 또한 늦었다오.
일어나 내다보니 은하수가 한 바퀴 돌았고
새벽 나팔 소리가 성벽을 울리네.

遠客愁無睡 新凉入鬢絲
鴈聲天外遠 虫語夜深悲
勳業時將晚 漁樵計亦遲
起看河漢轉 曉角動城埤

「杏山」

  고국을 떠난 거리가 멀어질수록 허균의 시름은 깊어졌을 것이다. 인생길은 결국 나그네길. 허균도 이젠 서른이라, 반 넘어 걸어온 인생길을 돌이키기엔 너무 늦었고 벼슬과 은둔, 둘 다 꿈은 크게 지녔지만 실현은 더디기만 했다. 이제 문과 중시에까지 장원급제했지만 아직도 눈에 차지는 않았다. 그래서 새벽 나팔 소리가 울릴 때까지, 밤새 엎치락뒤치락하며 잠을 못 이루었다.

  예전에 중화와 오랑캐의 땅을 구분하던 경계가 만리장성이었는데, 허균은 만리장성의 서쪽 출입문인 산해관(山海關)에 들어서면서부터 중국에 동화된 것 같다.

태평스런 시대라 전란도 없으니
백성과 만물이 천자의 은혜를 입었네.
太平無戰伐 民物荷皇恩

「山海關」

　자신도 이국인의 입장이건만, 허균은 중국이 태평한 것을 보고 안도감을 느꼈다. 더구나 북경에 이르러 지은 시에선 그러한 생각이 더욱 드러났다. 200여 년 동안 닦아온 북경의 웅대함과 궁궐의 호화로움을 노래한 뒤에 중국의 은혜를 찬양했다. 중국의 은혜가 아니었더라면 우리 백성은 모두 물고기 신세가 되었으리라고 생각한 허균은 그 크나큰 은혜에 감사했다. 원군을 청하러 온 사신답게 허균은 우리나라의 생존이 중국의 원군에 달려 있다고 생각했던 것이다.

　허균은 이곳에서 지은 시의 끝 구절에다 "천자의 정벌이 완전히 끝나서 우리 백성들이 살아남고 다시금 중국의 공을 길이 찬송하기를 바란다"고 했다. 이런 맥락에서, 그가 지은 『동정록』(東征錄)이란 책의 제목이 지닌 의미를 알 수 있다. 일본이 서쪽으로 정벌 온 것이 아니라, 중국이 동쪽으로 와서 왜적을 정벌했다는 뜻이다.

　허균은 중국에 와 있으면서도 관심은 언제나 고국에 가 있었다. 수군통제사 원균과 수사 이억기·최호 등이 싸움에 져서 죽었다는 소식을 듣고는 걱정에 잠겨 시를 짓기도 했다. 남원이 함락되고 신임하던 명나라 장수 양원이 겨우 목숨만 건져 달아났다는 소식도 들었다. 그러다가 산해관에 이르러서야 우리 군사들의 승전 소식을 하나둘 들으며 안심한다. 그리고 이곳을 나서면서 시를 지었다.

> 책이 상자에 가득해 짐 보따리는 넉넉하지만
> 서리와 이슬이 옷을 적셔 나그네길이 어렵기만 하네.
> 圖書滿篋行裝富 霜露侵衣客路難
>
> 「出關作」

허균이 중국에서 가장 부러워한 것은 책이었다. 당시에는 외국과 무역이 금지되어 있었는데, 사신 일행에게만은 일정한 금액의 무역이 허락되어 있었다. 그 이익으로 여행 경비를 충당하게 했던 것이다. 그래서 모처럼 중국에 다녀오는 사람들은 골동품이나 사치품을 사다가 큰 이익을 남겼지만, 새로운 지식을 갈구했던 허균은 책을 사왔다. 뒷날 갑인년(1614)과 을묘년(1615)의 두 차례 사신길에서도 4천여 권의 책을 사왔는데, 중국 길에서 책을 사들이는 버릇은 이때부터 시작된 것이다.

중국은 지식에 대한 목마름을 달래줄 수 있는 무한한 원천이었다. 그러나 이토록 책을 좋아한 허균이었지만 그의 앞에는 서리와 이슬이 가득했다. 앞으로 나아가면서 계속 옷을 적셔야 했고, 나그네길은 어렵기만 했다. 산해관에서 나올 때뿐만 아니라 이 어려움은 한평생 허균을 따라다녔다.

중국 시인과의 만남

허균은 중국 사행에서 돌아오던 길에 병조좌랑으로 임명되었다. 당시 진산강까지의 여행길에서 지은 시들은 「정유조천록」이라는 제목으로 묶여 있고, 우리나라 국경에 들어선 뒤 평안도 선천에서 지은 시부터는 「막부잡록」(幕府雜錄)이라는 제목으로 묶여 있는데, '막부'가 병조를 뜻했기 때문이다.

아직도 왜놈들과 한창 싸우는 중이라 병조에는 할 일이 너무나도 많았다. 문장과 외교 수완에 능했던 허균이 맡은 일은 주로 중국의 장군들을 접대하는 일이었다. 그래서 늘 지방으로 돌아다녀야 했다. 그러다가 모처럼 일이 없는 밤이면 고즈넉이 앉아서 자신을 돌아보며 시를 짓기도 했다.

> 붓으로 애오라지 시름을 달랜다지만
> 돈을 준다고 어찌 즐거움을 사랴.
> 인정이라는 게 가는 곳마다 쓸쓸키만 하니
> 나의 길은 갈수록 어렵기만 하네.
> 밤 깊어가며 은하수도 어두워지고
> 산이란 산마다 눈이 내려 차가운데,
> 낮은 등잔불만이 내 믿음직스런 벗이라
> 옛 책을 밝게 비춰 보이게 하네.
> 彩翰聊題恨 金錢豈卜懽
> 世情偏落莫 吾道日艱難

永夜星河暗 千山雨雪寒

短檠吾石友 來照古書看

「幕府無事用于鱗閣夜韻自遣」1

  세상길은 갈수록 힘들었지만 그럴수록 허균의 시 정신은 더욱 건강해져갔다. 그는 왕명을 받들고 이곳저곳으로 여행을 다녔는데, 강남에 이르러선 저 멀리 움트고 있는 매화 향내를 미리 맡기도 했고, 북녘에 이르러선 촌집에서 잠들며 신선 세계를 꿈꾸기도 했다.

  1598년(선조 31) 봄에도 많은 명나라 군사들이 압록강을 건너왔다. 그 가운데에 오명제(吳明濟)라는 시인이 병부급사중(兵部給事中) 서중소(徐中素)를 따라왔다. 오명제는 전쟁을 돕는 틈틈이 조선의 시들을 가려 뽑았는데, 봄·여름 동안 모은 시가 200편이나 되었다.

  오명제가 본격적으로 시선(詩選)을 엮게 된 것은 허균을 만나고부터였다. 서울에 들어오자 허균의 형제들이 그를 접대했다. 당시 경리도감(經理都監)이던 허성은 중국의 장수들을 접대하는 책임자였다. 오명제는 허균의 집에 묵었다. 오명제는 허균이 외워주는 수백 편의 조선 시를 보태고, 특히 난설헌의 시 58수를 보태어 『조선시선』을 엮었다. 그리고는 자신의 서문과 함께 허균의 후서(後序)를 덧붙였다. 오명제의 서문에 의하면 "허균이 (삼형제 가운데) 가장 영민해서 (시를) 한 번 보면 잊지 않아, 동방의 시를 수백 편이나 외워주었다"고 한다.

허균과 오명제의 관계는 원조받는 쪽과 도와주는 쪽의 상대역이라기보다도, 함께 시를 논하는 글벗의 사이였다. 오명제의 고향이 중국에서도 경치가 뛰어난 회계산이었기에, 그들은 강릉과 회계산의 절경을 서로 자랑하기도 했다. 오명제가 고향으로 돌아갈 즈음에 그 즐거움을 시로 짓자, 허균도 그 시에 운(韻)을 더하여 고향 강릉을 시로 읊었다.

> 솔과 대가 줄지어선 길에 맑은 내가 낀 곳
> 내 집이 있는 명주 고을은 조선의 둘째 선경이라오.
> 집을 돌아 흐르는 시냇물 소리는 다가왔다 다시 멀어지고
> 발을 걷으면 산 모습까지 아름답다오.
> 집사람이 불 묻어두고 나물 뜯다 밥을 지으면
> 나그네들은 맑은 이야기 즐기며 샘물 길어다 차를 끓였지.
> 티끌 세상에 갓끈 두르고 오만한 관리가 된 뒤로
> 몇 번이나 고향 생각하며 「귀거래사」를 지었던가.
> 松關竹徑帶晴烟 家住溟洲第二天
> 遶屋溪聲來更遠 捲簾山色自堪憐
> 家人宿火炊蘺菜 坐客淸談汲茗泉
> 偏縛塵纓爲傲吏 幾將鄕思賦歸田
> 「吳子魚南庄歸興次韻」

또한 허균은 오명제를 배웅하면서 한글로 시를 써서 주었다. 「송送참參군軍오吳주子서魚디大형兄환還텬天됴朝」라는 제목의

이 시는 한글을 앞세우고 한 글자마다 다음에 한자가 붙어 있는 형태로 지어졌다. 한글 전용의 요즘 표기에서 한자 병용을 보는 듯하다. 우리나라의 전쟁이 아직도 끝나지 않았으니, 이번에 돌아가서 오래 머무르지 말고 다시 돌아와 달라는 뜻을 전하는 시이다. 나라는 비록 왜적의 침입을 받아 위태로운 지경에 이르렀지만 고유의 글자까지 지니고 있다는 민족적 자부심을 보이기 위해서, 그는 중국 시인에게 구태여 한글을 먼저 써서 한시를 지어주었다. 이러한 한글 저작은 뒷날 민중들의 교과서인 『홍길동전』을 한글로 쓰는 계기가 되었다.

허균의 이 시는 오명제와 중국의 편집자들에게서 특별한 대우를 받았다. 오명제는 허균이 외워준 시 말고도 윤근수(尹根壽)나 이덕형(李德馨) 같은 재상들이 모아준 시들을 보태서 『조선시선』을 엮었다. 이 책은 가유약(賈維鑰)·한초명(韓初命)·왕세종(汪世鍾) 등의 동료 종군문인들로부터 교열을 받아 1600년에 7권 2책 목판본으로 간행되었는데, 오명제는 이 책에다 허균의 한글 시를 그대로 실었다. 오명제가 그때 엮은 『조선시선』의 원본은 1998년에 북경도서관에서 발견되어 우리나라에도 소개되었다. 이 책에는 112명의 시 340수가 실려 있다. 권7 본문 끝에 "조선장원허균서"(朝鮮壯元許筠書)라는 일곱 글자가 덧붙어 있어서 안진경체(顔眞卿體)로 쓴 본문이 허균의 글씨라는 주장도 있지만 확실치는 않다.

이 책이 간행된 뒤에 중국에서 여러 종류의 『조선시선』이 간행되었다. 명나라 전겸익(錢謙益)은 『열조시집』(列朝詩集)을 엮으면서 오명제의 이 책을 1차 저본으로 하여 '조선' 조를 덧붙였다. '조선' 조 앞에 허균의 '후서'가 반쯤 실려 있고, 허균 조목에도 그에 대한 소개와 함께 나머지 '후서'가 실려 있다. 그 안에 실린 시들은 다른 사람의 것들이 한두 편씩임에 비하여, "이달 36수, 난설헌 19수 … (허균 10수) … 허봉 4수"의 작품 빈도를 보인다. 따라서 허균이 엮은 것을 거의 바탕으로 했다고 생각된다. 책을 인쇄한 곳이 중국이었기에 한글 활자가 없었고, 그래서 서툴게 활자를 깎아넣느라고 잘못된 글자들도 많았지만, 전겸익도 허균의 창작 의도를 이해하고 자기 나라의 글자인 한자보다도 한글을 앞에 넣어서 인쇄해주었다.

전겸익은 『열조시집』에서 중국 이외에도 주변 여러 나라의 대표작들을 뽑아서 실었는데, 그 시 가운데 자기 나라의 글자로 쓰인 예는 허균의 이 시뿐이다. 그 뒤 청나라 주이존(朱彝尊)이 『명시종』(明詩綜)을 엮을 때에는 이 시에서 한글이 삭제된 채 한자로만 실렸다. 한치윤(韓致奫)이 『해동역사』(海東繹史)를 지을 때에도 『열조시집』을 저본으로 했는데, 그는 허균의 이 한글 시를 당시의 철자법으로 바꿔서 실었다. 한치윤도 허균이 한글을 앞세운 뜻을 살렸던 것이다.

허균은 『조선시선』에 실린 자신의 시들이 눈에 차지 않았기 때문인지 나중에 문집을 엮을 때에는 싣지 않았다. 『조선시선』은 중국에서 두어 차례 출판된 뒤에 거꾸로 우리나라에 소개되었고, 『열조시집』을 출전으로 해서 『해동역사』에 실렸다. 당시 허균은 병조좌랑으로 명나라 장군들을 접대했을 뿐만 아니라, 당대 최고의 비평가로서 우리의 문학작품을 중국에 널리 알리는 일에도 힘썼다. 전쟁의 와중에도 그는 여전히 문인이었다.

벼슬의 즐거움, 파직의 아픔

허균은 그 해 10월 13일에 병조좌랑에 임명되어 의주를 다녀왔는데, 그동안 지은 시 21수를 모아서 「무오서행록」을 엮었다. 무오년에 서쪽 지방에 다니면서 지은 시들이 여기에 다 실려 있다. 이듬해인 1599년 3월 1일에 다시 병조좌랑으로 임명되었다.

그러나 늘 말썽이 뒤따르는 그인지라 또다시 문제가 생겼다. 허균이 무슨 잘못을 했는지는 알려져 있지 않지만, 관리들의 잘못을 규탄하는 사헌부 지평 남탁래가 선조에게 이렇게 아뢰었다.

> 사헌부의 공사에 비록 잘못된 곳이 있을지라도, 정원(政院)에서 돌려보낼 수는 없는 법입니다. 그런데도 지난번 허균의 잘못을 조사해서 올린 공사를 정원에서 며칠씩이나 묵혀두었다가 끝내 그냥 돌려보냈으니, 대간의 체모를 존중하려는 생각이 전혀 없는 것입니다. 청컨대 담당 승지를 갈아치우고, 함께 참여했던 승지의 잘못도 아울러 조사하소서.

선조는 이를 받아들여서 함께 조사하라고 했지만 별 잘못이 없었다. 승정원에서도 허균에게 별 잘못이 없다고 판단했기 때문에 사헌부의 공사를 돌려보낸 듯하다. 허균은 오히려 다음달인 5월 25일에 종5품 도사(都事)로 승진했다. 그는 임지인 황해도로 떠나기 전에 옛 친구 임수정에게 편지를 보내 이 기쁨을 전하면서, 자신에 대한 변명도 아울러 곁들였다.

> 조정에 앉아서 예복을 입고 정치하는 일이라면, 내가 그대를 따를 수 없다오. 그러나 언덕 하나 골짜기 하나를 두고도 나는 빼어난 경치라고 생각해왔다오. 다만 몇 해 동안 다섯 말의 적은 녹봉을 잊지 못해서 자연으로 돌아가지 못하고, 산천과 맺었던 약속을 지키지 못했던 거라오.

임수정은 허균이 아홉 살 때부터 사귀던 벗이었다. 상곡에서 풀피리 불며 목마를 함께 타고 놀았고, 자란 뒤에는 책을 끼고서 스승을 찾아다니며 같이 글을 배웠다. 임수정은 당시 젊은 관리들에게 출세를 보장해주던 사간원 정언(正言, 정6품)으로 있으면서 날마다 임금을 만날 수 있었지만, 허균은 한 해에도 두 번씩이나 북녘 길을 다녀와야 하는 겉돌이에 불과했으므로, 기쁨과 변명이 반쯤 섞인 편지를 그에게 보낸 것이다.

도사는 관리의 감찰과 규탄을 맡은 벼슬인데, 중앙에는 충훈부(忠勳府)·의빈부(儀賓府)·의금부(義禁府) 등의 여러 관청에 도사를 두었다. 지방의 각 도에도 한 명씩 도사를 두었는데, 주요 임무는 지방 관리의 부정과 불법을 사찰하여 규탄하고 과시(科詩)를 맡아보는 것이었다. 황해도사가 된 허균의 임지는 해주였으므로 그는 곧 해주로 내려갔다.

허균이 맡은 일은 지방 관리들의 행정을 사찰하는 것이었으므로 그는 이곳저곳을 마음대로 노닐 수 있었다. 가는 곳마다 고을 수령들이 술잔치를 베풀어주었고, 이제껏 지녔던 소원대로 명승지를 맘껏 돌아다니며 놀 수도 있었다.

해주에서 서쪽으로 30리쯤 가면 북숭산이 있고, 이곳에 신광사(神光寺)가 있었다. 이 절은 옛날에 원나라 황제가 원찰(願刹)로 지은 것인데, 그 규모가 매우 컸으며 금은단청이 화려했다. 허균은 이 절의 그윽한 경치에 붙잡혀 잠깐 수레를 멈추고 구경했다. 그러다가 그 분위기에 빠져들어서 중과 함께 선담(禪談)을 나누었고, 끝내는 불교에 대하여 다시 깊이 생각하며 시를 지었다.

괴로운 인생 바다 헤쳐나가기 참으로 어렵고
자비심으로 중생을 구제하기도 또한 쉽지 않네.
苦海誠難涉 慈航未易招

「神光寺」

담쟁이 넝쿨 사이로 비쳐드는 달빛을 받으며 중과 이야기를 오래 나눴지만, 허균은 결코 불교에서 구원을 바라지는 않았다. 허균은 계속 절들을 찾아다녔지만 그의 눈은 이미 절간 너머를 바라보고 있었다.

해주에서 서쪽으로 60리를 가면 장연인데, 금사사(金沙寺)·백사정(白沙汀)·아랑포 등의 명승지가 있는 곳이다. 그는 금사사에서 노닐면서도 부처의 가르침에 대해 생각한 것이 아니었다. "옷깃을 펼치고 봉래섬을 바라보았다"〔披襟望蓬島〕고 읊었는데, 봉래섬은 바로 신선들이 살고 있는 곳이다. 마음을 열어놓고 신선세계를 내다본 것이다. 허균이 그렸던 신선 세계는 하늘 저 끝에 있는 것이 아니라 바로 눈앞에 펼쳐져 있었다.

장연 서쪽 58리에 백사정이 있는데, 길이가 7, 8리에다 너비가 3, 4리 되었다. 삼면이 바다인데 흰 모래가 평평하게 깔렸고, 바람이 불면 모래가 밀려서 작은 언덕을 이뤘다. 어린 소나무가 푸르고 해당화가 붉게 피어서 서로 어우러졌는데, 노니는 사람들이 한 해 내내 줄을 이었다. 백사정은 옛날 신라시대에 네 화랑이 와서 놀던 곳이라 그들에 대한 전설과 글이 많이 남아 있었다. 허균은 스스로 떠나간 술랑의 무리가 되어서,

> 긴 노래를 불러 밝은 달에게 답하니
> 내가 바로 술랑의 무리일세.
> 長歌荅明月 吾是述郎徒
>
> 「白沙汀」

라고 시를 읊었다. 명승지마다 돌아다니며 즐겼던 옛 화랑처럼 허균도 곳곳을 노닐었으니 스스로 신선이라 여긴 것이다.

허균이 생각한 신선은 장생불사의 도사가 아니라 속세에 매이지 않고 맘껏 즐겁게 살아보는 것이었다. 그런데 속세를 떠나지 않고 벼슬길에 올라서 맘껏 즐겁게 살려고 했으므로 그에게 온갖 비난이

쏟아졌다.

 백사정 십 리 밖에 아랑포가 있었다. 네 화랑이 서해 지경에서 두루 노닐다가 백령도를 거쳐 이곳까지 왔으므로, 사람들이 아랑포라고 이름 붙였다. 예전부터 아랑포 앞바다에는 신기루가 있어서, 신선들이 노니는 곳이라고 알려져왔다. 허균은 바닷가에 서서 이 신기루를 바라보며 시를 읊었다.

> 넓은 바닷가에 홀로 섰는데
> 저무는 햇볕이 다락까지 내려와 부딪히네.
> 연기로 덮여서 외로운 섬은 묻히고
> 바람이 가득 불어 늦은 배를 밀어주네.
> 구름 너머로 중국 땅이 가깝고
> 물결 속으로 햇빛이 뚫고 나왔네.
> 다락 높은 집이 신기루였음을 알았으니
> 저곳이 바로 봉래섬일세.
> 獨戍臨滄海 斜陽下繫臺
> 烟生孤嶼沒 風飽晩帆回
> 雲外靑齊近 波中日月開
> 層樓知蜃氣 彼固是蓬萊
>
> 「阿郞浦」

 허균은 신선 세계를 멀리서 찾지 않았다. 금사사에서 옷깃을 헤치며 바라본 곳이 바로 봉래섬이었고, 아랑포까지 왔더니 그 세계가 더욱 뚜렷이 눈에 들어온 것이다. 허균은 불교와 도가의 경계를 넘나들며 황해도 산천을 돌아다녔다. 이곳저곳을 떠돌아다니는 임무를 맡았지만, 그는 이러한 생활이 너무나도 좋았다. 병조에서 명령을 받고 의주까지 다녀오던 것과는 너무나도 달랐다.

허균은 절간이나 동헌만을 찾아다닌 것이 아니라 이름 없는 농부의 집도 즐겨 찾았다. 관청 일이 바빴지만 틈을 내어 교외의 농가를 찾아가기도 했고 서리 내린 숲을 바라보며 농부들과 막걸리를 즐기기도 했다. 때로는 장사꾼의 집을 찾아가서 그들의 신세타령을 듣기도 했는데, 허균은 그들의 이야기를 듣고 젊은 아낙네들의 노래를 시로 읊기도 했다.

>위에는 산이 있어 정방산이고
>아래는 내가 있어 족금계라오.
>차라리 창기가 될망정
>장사꾼 아내는 되지를 마오.
>上有正方山 下有簇錦溪
>寧作倡家婦 莫作商人妻

>장사하는 낭군이 강물 따라 떠나며
>팔월이면 온다고 기약하셨지.
>구월이라 중양절도 다 지났건만
>술이 익었는데도 그대 어찌 늦으시나요.
>商人江上去 八月以爲期

重陽今已過 酒熟爾何遲

한밤중에 태허루에 올라가서
남몰래 좋은 사내 맞으려 했지.
뜻밖에 호장 아전 문득 나타나
그 누가 여기 오라 일렀느냐네.
夜登太虛樓 潛邀好門子
却有上尊來 誰人教至此

촉 땅의 성도 비단 눈이 부셔서
꽃 사이로 나비들이 날아다니네.
하룻밤을 함께 잔 선물로 받아
춤출 때 입는 옷을 만들었다오.
璀璨成都錦 花間蛺蝶飛
與儂償一宿 裁作舞時衣

사신 행차 해마다 가고 또 오니
님을 만나 쌓인 회포 더욱 길어라.
오는 길에 평양 기생만 없었더라면
비단필이 상자에 가득 찼겠지.
節使年年返 逢郎意更長
若無平壤妓 紈素可盈箱

「黃州艶曲」

「황주염곡」(黃州艶曲)이라는 제목만 보아도 알 수 있듯이 황주에 떠도는 남녀의 이야기들을 읊은 노래이다. 앞의 시들은 장삿길을 떠난 남편이 돌아오지 않아서 애타는 아낙네의 시름을 읊었고, 뒤의 시들은 비단 장사꾼들을 유혹해서 비단을 얻어낸 황주 기생들의 즐거움을 읊었다. 가는 곳마다 기생들과 염문을 남긴 허균이 역시 황주 기생들에게서 들은 이야기를 읊은 것이다. 여인의 마음속을 묘하게도 헤아려서 마치 아낙네가 푸념하는 것처럼, 또는 기생이 즐거워하는 목소리로 읊은 것이 바로 허균의 시 솜씨이다. 그러나 남들의 눈치도 보지 않고 기생들과 놀러다니다가 허균은 결국 사헌부로부터 탄핵받게 되었다.

허균은 황해도에 온 뒤로 모처럼 즐겁게 노닐었다. 가는 곳마다 술과 여자가 있었고 고을 수령들이 받들어주었다. 그러나 일과 놀이를 한꺼번에 잘할 수는 없었다. 남들의 눈치를 보지 않고 맘껏 노닐다 보니 백성과 수령들의 원망 소리도 그만큼 더 커졌다. 허균은 혼자만 놀았던 것이 아니라 자기를 따르는 사람들을 한 무리 이끌고 다녔다. 예전부터 정들었던 서울의 기생들을 황해도까지 데려오기도 했고, 당대에 천대받던 서얼이나 천민들을 거느리기도 했다.

관리들의 불법을 조사하고 기강을 바로잡아야 할 그가 오히려 불법을 저지르고 기강을 무너뜨린 셈이었다. 처음부터 허균은 황해도사라는 벼슬을 즐길 사람이었지 제대로 해낼 사람은 아니었다. 황해도에서 그에 대한 불만이 차츰 커지자 관리들의 잘못을 징계하는 사헌부에서 끝내 임금에게 상소했다.

황해도사 허균은 서울에서 창기들을 데려다가 모아놓고 따로 관아를 만들었습니다. 또한 무뢰배와 중방(中房), 부처의 명호를 부르는 자들을 이끌고 다닙니다. 그의 첩과 서로 표리가 되어서 제멋대로 청탁을 행하므로, 그들이 끼치는 민폐가 너무나도 많습니다. 황해도의 관리와 백성들 가운데 그를 비웃거나 꾸짖지 않는 사람은 아무도 없습니다. 청컨대 그에게 파직을 명하소서.

허균이 황해 감영에 나가 있는 시간보다도 그를 따르는 무리들과 함께 지내는 시간이 더 많았으므로, 사헌부에서는 그가 관아를 따로 만들었다고까지 표현했다. 허균을 따르는 무리도 당시 사회와 어울리지 못하는, 체제로부터 소외된 자들이었다. 이러한 상소를 들은 선조는 결국 허균을 파직시켰다.

1597년 봄에도 예문관 검열 벼슬에서 파직되었지만 사헌부의 탄핵을 받지는 않았다. 실록에도 그 이유가 실리지 않을 정도로 특별한 일은 없었다. 그래서 문과 중시에 응시했고 결국은 장원급제까지 하여 출세의 길이 열렸다. 탄핵받아 파직된 것은 이번이 첫번째인 셈이지만 허균은 이후에도 여러 차례 파직당한다. 성리학으로 무장된 조선의 사회체제와 그는 끝내 어울릴 수 없었기 때문이다.

허균은 모범적인 관리도 못 되었거니와 스스로 군자가 되기도 거절했다. 성인을 따르기보다는 하늘을 따르겠다는 자신의 말처럼, 그는 타고난 천성 그대로 자기를 감추지 않고 살았다. 예절과 형식에 얽매여 살던 시대에 태어나서 자기 나름대로 살아보려 했던 허균이기에 주위에서는 그의 재주는 인정하면서도 사람됨을 나무라는 자들이 많았다.

1600년(선조 33) 새해가 되었지만, 허균에게는 할 일이 없었다. 그래서 우선 죽은 아내의 무덤을 원주로 옮겨다가 묻었다. 임진년 피난길에서 죽은 아내를 이제야 제대로 묻어준 것이다. 허균이 젊었을 때 자기의 재주만 믿고서 글 읽기를 게을리 하면 정색하고서 충고해주던 아내 김씨. 그들은 마주앉아서 짧은 등잔 심지를 돋우며 밤을 지새우곤 했다. 허균이 잠시라도 졸면, 아내는 이렇게 그를 깨우치곤 했다.

"공부를 게을리 하지 마셔요. 내 숙부인(淑夫人) 직함이 그만큼 늦어진답니다."

당시 남편이 정3품 당상관 자리에 오르면 그 아내에게는 숙부인이라는 직함을 내렸다. 아내 김씨는 그 날이 빨리 오기를 기다리며 모든 어려움도 참고 견뎠다. 그러나 아내가 피난길에서 죽고 벌써 8년이나 지났건만, 허균은 5품 벼슬 하나도 제대로 지니지 못하고 파직당했다. 우울하게 지내던 그에게 가까운 벗들이 위로하는 편지를 보냈다. 그는 이들에게 답장을 보내어 자기의 속마음을 털어놓았다.

임수정에게

나는 아직 마흔도 채 되지 않았는데 머리가 벌써 이처럼 되었으니, 만약 좀더 지난다면 어떤 모양이 될는지 알 수 없구려. (줄임) 예로부터 이름난 선비라고 불린 이들은 모두 뼈아플 정도로 술을 마시고 굴원(屈原)의 「이소경」(離騷經)을 열심히 읽었다는데, 나는 그 두 가지를 다 못하고 있다오.

경자년(1600) 3월에.

임현에게

옛 책 만 권을 쌓아놓고 (사랑하는 여인) 문군(文君)이 또한 곁에 있어, 그 가운데 두 발 뻗고 앉았노라니 문득 일생을 넉넉히 마칠 듯하오. (줄임) 내가 더럽고 잡스러운 사람들을 가리지 않고 사귄다고 형은 너무 나무라지 말구려. 이런 생활도 또한 큰 세상을 보기에 족하니, 비유컨대 만 리나 되는 긴 강에 어찌 천 리 한 굽이가 없겠소. 이런 내 광기를 용서해준다면 무척 고맙겠소.

경자년 3월에.

임현에게

지난 밤엔 그대의 애첩이 와서 「강남곡」을 불러주었는데, 이어지는 가락이 마치 구슬을 꿴 듯해서 들을수록 고달픈 신세를 잊었다오. 무릎을 치며 장단을 맞추다가, 발을 구르며 일어나 춤을 추었지요. 천지가 넓은 것도 잠시 잊었답니다.

내가 옛사람을 보지 못해 한스러웠던 게 아니라, 옛사람이 (이렇게 노는) 나를 보지 못해 한스러웠다오. 그대가 자리에 같이 있지 못해서 모두 아쉬워했지요.

경자년 3월에.

임현에게

나는 부처를 섬기는 게 아니라 불경의 문장을 좋아하는 거라오. 그것을 읽어서 심심풀이라도 하자는 생각이지요. 수천 호 남짓 되는 고을에 군수라도 되고 싶지만, 아직 뜻대로 되지 않는구려.

경자년 5월에.

안팎으로 괴로움을 겪으면서 허균의 머리는 다 빠지고 희끗희끗해졌다. 옛사람들은 세상에서 뜻을 잃었을 때 폭음으로 울분을 잊거나 산 속에 들어가 굴원의 『초사』(楚辭)나 읽으면서 자신을 달랬지만, 포부가 너무나도 컸던 허균은 이 정도로 세상을 단념할 수 없었다.

허균의 평판을 걱정한 옛 친구 임현은 그에게 더럽고 잡스런 무뢰배들과 사귀면서 양반의 품위를 떨어뜨리지 말라고 충고했지만, 허균은 그렇다면 네가 소개해주는 자들은 이러한 시정배들보다 더 낫느냐고 반문했다. 그러자 임현은 자기의 애첩을 보내서 허균의 시름을 달래주었다. 끊어질 듯 이어지며 넘어가는 가락에 무릎을 치며 장단을 맞추다 못해, 자신도 모르게 일어나 친구의 첩과 어울려 춤을 추었다.

글공부하는 선비들은 자신이 이상으로 생각하고 본받는 옛사람을 만날 수 없어 안타까워했건만, 허균은 세상에 얽매이지 않고 노는 자신의 모습을 옛사람이 볼 수 없는 것을 한스러워했다. 그만큼 자기 중심으로 살았던 것이다.

출세의 꿈, 귀거래의 꿈

허균은 1600년 7월에 예조정랑이 되었지만, 선조의 비(妃)인 의인왕후의 국상을 준비하는 일만 맡게 되어서 따분했다. 1601년(선조 34) 새해가 되자 허균은 다시 지방의 수령 자리라도 얻고 싶어졌다. 그래서 이조참판 박동량에게 시를 지어 보내며, 조관(漕官) 자리라도 하나 얻어달라고 부탁했다.

> 낭청의 집에는 구리 도장도 오지 않는데
> 내 들으니 조관의 임기가 이제 가득 찼다고 하오.
> 수놓은 옷이나 얻어 입고 바닷가를 돌아다니다
> 다락 밑에서 피리 소리나 들으며 매화를 즐기고 싶소.
> 銅章不到省郎家 聞道漕官已熟瓜
> 乞取繡衣湖海去 鳳笙臺下賞梅花
> 　　　　　　　　　　　「寄朴亞判年兄乞漕官」

다른 사람들의 집에는 지방의 수령으로 가라는 첩지가 왔다지만, 그는 언제까지나 낭청으로 지내야만 하는 것이 불만이었다. 그래서 조관으로라도 나가게 해달라고 부탁했다. 조관은 각 고을에서 세금으로 거둬들인 쌀을 서울로 운반하는 것을 감독하는 종5품 벼슬이다. 허균은 이 시에서 바닷가를 돌아다니며 자연이나 즐기려고 이 벼슬을 얻고 싶다고 했지만, 실제로 조관은 가는 곳마다 각 고을 수령들에게 환대받는 벼슬이기도 했다.

그렇지만 벗에게 보낸 시는 답장이 빨리 오지 않았고, 다른 고을의 수령으로 내려갈 기미도 전혀 없었다. 허균 자신이 권세 있는 집들을 찾아다니며 아부하고 싶지도 않았거니와, 제멋대로 사는 허균을 못마땅하게 여겨서 거들떠보는 사람도 없었다. 사대부 집안의 떳떳한 아들로 태어났건만, 그는 어느새 시대의 서얼처럼 소외당하고 있었다. 허균은 이러한 자기의 신세를 참을 수 없어, 「나 자신을 한탄한다」는 시를 지어 괴로움을 내뱉었다.

> 남궁 선생은 본디 어리석은 데다
> 서른두 살에 벌써 머리가 희어졌네.
> 수레 뒤의 티끌에까지 절하던 반악을 싫어하고
> 수놓인 옷에 절월(節鉞)을 지녔던 사상을 부러워했지.
> 길게 늘어뜨린 인장과 인끈은 누구에게 돌아갔나
> 요즘도 승상에게선 자주 꾸지람만 듣네.
> 봉래산에 찾아가 학과 피리 소리나 들으려 해도
> 봄날의 복사꽃 소식을 서왕모가 알려주지 않네.
> 장안의 귀인들이야 모두 아는 얼굴이건만
> 붉은 대문이 높아서 만나볼 수가 없네.
> 사또 자리나 하나 얻으면 하늘에 오른 듯하겠건만
> 약수 삼천 리가 맑아지지 않아 건널 수 없네.
> 南宮先生本痴絶 三十二歲頭已雪
> 尙嫌潘岳拜車塵 猶羨謝尙持綉鉞
> 纍纍若若屬何人 近前屢遭丞相嗔

欲向蓬山聞笙鶴 王母未報桃花春
京師貴人皆識面 朱門峨峨不可見
就而乞郡如上天 弱水三千未淸淺

「自歎」

 진(晉)나라 시인 반악(潘岳)은 어렸을 때부터 재주가 뛰어나다고 이름났지만, 남들에게 미움을 사서 10년 동안이나 벼슬하지 못하고 노닐었다. 반악이 아름다운 풍모를 지니기는 했지만 권세와 이익을 추구하는 성품이어서, 석숭(石崇)과 함께 가밀(賈謐)에게 아첨하였다. 반악은 가밀이 외출할 때를 기다렸다가, 그의 수레에서 일어나는 먼지를 바라보면서 절했다. 그래서 가밀은 스물네 명의 벗 가운데 반악을 으뜸으로 꼽았다. 사상(謝尙)도 진나라 사람인데, 황제의 신임을 나타내는 절월(節鉞)을 지니고 여러 차례 수령으로 나가서 훌륭한 업적을 남겼다. 허균은 관리가 벼슬하는 태도를 이렇게 두 가지로 보았다.

 허균은 어디에서도 어울릴 수 없는 시대의 서얼이었다. 그래서 아버지나 형의 벗들이 이제는 모두 높은 자리에 올랐건만 그를 만나기 꺼려했고, 그의 문장을 알아주던 사람들도 그의 사람됨을 싫어하며 멀리했다. 머리가 벌써 희어졌지만 바라던 공명은 이뤄지지 않고, 신선 세계에나 몸을 내맡기고 싶었지만 아직 그만큼 도를 닦지도 못했다.

 그렇다고 반악처럼 아부해서 벼슬을 얻고 싶지는 않았다. 남다른 재주를 지녔으면서도 쓰일 곳을 얻지 못하자, 반악은 권세가에게 붙어서 벼슬하고 부귀 공명을 얻었다. 이제껏 세상과 부딪치며 살아온 허균이건만, 아직 그렇게까지 해서 공명을 이루고 싶지는 않았던 것이다.

허균은 임금에게 인정받아서 고을 수령으로 맘껏 포부를 펼쳤던 사상처럼 되기를 바랐다. 수놓인 관복을 걸쳐 입고 허리에는 길다랗게 인끈을 늘이며 꿈을 펼치고 싶었건만, 그 많은 인장과 인끈들은 모두 누가 가지고 있는 것인지. 벗에게 부탁한 벼슬도 곧 이뤄지지 않고, 어디서도 오라는 곳이 없었으므로, 그는 시대의 서얼처럼 소외당할 수밖에 없었다. 예조(禮曹)를 남궁(南宮)이라고도 불렀기에, 예조정랑으로 있으면서 지은 시 15수를 모아 「남궁고」(南宮藁)를 엮었다. 앞의 시에 나오는 남궁 선생이 바로 허균 자신이다.

1601년 봄에 허균은 새로운 임무를 맡고서 호남 지방을 다녀오게 되었다. 그토록 바라던 수령 자리는 아니었지만, 호남 각 고을을 돌아다니며 과거를 베풀고 감독하는 시관(試官)이 된 것이다. 과거는 예조에서 시행했으므로 예조의 낭관이던 허균이 이 일을 맡게 된 것인데, 그로서도 이 일은 마음에 들었던 모양이다. 호남 각 고을을 돌아다니며 수령들에게 대접받고, 재주 있는 젊은이들을 모아서 그들의 문장을 시험해보며, 자신이 직접 그들의 낫고 못함을 가리는 일이야말로 조관 벼슬만큼이나 신나는 일이었다.

노령산맥을 넘어서 장성 가는 길로 들어서자 따뜻한 남쪽이라 꽃들이 갑자기 만발해 있었다. 향기로운 풀들이 시냇가 낭떠러지를 덮었고, 개나리도 활짝 피었다. 게다가 접동새마저 피나게 울어 나그네의 마음을 더욱 어지럽게 했다. 폭 파묻히고 싶은 자연이었지만 지금 당장은 여기에 몸담을 수가 없었다.

> 내 몸 밖의 공명은 주든지 빼앗든지 다 내어버리고
> 세상에서 잘 되고 못 되는 것도 되어가는 대로 맡기고 살리라.
> 내 장차 숨어살리라고 저 자연과 더불어 약속했으니
> 나이 들면 높은 벼슬도 내어놓고 숲과 시냇물을 찾아 돌아가리라.
> 身外功名捐與奪 世間榮悴任安排
> 林泉有約吾將隱 肯待年侵始乞骸
>
> 「將向古長城」

허균은 벼슬을 싫어하면서도 좇아다니고 자연을 그리워하면서도 돌아가지 못하는 모순적 행동을 이 시에서 변명하고 있다. 그가 끝내 벼슬을 내버리고 자연으로 돌아가지 못한 까닭은 몇 말 안되는 녹봉에 매여야 하는 경제적 원인도 있지만, 가득 지닌 포부를 맘껏 펼쳐서 공명을 이룬 뒤에 더 도와달라는 임금의 손길을 뿌리치며, 이제는 제발 시골로 돌아가 편히 쉬게 해달라고 청원하게 되길 바라는 그의 꿈 때문이었다. 이러한 꿈은 허균 개인의 꿈이 아니라, 포부를 지닌 사대부들의 공통된 꿈이기도 했다.

허균은 과거를 보겠다고 새벽부터 응시장에 모인 젊은 선비들을 보며 가슴이 뿌듯해졌고, 그들에 비해서 녹봉이나 타먹을 뿐 재주도 없는 조정의 문관들을 부끄럽게 여겼다. 합격자 발표를 한 뒤에 술잔을 앞에 놓고서 허균은 이들이 배부르게 먹고 따뜻하게

지낼 욕심이 없게 해달라고 속으로 빌었다. 글짓기를 시작하면서 그런 생각에 빠지면, 글도 버리고 백성들도 고생시키기 때문이다.

허균이 이번 길에서 가장 반갑게 만난 사람은 임현이었다. 그들은 동갑내기 벗이었는데, 허균이 아홉 살에 상곡으로 이사갔을 때부터 함께 어울렸다. 처음엔 풀피리 불며 장난이나 쳤지만, 곧 차례로 시를 지어 대(對)를 맞출 정도에 이르렀다. 글을 배울 때마다 함께 있지 않은 적이 없었다.

1585년 열일곱이 되던 해 봄에 이들은 한성부에서 치르는 초시에 나란히 합격했었다. 그러나 임현은 얼마 뒤에 부친상을 당해 남쪽으로 내려갔으며, 잇달아 조부모의 상까지 치렀다. 그는 상을 마치고 스물두 살에야 민씨 집안으로 장가들었다. 상을 입고도 열심히 글을 읽었기에 허균이 이따금 들러서 그의 학업을 들쳐보면 마치 막혔던 시냇물이 터지는 것 같아서 당해낼 수가 없었다. 그러더니 허균보다 3년이나 먼저 문과에 급제했다.

임현의 벼슬길은 순탄했다. 승문원 부정자에서 승정원 주서(注書)를 거쳐 예문관 검열에 오르고 또다시 봉교(奉敎)까지 올랐다. 문관으로 거쳐야 할 자리들을 하나씩 차례로 밟았는데, 당시에 정권을 잡은 자들이 그를 재목으로 인정해주었기 때문이다. 임현은 자리에 가만히 앉은 채로 이처럼 좋은 벼슬들을 얻었지만 한번도 그들을 찾아가서 고맙다고 인사한 적이 없었다. 허균과 강가에 나와서 아침저녁으로 시를 주고받거나 가야금과 노랫소리를 귀기울여 듣곤 할 뿐이었다.

그러나 임현의 몸은 너무나도 약해 있었다. 본디 몸이 허약한 데다 어린 나이에 몇 년씩이나 잇달아 상을 치러야 했으므로, 위(胃)에 심하게 탈이 났다. 더 이상 조정에서 일볼 수 없게 되자, 임현은 1600년 여름에 강진현감으로 자청해서 나갔다. 늙은 홀어머니를 모시고, 깊이 곪은 병을 치료하기 위해서였다. 그러나 이번에 허균이 시관이 되어 호남을 돌아다니다가 창평에서 임현을 만나보니, 그의 병은 이미 곪을 대로 곪아서 위독한 지경이었다. 허균은 그에게 벼슬을 내어놓고 고향에 돌아가 치료하라고 권했다.

얻고 잃는 것이 봄날의 꿈이란 걸 벌써 알았을 테니
장자의 뒤나 따르며 『남화경』(南華經)이나 읽고 사는 게 좋으리라.
得喪早知春夢耳 好從莊叟學遺經
「昌平逢林子昇」

임현의 나이 겨우 서른셋이었고, 남긴 아들도 없었다. 허균은 자기만큼이나 재주가 있었건만 끝내 공명을 이루지 못하고 아까운 나이에 죽음 가까이에 이른 동갑내기 옛 친구의 마지막을 지켜보면서 착잡한 마음으로 서울에 올라왔다. 임현은 결국 1601년 4월에 벼슬을 내어놓고 고향으로 돌아갔다. 그러나 끝내 병을 이기지 못하고, 그 해 6월 영암 고향집에서 죽었다.

그 무렵 허균은 드디어 해운판관이라는 새 벼슬을 얻었다. 작년부터 바라던 조관 자리를 얻은 것이다. 해운판관은 충청도와 전라도의 세미(稅米)를 거둬들이며, 배에 실어 운반하고 감독하는 종5품 벼슬이었다. 국가의 재정을 지탱하는 세미는 워낙 많은 물량인

데다가 지방 관리들의 행정 실적을 헤아리는 기준이기도 했으므로, 해운판관은 가는 곳마다 수령들에게 환대받았다. 그들의 부정을 끄집어낼 수도 있었으며 마음만 먹는다면 그들과 야합해서 한 밑천 남길 수도 있었다.

과천을 거쳐 수원에 이르자 세미를 거둬들이는 일이 시작되었다. 각 고을에선 허균이 오기 전에 벌써 서울로 올려보낼 쌀을 쌓아놓았다. 허균은 이를 조사해서 제대로 거둬들이지 못한 세리(稅吏)에게는 곤장을 쳐서 벌을 주었으며, 가는 곳마다 술대접을 받았다.

관리들이 지방에 출장나가면 그 고을의 기생이 수청을 드는 것이 관례였다. 율곡같이 근엄한 선비는 이를 물리치기도 했지만 대개는 기생을 받아들였다. 그러나 기생과 하룻밤 자는 일이 야담으로 전해지기는 했지만, 기생과 즐긴 자신의 행동을 스스로 기록한 사람은 거의 없었다. 허균은 일기를 쓰면서 유별나게도 이러한 이야기를 솔직하게 기록했다. 그는 이번 출장길에도 서울에서 떠나던 7월 8일부터 조관 일을 마치고 돌아오던 1602년 1월 5일까지 6개월 동안의 일기를 「조관기행」(漕官紀行)이라는 글로 남겼는데, 몇 월 며칠에 기생 누구를 만났다는 기록에서부터 그와 잠을 잤다거나 또는 이야기만 나누다가 내보냈다는 것까지도 밝혔다. 다른 기행문에는 기생 하나를 두고 하룻밤 서로 차지하기 위해 싸우는 관리들의 이야기까지도 기록했다. 천성을 숨기지 않고 떳떳하게 살았던 자유인 허균의 솔직한 자기 고백이 이러한 기행문에 나타나 있다. 그랬기에 당대 사회로부터 비난받았던 것이다.

23일엔 부안에 이르렀다. 비가 몹시 내렸으므로 일하지 못하고 객사에 머물렀다. 허균과 가깝게 지내던 이귀(李貴)의 애인 계생(桂生)이 거문고를 가지고 와서 시를 읊었다. 얼굴은 비록 아름답지 않았지만 재주가 흘러넘쳐서 함께 이야기를 나눌 만했다. 하루 종일 술을 나눠 마시며 서로 시를 주고받았다. 그러나 계생이 아무리 기생이라지만, 친구의 애인이었다. 피할 것은 서로 피해야 했다. 밤이 깊어지자 계생은 자기 대신에 조카딸을 허균의 방으로 들여보내 수청을 들게 했다.

계생의 원명은 이향금(李香今)이고, 호는 매창(梅窓)이다. 그의 아버지 이탕종은 부안현의 아전이었는데, 계해년에 태어난 딸이라고 해서 계생(癸生)이라고 이름지었다. 그의 시 짓는 솜씨가 뛰어나 남도의 황진이라고도 했다.

> 님 떠난 내일 밤이야 짧고 짧아지더라도
> 님 모신 오늘밤만은 길고 길어지이다.
> 닭 소리 들리고 날은 새려는데
> 두 눈에선 하염없이 눈물이 흐르네.
> 明宵雖短短 今夜願長長
> 鷄聲聽欲曉 雙瞼淚千行
>
> 「別恨」

허균은 매창을 처음 만나 시를 들은 날부터 그를 좋아했다. 어떤 의미에서는 사랑했다고 말할 수도 있다. 그러나 그를 육체적으로 사랑하지는 않았다. 허균은 10년 뒤에 이 날의 첫만남을 기억

하면서 편지를 썼는데,

"만일 그때 조금이라도 다른 생각이 들었더라면, 우리가 이처럼 10년씩이나 가깝게 지낼 수 있었겠느냐?"
라고 말했다. 그토록 여자를 좋아했던 허균이었건만 자기의 고백 그대로 매창과는 끝내 어지러운 지경에 이르지 않았으니, 정신적 연인으로서 서로 사랑을 나눈 것이다.

허균이 자신을 좋아하는 줄 알면서도 그의 몸까지 받아들일 수는 없었기에 대신 조카딸을 허균의 방으로 들여보내준 매창의 마음씨도 또한 놀랍다. 그토록 재주 있는 여인이었기에, 처음 만나자마자 허균과 하루 종일 시를 주고받으며 즐겁게 노닐 수 있었을 것이다.

허균은 8월 초하룻날 나주에 이르렀다. 목사 권협을 잠깐 만나고는 곧 영암 구림을 향했다. 6월에 세상을 떠난 친구 임현의 장례에 참여하려고 달려간 것이다. 장례에 맞추려고 서둘렀는데도 길이 너무 멀다 보니, 그의 옛 집인 분암에 이르렀을 때에는 벌써 밤이 깊었다. 이튿날엔 임현의 주검 앞에 절하고 제문을 지어 위로하며 슬피 울었다. 가슴속에 넘치던 포부를 다 펴지 못하고 너무나 젊은 나이에 죽은 벗을 생각하면, 아무리 곡을 해도 울음이 그치질 않았다.

3일 오전엔 무덤 속에다 관을 내려 묻고 발걸음을 돌렸다. 이것으로써 평생의 사귐이 아득해지고 이승과 저승의 갈림길에서 서로 멀어지게 되었다. 아무리 부대끼며 살려고 해도 힘들기만 한 이 세상에서 허균은 자기를 잘 이해해주던 죽마고우를 하나 잃은 것이다.

임천에서 자던 날, 집에서 보내온 소식을 보고 큰형 허성이 전라감사가 된 것을 알았다. 형은 임지로 내려가고 아우는 공무를 마치고 서울로 올라가다가, 8월 29일 직산에서 형제는 만났다. 헤어진 지 3년째였다. 서로 너무나 반가워서, 형제는 이불을 함께 덮고서 이야기를 나누다가 잠이 들었다.

며칠 뒤엔 형수와 조카들까지 함께 만났다. 한 형제라지만 서로 벼슬길이 다르다 보니 만날 날이 거의 없었다. 다행히도 이번 여행길에서 우연히 만나 서너 달을 단란하게 보낼 수 있었다. 허균은 이번 여행길에서 56편의 시를 지었는데, 지금은 하나도 남아 있지 않다. 「조관기행」에 그의 여정과 매창을 만난 기쁨, 그리고 임현을 잃은 슬픔 등이 실려 전한다.

놓쳐버린 출세의 길

12월 2일, 서울 집에서 종이 달려와 소식을 전했다. 명나라 천자가 큰아들을 태자로 봉해 그 조칙을 반포하러 사신이 온다는 소식은 지난달에 이미 들었는데, 그들을 맞이하는 원접사 이정구(李廷龜)가 허균을 종사관으로 천거했다는 소식이었다. 외국 사신들을 만나 글재주를 맘껏 뽐내는 것은 허균으로서도 바라던 일이었다. 추운 겨울이었지만 그는 부푼 마음으로 길에 올랐다.

이에 앞서 한림원(翰林院) 시강(侍講) 고천준(顧天埈)과 행인(行

人) 최정건(崔廷健)이 사신으로 온다는 것을 알고서, 선조는 이정구를 원접사로 임명했다. 문장과 경륜도 뛰어났거니와 경험도 많았으므로, 외국 사신을 맞이하는 데에는 적격이었다. 그러나 이정구는 몇 년 동안 업무가 바빠 책을 들여다보지 못했고 정신이 이따금 어지러워져서, 명나라 사신들과 시를 주고받는 일까지 감당하기는 힘들다고 변명했다. 선조는 관례에 의해서 제술관을 데려가도 좋다고 했다. 이정구가 두 사람을 추천했다.

"젊은이들 가운데선 해운판관 허균이 시만 잘 짓는 것이 아니라, 성품도 또한 총명하고 민첩합니다. 책에 나오는 옛일들도 많이 알고 중국의 일에 대해서도 환합니다. 양주목사 김현성은 비록 늙었지만 시를 짓는 재주가 있고 게다가 글씨도 잘 씁니다. 이들을 데리고 가면 좋겠습니다."

선조가 그대로 허락했으므로, 허균은 일찍이 원하던 대로 중국의 사신을 맞아 재주를 떨치게 되었다. 조정에서는 사신을 맞는 예우로써 이정구에게는 의정부 우참찬(右參贊, 정2품), 김현성에게는 사재감정(司宰監正, 정3품), 허균에게는 형조정랑(刑曹正郎, 정5품)을 임명했다. 물론 사신을 맞기 위해서 내려준 벼슬이었지만, 그는 문장의 힘으로 중앙 관청의 정5품 벼슬에 오른 것이다.

원접사 일행은 1602년 2월 13일 조정을 떠나 서행길에 올랐다. 허균·이안눌(李安訥)·홍서봉(洪瑞鳳)이 종사관이었고, 차천로(車天輅)·권필(權韠)이 제술관이었다. 한석봉이 또한 사자관(寫字官)으로 일행에 들었으니, 이는 그 당시에 으뜸가는 인물들을 뽑은 것이다. 이정구는 도중에 병이 들었기에 이호민과 임무를 바꿨다.

윤2월 13일에 허균은 병조정랑으로 임명되었다. 사신을 맞으러 가는 길이었기에 실제로 일을 볼 수는 없었지만, 형조에서 병조로 일자리가 바뀐 것이다. 허균은 이 여행에서 사신들을 상대로 많은 시를 주고받았다. 접반사가 명나라 사신을 상대하다가 시를 짓지 못하면 옆에 서 있는 종사관이 대신 지어주곤 했기 때문에, 석 달 보름 동안 그는 명나라 사신들과 함께 오가며 재주를 맘껏 뽐냈다. 이때 의주를 오가며 지은 시 6수가 「임인서행록」에 실려 있으며, 문집 밖에 2수가 따로 전한다.

다시 의주까지 가서 사신을 환송해주고 돌아온 뒤부터 허균은 병조에서 일을 보았다. 처음 중국 사신길에서 돌아온 뒤에도 병조에서 일을 보았으므로 그곳은 그에게 낯익은 곳이었다.

그렇지만 허균은 병조에서도 제대로 배겨나질 못했다. 남들을 깔보고 제멋대로 구는 행동 때문에 주위에서 손가락질을 당했으며, 심지어는 사헌부에서도 계(啓)를 올려서 파직시키라고 청한 적이 있었다. 1602년 5월에 역적 화수(和愁)를 잡아서 국문(鞫問)하는데, 대신들 사이에서 논의가 많았다. 이때 판부사(判府事) 심희수가 들어와서,

"이번 도적은 쥐새끼 같은 무리에 지나지 않는데, 역적이라는 이름까지 붙여서 죽인다면 나라의 체면이 손상될 것입니다."
라고 의견을 내세웠다. 그러자 마침 병조의 낭관으로 그 방에 들어가서 판결문의 초안을 작성하고 있던 허균이 대뜸 심희수에게 반박했다.

"영감의 말은 잘못되었습니다. 영감께선 그만 물러나 쉬십시

오."

 허균은 역적을 엄중하게 다스려야 한다고 생각했는데 심희수는 그것이 지나치다고 나섰으므로 이렇게 반박하였다. 심희수가 성내며 일어나 허균에게 대들었다.

 "그대가 어찌 감히 나에게 물러나라고 명령한단 말인가."

 심희수는 화를 내면서 방을 나갔다. 이튿날 사헌부 지평 윤경이 조정의 중신들 앞에서 대신의 체모를 깎아내리고 위계질서를 무시한 허균을 파직시키라고 청했다. 그러나 더 큰 문제로 번지지는 않았고 허균은 계속 벼슬을 지닐 수 있었다. 그리고 그 날로 역적의 우두머리 화수의 목을 베었다.

 허균은 이 해에 세 차례나 새 벼슬을 받았다. 윤2월에는 병조정랑이 되었고, 8월에는 성균관 사예(司藝, 정4품)가 되었으며, 10월에는 사복시정(司僕寺正, 정3품)에까지 올랐다. 종사관의 임무를 성공적으로 마치면서 그의 벼슬은 계속 오르기만 한 것이다. 관리로 나선 뒤 가장 성공적인 해였다.

 허균이 정5품의 벼슬을 처음 받았을 때 그는 무척이나 자랑스러워했고, 따라서 임금의 은혜에 감격하여 시를 지었다. 그러나 벗 성계선이 전라도 무장현감으로 부임하자, 그를 송별하는 시를 지으면서 무척이나 부러워했다. 한 고을을 자기 마음대로 다스리며 멋대로 지낼 수 있는 수령 벼슬이 마치 신선놀음이나 되는 것처럼 부러웠다. 벼슬길에 들어선 지 벌써 10년 가까이 되건만 그토록 소원이던 사또 노릇 한 번 못했기에, 자기보다도 낮은 현감 벼슬이건만 그처럼 부러워했던 것이다.

밖으로 눈을 돌리다 보니 자기가 맡은 일들이 차츰 지겨워졌다. 병조에서 숙직하는 날이면 죄인들이 형벌받는 소리나 밤새 들어야 했고, 옥리(獄吏)들에게나 높임받는 신세가 부끄러웠다. 기다리다 못해 이 벼슬을 내어놓고도 싶었지만 달리 갈 곳도 없었다. 이런 심정을 허균은 시를 지어 달랬다.

가을이 무르익어 들판이 즐거우니
기쁜 웃음 소리가 여기저기서 들려오네.
집집마다 막걸리를 기울이고
곳곳마다 누른 벼를 베어들이는구나.
우습기만 해라. 밭도 없는 이 나그네는
쌀이나 꾸려고 부질없이 편지만 쓰고 있으니.
성 동쪽에다 밭뙈기나 세 이랑 빌려서
언제쯤에야 밭 갈고 김도 매볼거나.
秋熟郊原喜 歡聲遠近聞
家家傾白酒 處處割黃雲
可笑無田客 空書乞米文
城東借三畝 何日事耕耘

「出郊」

자연으로 돌아갈래야 돌아가 농사지을 땅조차 없었다. 그렇다고 남들처럼 부정을 저질러서 큰 농장을 마련해둔 것도 아니었다. 오갈 곳 없는 그에게 마침 새 벼슬이 주어졌다.

추석을 지내고 한참 벼를 거둬들일 무렵인 8월 27일에 허균은 성균관 사예에 임명되었다. 사예란 성균관에서 음악을 지도하던 벼슬이다. 그토록 바라던 수령 자리는 아니었지만 정4품 벼슬에 오른 것이다. 이 가을에 그는 새로 고쳐 지은 도솔원(兜率院) 미타전에다 비문을 지어주었다. 금강산 동쪽에 내수참이란 고개가 있는데, 그 아래로 한참 가다가 꺾어지면 북쪽으로 도솔원이 있다. 고려 중엽에 지은 절인데, 미타불이 영험하고 신이하다고 널리 알려져서 사람들이 다투어 모여들어 향을 피우며 복을 빌었다. 그러다가 불교를 배척하던 조선조에 들어오면서 수리를 하지 않아 건물이 퇴락해졌다.

1549년에 덕흥군(德興君) 부인 정씨가 사재를 털어서 미타전을 새로 고쳐 지었다. 아름답게 전이 이뤄진 뒤에 곧 아들을 낳아 하성군(河城君)이라 하였으니, 이가 바로 뒷날의 선조였다. 또 화공 이배련과 그 아들 홍효에게 큰 그림을 그리게 해서 서쪽 벽에다 걸었는데, 이도 모두 아들 하성군의 복을 기원하기 위해서였다. 하성군의 첫 이름은 균(鈞)이었는데, 명종이 후사가 없이 붕어하자 즉위하여 임금이 되었으며, 아버지 덕흥군도 덕흥대원군으로 추존되었다.

수십 년이 지나고 이 절을 주관하던 이들이 잇달아 죽게 되자, 절은 다시 황폐해졌고 그림도 이웃 표훈사로 옮겨져 보관되었다. 선조의 비였던 의인왕후가 이 소식을 듣고 내수사(內需司)에 명하여 다시 고치라고 하였다. 왕후는 이 일이 끝나는 것을 보지 못하고 죽었지만 선조의 명으로 이 공사는 계속되었다. 당시의 이름난 화가였던 이정(李楨)이 백의대사(白衣大師)를 그려서 동쪽 벽에다 걸고, 표훈사에 옮겨져 있던 옛 그림도 다시 가져와서 걸었다. 일을 모두 마치고 강원도 관찰사가 허균에게 사람을 보내어서 비문을 지어달라고 부탁했다. 당시의 문장가 가운데 불사에 대하여 글을 지을 수 있는 사람으로는 허균이 적격이었기 때문이다. 허균은 이 절이 세워진 유래부터 시작해서 왕궁의 원찰이 된 내력과 새로 고쳐 지은 이야기까지 서술하면서, 자기의 불교관을 끝에다 덧붙였다.

나라에서 이단을 막아 불교를 높이지 않는 것이 옳기는 하지만, 사람들이 신불(神佛)에게 복을 비는 것도 또한 마찬가지이다. 위에서는 바른 학문〔正學: 유학〕을 높여 선비의 습속을 맑게 하면서, 아래로는 부처의 인과(因果)와 화복으로 인심을 깨우친다면, 그 다스림은 결국 같은 것이다.

허균은 유학과 불교를 같이 놓고 보았다. 지배층에서는 유학을 높이고 백성들에게는 불교를 권장하는 것이 바른 정치에 도움이 되리라고 생각한 것이다. 이는 불교 신앙인의 자세라기보다 정치인 허균의 입장에서 불교를 이해한 것이지만, 당시 유교가 국가의 기본 체제였던 나라에서 이러한 글은 용납될 수가 없었다. 뒷날 허균은 삼척부사로 있다가 부처를 섬겼다고 해서 탄핵되었는데, 대사간 송언신이 이 글을 읽고서 탄핵의 빌미를 삼은 것이다.

금강산에서 신선 세계를 꿈꾸다

서른다섯이 되던 1603년 가을, 허균은 육촌형 허적(許禰)에게 짤막한 편지를 남기고 낙향했다.

> 집권자가 저를 꺼려서 쫓아냈습니다. 어쩔 수 없이 관동으로 가려고 합니다. 경포대에 올라서 만 이랑 굽이치는 큰 바다 물결이나 보아야지요. 곧바로 삼신산에 닿으면, 문득 옷자락을 걷어올리고 물 속에다 발이라도 담그고픈 생각이 들 테구요. 이 어찌 즐겁지 않겠습니까. 형만 알아두시고 남들에게는 말하지 마십시오.

강릉으로 가는 길이 여럿 있었지만, 허균은 이제껏 보고 싶었던 금강산 쪽을 택했다. 그토록 바라던 강호 생활이었지만, 남의 손에 의해서 쫓겨난 상황이므로 결코 즐겁지만은 않았다. 그러다가 철원에 이르러 허균은 자기보다 더 불쌍한 한 노파를 만났다.

철원 풍전역 북쪽 2리쯤에서 하룻밤을 지내기로 했는데, 마침 한 늙은 아낙네가 사는 민가가 있었다. 그 주막집에 들어갔더니 방이 매우 깨끗했고, 가게를 꾸민 것도 산뜻했다. 이상히 여겨 물어보았더니, 허균도 알 만한 집안 사람이었다. 그의 남편 유세영이 허균의 외갓집에 드나들었으므로 그 집안 선대의 일까지도 자세히 알고 있었다. 왜 이런 산 속에 떨어져 살고 있느냐고 물었더니, 그 아낙네가 울먹이며 얘기해주었다.

"임진년에 남편을 따라 시어머니를 모시고 여기까지 피난 왔었답니다. 왜적들이 밤중에 갑자기 닥쳤기에 남편이 당황해서 어머니를 등에 엎고 나와서 수풀 속에 엎드렸지요. 그렇지만 왜놈들에게 들켜서 한칼에 죽었다우. 어린애는 풀밭에서 울고 있다가 말몰이꾼으로 끌려갔답니다. 날이 밝은 뒤에 돌아와 보니 피와 살덩이가 여기저기 널려 있었지요. 손으로 땅을 파서 임시로 묻어놓고는 동네 사람에게 사정했지요. 이듬해 왜놈들이 물러간 뒤에야 시체를 제대로 묻었답니다. 그리곤 술을 팔면서 살았지요. 서울엔 친척도 없으니 결국 여기서 살게 된 거죠. 봄·가을로 두 무덤에 제사나 지내며 여기서 죽을 때까지 살 생각이랍니다."

허균은 그 애가 끝내 돌아오지 못했느냐고 물었다. 아낙네가 대답했다.

"계사년(1593)에 왕자를 따라갔다는데, 지금은 (왕자)궁에 살고 있답니다. 그런데도 이제껏 나를 찾아오지 않는다오."

이 얘길 다 듣고 나서 허균은 가슴이 메어지는 것 같았다. 서울에 대대로 살아왔던 한 여인이 철원 산 속 주막집 아낙네로 전락하기까지의 기구한 삶도 슬펐거니와, 임진왜란이 이 땅의 많은 사람들에게 불행과 좌절을 가져다준 것이 아닌가 하는 생각에 빠졌다. 더구나 사랑하는 아내와 첫아들까지 난리 통에 빼앗긴 그로서는 이 노파의 넋두리가 남의 얘기는 아니었다. 그래서 허균은 그 자리에서 이 이야기를 시로 옮겼다.

철원성 서쪽으로 싸늘한 해도 저무는데

보개산은 높아서 저녁 구름이 걸려 있구나.
흰머리의 늙은 할미가 다 떨어진 옷을 입고서
사립문을 열고 나와 나그넬 맞아주네.
스스로 말하길, 서울에서 이제껏 살아왔는데
가족들 다 흩어지고 타향 땅에 묻혀 산다오.
지난번 왜놈들이 한양성을 무너뜨릴 때
아들 하나 끌고서 시어미와 지아비 따라왔다오.
먼 길 오느라 부르튼 발로 깊은 골짜기에 숨어서
밤에는 나와 밥을 빌고 낮에는 엎드려 있었죠.
늙은 시어민 병까지 들어 낭군이 업어서 걷고
가파른 산에 접어들면 쉴 겨를이 없었구요.
하늘에선 비까지 내리고 밤은 아주 캄캄했는데
웅덩이는 미끄럽고 다리는 지쳐 발 옮길 곳도 없었죠.
어디선가 두 도적놈이 칼 휘두르며
어둠 타고 뒤를 밟아와서는,
성난 칼로 목을 내리쳐 네 조각을 내버리니
아들과 어미가 함께 죽으며 원통한 피를 흘렸다오.
나는 어린 아들놈을 이끌고서 숲 속에 숨었는데
아이는 우는 바람에 적에게 들켜 끌려갔지요.
겨우 내 한 몸 남아서 호랑이의 아가리를 벗어났지만
넋을 잃은 터라 큰 소리로 말도 할 수 없었죠.
날이 밝아서야 가보니 두 해골이 남아 있는데
시어미의 주검과 낭군의 주검을 가려낼 수가 없었다오.

까마귀와 솔개가 창자를 쪼고 개들이 뼈를 씹는데
들것과 가래로 덮으려고 했지만 부탁할 사람 누가 있나요.
애를 써가며 간신히 석 자 구덩이를 파고는
남은 뼈를 거두어서 무덤을 만들었지요.
외로울사, 이내 그림자여. 돌아갈 곳이 있나요.
이웃 아낙네가 가여워하며 서로 의지하자 하더군요.
주막에 얹혀살며 물 긷기와 절구질
남은 밥찌끌 먹고 다 떨어진 옷을 입었다오.
고단한 생활로 속태우기 십이 년
얼굴은 검어지고 머리는 다 빠진 데다 허리까지 굳어졌지요.
요즘 서울서 온 소식을 들으니
부모 잃은 아들놈이 왜놈들 속에서 살아왔다더군요.
궁집에 들어가 머슴이 되었는데
옷상자엔 비단이 남아돌고 쌀 창고도 가득 찼답니다.
색시까지 맞아 집을 짓고 살림도 넉넉하다던데
타향에서 떠도는 어미쯤은 잊은 게지요.
아이를 낳아 다 자랐지만 힘이 되지 못하니
한밤중에도 생각할수록 뺨에 눈물이 흘러내린다오.
내 꼴이야 벌써 쭈그러지고 아들놈은 어른이 되었으니
비록 만난다 해도 어찌 서로 알아볼까요.
늙은 내 몸이야 구렁에 떨어져도 할 말이 없지만
어찌하면 네 술을 얻어다가 아비 무덤에 부을까?
아아! 어느 시절인들 난리가 없었으리요만

이 몸처럼 원통하기는 처음일레라.

東州城西寒日矄 寶盖山高帶夕雲
皤然老嫗衣藍縷 迎客出屋開柴戶
自言京城老客婦 流離破産依客土
頃者倭奴陷洛陽 提携一子隨姑郎
重跰百舍竄窮谷 夜出求食晝潛伏
姑老得病郞負行 蹂穿觸山不遑息
是時天雨夜深黑 坑滑足酸顚不測
揮刀二賊從何來 闇暗躡蹤如相猜
怒刀劈胆胆四裂 子母幷命流寃血
我挈幼兒伏林藪 兒啼賊覺駞將去
只餘一身脫虎口 蒼黃不敢高聲語
明朝來視二骸遺 不辨姑屍與郎屍
烏鳶啄腸狗囓骼 藁稕欲掩憑伊誰
辛勤掘得三尺窞 手拾殘骨閉幽坎
煢煢隻影終何歸 隣婦哀憐許相依
遂從店裡躬井臼 饋以殘飯衣獘衣
勞筋煎慮十二年 面鼈髮禿腰脚頑
近者京城消息傳 孤兒賊中幸生還
投入宮家作蒼頭 餘帛在笥囷倉稢
娶婦作舍生計足 不念阿孃客他州
生兒成長不得力 念之中宵淚橫臆
我形已瘁兒已壯 縱使相逢詎相識

老身溝壑不足言 安得汝酒邁父墳
嗚呼何代無亂離 未若妾身之抱冤

「老客婦怨」

　허균은 한 여인의 짓밟힌 삶을 그리면서 임진왜란이라는 비극적인 기억을 돌이켰다. 한 노파의 불행한 운명이 문제가 아니라, 이 역사적인 사실 앞에서 나뭇잎처럼 떨어져버린 무수한 생명들을 생각한 것이다. 임진왜란을 소재로 한 시들이 많지만, 이 시는 전쟁의 비극을 가장 사실적으로 형상화한 작품으로 손꼽힌다.

　이 노파와 헤어져 깊은 산 속으로 들어간 허균은 산과 물과 절을 만났다. 옷을 벗고 물을 건너 겨우 건너편 미끄러운 언덕 가에 발을 디디기도 하고, 등나무 덩굴을 잡고서 뛰어넘기도 했다. 하늘 멀리로부터 돌아오는 학을 보면서 옛 신선 왕자교(王子喬)를 찾기도 했다. 산 속으로 들어갈수록 차츰 신선이 되고 싶었던 것이다. 이런 체험은 그의 시에 그대로 표현되었다.

　금강산 장경봉 아래에 있는 장안사(長安寺)에는 허균의 벗 이정이 그린 벽화가 있었다. 이정의 집안은 할아버지 때부터 대대로 이름난 화원들이 나왔는데, 아버지를 일찍 여읜 이정은 작은아버지 홍효에게서 그림을 배우다가 열 살에 금강산에 들어가 그림을 그렸다. 그가 열세 살 되던 1589년에 마침 장안사를 고쳐 짓게 되어서, 이정이 산수와 천왕제체(天王諸體)를 그렸다. 열세 살 어린 아이가 그린 그림이라고 믿어지지 않을 만큼 웅혼한 그림 앞에서 허균은 저절로 시를 지었다.

예부터 몇 사람이 불화에 능했던가
도현은 신선 되고 공린은 저승에 갔네.
동방에선 이장군을 가장 일컫더니
그 손자 이정이 더더욱 뛰어났네.
장안사 하얀 벽이 깊고도 널찍한데
이 그림 그릴 적에 정의 나이 열셋이었지.
원기가 넘쳐흘러 벽은 아직 젖어 있는데
해와 달은 빛나고 연기 구름 머금었네.
(줄임)
정(楨)이여! 정이여! 커다란 재주 품었으니
위대한 이름 아래 그 운명 궁박할밖에.
이 그림 마주하니 내 기운 상쾌해져
해 떨어진 넓은 불전에 긴 바람이 이네.

古來幾人能畵佛 道玄已仙公麟沒
東方最稱李將軍 其孫阿楨尤奇絶
長安粉壁深潭潭 楨也畵時年十三
元氣淋漓壁猶濕 日月照耀烟雲含
(줄임)
楨乎楨乎抱才雄 盛名之下其途窮
對此令我氣颯爽 日落廣殿生長風

「長安寺壁李楨畵影像及山水歌」

허균은 이정이 그린 여러 신과 부처의 모습을 7언 40구의 장시로 묘사했는데, 그의 문집에 실린 이 시 뒤에 누군가가 "헌동(軒動)하여 자유자재하며, 소동파의 구기(口氣)가 약간 있다"고 평했다.

신선을 구하면서도 불교에 귀의하길 바라는 마음은 허균이었기에 가능했다. 시왕백천동에 앉아서 허균은 왜 자기가 절을 즐겨 찾는가 생각해보았다. 그가 산 속을 찾아드는 까닭은 기이한 것 찾기를 즐기는 호기심 때문이었기에, 길이 가파르고 험난한 것도 잊을 정도였다. 절에 가는 까닭은 뛰어난 경치가 마음에 들었고, 그윽한 깨달음이 번뇌를 씻어주기 때문이었다. 그러노라면 하늘로부터 신선의 수레가 문득 내려와서 그를 얽어맨 세상의 그물을 풀어주는 듯하였다. 신선과 절, 도교와 불교가 사상의 이단아였던 허균에게는 아무런 갈등 없이 하나로 합해졌다.

영원사를 지나고 망고봉을 넘어서 명연(鳴淵)에 이르렀다. 이 깊은 연못 아래에는 때만 되면 용이 되어 하늘로 날아오를 이무기가 천 년 전부터 서려 있었다고 하는데, 허균은 이곳에서 자신의 모습을 떠올렸다.

> 그늘진 웅덩이를 엿보니 까마득히 깊기만 한데
> 거뭇한 물안개가 그윽이 물 굽이를 둘러싸네.
> 그 밑엔 천 년 묵은 이무기가 있어
> 꿈틀꿈틀 깊은 곳에 똬리 치고 사네.
> 때때로 흰 기운을 토해내면
> 흩어져 연기 아득해질 뿐이지만,
> 언젠가는 천둥과 비를 일으키며

날아서 신선 세계로 올라가리라.

陰竇窺䆳窱 幽幽黯環灣
下有千歲蛇 佶栗深處蟠
有時吐白氣 霏作烟漫漫
何時變雷雨 飛上瑤臺端

「鳴淵」

지금은 깊은 못 속에 잠겨서 어둠 가운데 웅크리고 있지만 언젠가는 천둥을 치면서 용이 되어 하늘에 오를 것을 기다리는 이무기는 바로 허균 자신의 모습이었다. 이 봉래산을 다 넘어가면 교산 아래 옛 집이 그를 기다리고 있었다.

금강산에 들어오긴 처음이었지만, 가는 곳마다 낯익은 기억들이 그를 기다리고 있었다. 장안사에는 벗 이정의 그림이 걸려 있었고, 양사언(楊士彦)의 글씨가 바윗돌에 새겨져 있었다. 작은형이 쓰라린 마음을 달래며 떠돌아다니던 절간을 찾아갈 적마다, 형이 피를 토하듯 써놓은 시를 대하며 눈물을 흘리기도 했다.

안쪽 산은 희고도 교묘한데
바깥쪽 산은 푸르고도 웅장하네.
교묘하게 깎아낸 솜씨는 사람의 힘을 빌린 듯싶고
웅장한 모습은 참으로 하늘의 공력일세.
아침 일찍이 구정봉에 올라서
내려다보니 마음의 눈까지 열렸지만,

두 산의 모습이 서로 달라
어느 게 낫고 못하다고 말할 수 없네.
바다 안개가 자욱이 깔렸는데
동쪽에서 돋은 해는 벌써 골짜기 위에 올라,
연기와 노을은 번득이며 비치고
풀과 나뭇잎들도 푸르게 반짝이네.
여러 골짜기들은 다투어 솟고
파도와 같은 큰바람이 불어오는데,
높은 산봉우리들이 깊은 못을 에워싸고
늙은 이무기가 그 가운데 서려 있네.
내 언젠간 여기로 집을 옮겨와서
못 속에 잠겨 용으로 화하리라.
옛 자취를 스님이 말해주니
꿈틀거리던 흔적을 아직도 찾아볼 수가 있네.
짙은 물안개가 가랑비로 바뀌고
한낮인데도 구름이 덮여 어둑하기에,
바로 눈앞에 비로봉이 있었건만
내 지팡이를 옮겨갈 수가 없었네.
흥도 다 스러져 가파른 골짜길 내려갔더니
수풀 끄트머리에 절간이 나타났네.
쓰러져서 낮잠을 한숨 붙인 새
꿈속에서 이 몸이 백옥루에 올랐네.

內山白而巧 外山蒼而雄

巧若費人力 雄則眞天功
晨登九井峰 俯眺心眼通
兩山各有態 孰曰有汚隆
東暾已出谷 海霧含冲瀜
烟霞閃輝映 草樹明蔥蘢
衆壑爭起伏 如濤扇長風
嵌顚羅九泓 老蛟蟠其中
幾年移宅去 潛淵化爲龍
舊迹僧解說 尙辨蚖蜒蹤
濃靄變微雨 日午雲冥濛
咫尺毗盧頂 不許移吾笻
興闌下絶舡 林梢露紺宮
頹然寄晝睡 夢入瑤臺空

「九井峯」

「구정봉」이라는 시에서 읊은 것처럼, 용이 되어서 봉래산에 다시 돌아와 살리라고 몇 번이나 다짐했건만 그 날이 쉽게 올 것 같지는 않았다. 허균은 뒷날 금강산이 아니라 서울에서 용이 되려고 혁명을 일으켰지만, 실패하고 죽임을 당한다. 그가 지은 소설의 주인공 홍길동은 태몽대로 용이 되었지만, 그는 끝내 용이 되지 못한 것이다.

허균은 10년 전에 머물며 공부하던 낙산사에서 오랜만에 만난 스님들과 이야기하며 하룻밤을 지내고는, 외갓집이 있는 사촌에 이르렀다. 그곳에는 교산이 있었고 애일당이 있었다. 임진년의 처절한 난리 속에서도 그가 노닐며 공부할 수 있게 해준 마음의 고향 교산에 이른 것이다.

걸음이 교산에 이르자 갑자기 얼굴이 환해지네.
주인이 돌아올 날을 교산은 이제껏 기다리고 있었네.
붉은 정자에 홀로 오르니 하늘이 바다에 이어져
아득히 넓게 펼쳐진 봉래산에 내가 들어 있구나.
行至沙村忽解顏 蛟山如待主人還
紅亭獨上天連海 我在蓬萊縹緲間

「至沙村」

예전엔 이무기가 여울 속에 똬리를 치고 있었다지만, 허균이 태어나기 8년 전에 떠나버렸고 이제 이곳의 주인은 허균 자신이라고 여긴 것이다. 그는 이곳의 이름을 따서 자기의 호를 교산이라고 지었거니와, 이제 한동안 이곳에서 이무기처럼 웅크리고 있어야 했다. 허균은 금강산을 구경하면서 지은 시 48수를 모아 「풍악기행」(楓嶽紀行)을 엮었다.

드디어 군수가 되다

1604년(선조 37) 7월 27일에 허균은 성균관 전적(典籍, 정6품)이 되었고, 그동안 예조참판으로 있던 큰형 허성도 같은 날 예조판서로 승진했다. 정3품까지 올랐던 허균이 정6품 벼슬을 받은 것은 제대로 된 대우가 아니었지만, 1년 남짓 벼슬과 떨어져 있던 그에게 새 벼슬을 주기 위한 과정일 뿐이었다. 고을의 수령이 되기를 계속 바라던 그는 결국 수안군수로 임명되었다. 오랜만에 벼슬다운 벼슬을 받았으므로, 그를 아끼던 선배와 벗들이 한데 모여서 전송해주었다.

그런데 『선조실록』 37년 9월 6일조에는 허균의 수안군수 임명과 함께, 그에 대한 비난이 작은 글씨로 덧붙었다. "일찍이 강릉 땅에 가서 이름난 기생에게 혹했고, 어머니가 원주에서 죽었는데도 달려가서 상을 치르지 않았다"는 이 비난은 인조반정을 이룬 서인들이 기록한 것이지만, 그 뒤에도 언제나 그를 따라다니며 괴롭혔다.

수안은 황해도 북쪽에 있는 산골 마을이었다. 그는 한 고을의 수령이었으므로 마음에 드는 기생이라면 누구와도 함께 술을 마실 수 있었으며 누구와도 잠자리를 같이할 수 있었다. 따라서 찾아오는 벗들과 그들의 기생첩들을 만나 즐기느라고 허균은 밤낮 술과 여인 속에 파묻혀 지냈다. 이때 마침 이정이 찾아왔다. 그는 허균보다 아홉 살이나 위였지만, 허균은 이 천재 화가와 나이를 초월하여 사귀었다.

손님이 봄바람을 몰고오니
내 병까지도 낫는 듯하네.

사상의 춤도 출 수 있으니
내가 바로 고양의 술꾼이라네.
이뤄놓은 일이라곤 글 몇 편뿐이고
남은 생애도 술병에다 맡겼으니,
이까짓 벼슬자리야 무엇에 쓰랴.
돌아갈 길일랑은 강호에 있다네.

客逐東風至 令余病欲蘇
能爲謝尙舞 自是高陽徒
事業餘椽筆 生涯付玉壺
微官亦何物 歸路在江湖

「懶翁來」

 낮은 신분이었기에 벼슬에 오를 수 없었던 이정이지만, 처음부터 벼슬엔 뜻도 없었던 친구였다. 이곳저곳 떠돌아다니며 마음 맞는 벗들이나 찾아가서 술을 얻어 마시는 그의 신세가 허균은 부럽기까지 했다. 이정은 산 속을 노닐다가 절간에 들려서 부처의 그림을 그려주어 한 해 양식을 마련하곤 했는데, 이번에도 자기가 잘 그리던 부처 그림을 허균에게 그려주며 마음을 가다듬도록 했다.

 그 무렵 허균은 「반야심경」에 심취해 있었다. 그래서 한석봉에게 부탁해서 금글씨로 그것을 베끼게 하여 서첩을 만들었는데, 한석봉의 글씨 옆에다 이정이 부처와 보살들의 그림을 그려주었다. 허균은 석가모니불·아미타불·미륵불과 관세음보살 및 달마대사·육조대사·유마힐거사·방온거사의 그림에다 각기 찬(讚)을 지어붙이고 거실 벽에다 걸었다. 아침저녁으로 부처와 보살들을 보면서 합장하며 하루를 지내게 된 것이다.

허균은 평소에 도연명과 이태백, 소동파 세 시인을 좋아했다. 그들의 시뿐 아니라, 세상에 얽매이지 않고 살았던 생활을 더욱 좋아했다. 그래서 이정에게 이 세 시인의 초상을 그리게 하고, 허균 자신은 그들의 찬을 지었다. 역시 한석봉이 그림 곁에다 해서체의 작은 글씨로 찬을 써주었다. 허균은 거실에다 이들의 그림도 걸었다. 그 뒤에 허균은 이 세 시인의 사람됨을 사모해서 스승으로 삼기도 했으며, 스스로 벗이라고 자처하기도 했다. 그는 몇 년 뒤에 전라도 함열현으로 귀양 갔는데, 그곳에서도 서재에다 이 세 시인의 초상화를 걸어두었다.

수안에서의 아름다운 봄날을 함께 즐기기 위해서 그는 한석봉을 불러왔다. 충천각에 함께 올라 술을 마시기도 했고, 싱그러운 녹음 속에서 글씨를 논하기도 했다. 석봉이 즐겨 놀다가 떠난 지 얼마 안되어 그의 부고가 날아왔다. 스무 살 남짓 나이 많은 친구였는데, 그만 먼저 세상을 떠난 것이다. 그는 한석봉의 재주와 인품을 생각하면서 만시(輓詩)를 지었다.

허균은 수안군수로 있는 동안에 작은형 허봉의 문집인 『하곡집』도 간행했다. 허봉이 말년에 떠돌아다니다가 죽었으므로 작품들이 제대로 남아 있지 않았지만, 기억나는 대로 엮어서 목판에 새겼다. 그는 우선 형의 시들을 모은 초고를 유성룡에게 보냈다. 그는 허봉과 가장 가까운 벗이었으며, 허균의 스승이기도 했다.

난설헌의 시집을 엮을 때에도 서문을 지어줄 만큼 허씨 집안과는 가까운 사이였기에, 허균은 이번에도 그에게 머리말을 부탁했다.

서애 상공께

작은형의 시와 문장은 흩어지고 잃어버려 거의 남아 있지 않습니다. 이제 겨우 몇 편을 모아서 목판에 붙였습니다. 깨끗한 책을 한 권 올리오니, 한번 읽어주시면 다행이겠습니다.

책의 머리말을 쓰는 일이 가장 중요합니다. 우리 형을 가장 깊게 아는 사람 가운데 스승 같으신 분이 없습니다. 이 세상에서 그 머리말을 쓸 분으로 스승 말고 누가 또 있겠습니까. 천 리 밖에서 아뢰며, 엎드려 비옵니다.

만들고 꾸민 모양은 어떠한지요? 죽은 이도 스승의 은혜를 알면 땅 속에서도 응당 감격해 울 것입니다. 스승께서 허락해주시기만 엎드려 비옵니다.

을사년(1605) 2월에.

유성룡이 지어 보내준 머리말을 그의 글씨 그대로 목판에 올려 인쇄했다. 한 고을의 군수였기에, 허균은 하고픈 일을 마음껏 할 수 있었다. 그러다가 갑자기 군수 벼슬을 내놓고 떠나게 되는 사건이 벌어졌다.

수안군에 이방헌이라는 토호가 있었는데 제멋대로 굴었다. 예전에 황해도사로 갔을 때부터 그의 악명을 익히 들었는데, 허균은 기회를 엿보다가 그가 죄를 짓자 옥에 잡아넣었다. 그의 집안에서 허균에게 뇌물을 보내고, 황해도 관찰사에게도 뇌물을 보냈다. 그러나 허균은 관찰사의 압력에도 굽히지 않고, 이방헌을 법대로 엄하게 처리했다. 평소에 매를 맞아보지 않았으므로, 그는 형벌을 받고 겨우 이틀 뒤에 죽었다. 그의 아들이 진정하자, 뇌물을 받은 관찰사는 허균에게 추궁했다. 허균은 자기의 행동이 법에 어긋나지 않는다고 밝힌 뒤에, 벼슬에 연연하지 않고 군수 자리를 떠났다.

중국 사신 주지번과의 만남

이 무렵 명나라 신종(神宗)에게 장손이 태어났다. 명나라에서는 황장손(皇長孫)의 탄생을 반포하기 위해서 한림수찬(翰林修撰) 주지번(朱之蕃)과 형과도급사(刑科都給事) 양유년(梁有年)을 정·부사로 하여 우리나라에 사신을 보냈다. 중원에서 장원을 하였던 주지번은 당시 명나라 3대 문사 가운데 하나로 이름이 높았기에, 우리나라에서도 그와 상대할 수 있는 인물을 골라야 했다. 원접사로 임명된 유근(柳根)이 허균을 데려가겠다고 선조에게 추천했다.

선조는 유근의 청대로 허락해주었다. 벼슬 없이는 중국의 사신을 상대할 수 없었으므로, 의흥위(義興衛) 대호군(大護軍)이라는 임시 벼슬까지 내려주었다. 병오년(1606) 정월 6일에 벼슬을 받고는 이 달 21일에 조정을 떠났다. 가장 가까운 벗 이재영(李再榮)이 이문학관(吏文學官)으로 따라나섰고, 화가 이정이 또한 같이 떠났다.

  사신들을 만나자 허균은 바빠졌다. 그는 정사 유근을 대신하여, 하루에 대여섯 편씩 시를 지어야 했다. 주지번은 시 짓기를 즐겨서, 압록강을 넘어온 첫날 벌써 아홉 편이나 시를 지었다. 부사 양유년도 그의 반쯤은 지었으므로, 허균과 그의 벗 이재영은 이에 화답하느라고 쉴 틈이 없었다.

  주지번은 우리나라 문학에 대해서도 관심이 깊었다. 그는 허균과 자주 얘길 나눴는데, 가장 먼저 부탁한 것은 아직 간행되지도 않은 난설헌의 시집을 보여달라는 것이었다. 허균은 스물세 살 무렵에 난설헌의 시집을 만들어, 스승 유성룡의 머리말을 받은 적이 있었다. 오명제가 『조선시선』과 함께 가져간 뒤로 난설헌의 시는 중국에까지 널리 알려졌으므로, 주지번이 『난설헌집』을 보여달라고 한 것이다. 허균은 자기가 엮었던 초고를 미리 준비해왔기에, 곧 주지번에게 내어주었다. 주지번은 하나하나 읊어나가면서 감탄해 마지않았다.

  주지번은 우리나라의 산천과 지리에 대해서도 자세히 물었다. 허균은 하나도 막히지 않고 글로 써가며 대답했다. 주지번은 손에 들었던 부채를 허균에게 내주면서, 거기에 씌어 있던 자기의 시에 대하여 화답해달라고 청했다. 허균은 입에서 나오는 대로 시를 읊어주었다. 3월 27일 가산 공강정(控江亭)에서 이렇게 만난 뒤부터, 주지번은 이제껏 말로만 들어왔던 허균의 재주를 더욱 인정하게 되었다. 허균과 주지번의 대화는 문학뿐만이 아니라 유교·불교·도교에까지 두루 걸쳤다. 허균은 옛 책을 널리 외우면서 하나도 막히지 않았다. 곁에 있던 사람들이 능히 당할 수가 없었다. 영위사(迎慰使)로 나아가 날마다 주지번을 모시던 신흠이 이따금 이런 모습을 보고는 물러나와 탄식하며 혼자 말했다.

"이자는 사람이 아니다. 그 모습도 또한 류(類)가 없으니, 이는 반드시 여우나 삵괭이, 뱀이나 쥐 같은 짐승의 정령(精靈)이다."

마침 유몽인도 영위사의 일을 보며 그 자리에 있었는데, 그는 신흠의 말을 듣고 뒷날 『어우야담』을 지으면서 이렇게 기록했다.

> 사람을 알아보는 이들의 밝은 눈이 이와 같았다. 나는 마침 천사(天使) 주지번을 모시는 도사영위사였는데, 이 말을 들었다. 내가 비록 문장을 매우 좋아했지만, 평생토록 그를 찾아간 적이 한 번도 없었다.

조선의 선비들은 이처럼 허균을 경계했지만, 주지번은 그에게 푹 빠져 있었다. 28일엔 주지번이 허균을 불러서, 신라부터 지금까지 우리나라의 시 가운데 가장 잘 된 것만 골라서 한 권의 책으로 엮어달라고 부탁했다. 허균이 시를 보는 안목을 높이 산 것이다.

허균은 그 날부터 일과가 끝나면 밤마다 옛사람들의 시를 베껴 썼다. 그래서 8일 만인 4월 5일에 일을 끝냈다. 신라의 최치원부터 당대의 시인에 이르기까지, 124명의 시 839편을 네 권으로 엮었다. 누런 비단으로 표지를 해서 주지번과 양유년에게 각기 한 부씩 주었다. 이 시선집은 지금 남아 있지 않지만, 뒷날 『국조시산』(國朝詩刪)을 엮는 1차 자료가 된 듯하다. 6일엔 개성에 머물면서 잔치를 베풀었는데, 주지번이 허균을 불러서 전날 읽은 우리 나라의 시를 평했다.

"최치원의 시는 거칠고도 약한 것 같고, 이인로(李仁老)와 홍간(洪侃)의 시는 아주 좋소. 이숭인(李崇仁)의 「오호도시」(嗚呼島詩), 김종직의 「금강일출」(金剛日出), 어무적(魚無迹)의 「유민탄」(流民歎) 등이 가장 좋았다오. 이달의 시는 시체가 대복〔大復: 하경명(何景明)의 호〕과 아주 비슷했지만, 배워온 것이 크지는 않은 것 같았소. 노수신의 시는 힘이 세고도 쌓은 것이 커서 감주〔弇州: 왕세정(王世貞)의 호〕에게 비해도 견딜 만했소. 그의 오언율시는 두보의 시법을 깊이 터득한 것 같았다오. 이색(李穡)의 여러 시는 모두 「부벽루」(浮碧樓) 시를 따르지 못했소. 나는 밤새도록 촛불을 밝혀놓고 그대 나라의 시를 보았는데, 아주 굳세고 소리의 울림이 밝아서 귀하게 여길 만했소."

그리고는 곧 이달이 지은 「만랑무가」(漫浪舞歌)를 소리 높여 읊었다. 이따금 신나면 무릎을 치며 즐거워했다. 그 뒤로도 주지번은 허균을 자주 불러서 오래도록 얘길 나눴으며, 허균은 주로 중국 문인들의 근황을 물었다. 중국의 고전은 책을 통해 다 알고 있었지만, 아직 책으로 간행되지 않은 당대 중국 문학이 어떻게 변모되고 있는지 궁금했던 것이다. 주지번은 왕세정과 이반룡(李攀龍) 등의 문학에 대해서 이야기했다. 주지번은 허균 조상들의 문집인 『양천허씨세고』(陽川許氏世稿)와 난설헌의 시집에다 머리말을 써주었다. 의주까지 가서 주지번을 배웅하고 서울로 돌아오자, 큰형은 그새 이조판서에 승진해 있었다.

허균이 주지번을 영접하러 의주를 두 번 왕복하는 동안 지었던 시 47수를 모아 「병오서행록」을 엮었다고 했는데 지금은 전하지 않고, 문집 밖에 7수만 전한다. 그가 주지번과 문학을 논하고 이야기를 나눈 기록이 『성소부부고』 권10 「병오기행」에 실려 있다.

유교와 불교의 세계를 넘어

주지번을 성공적으로 접대해서 보내고 중원에 그 이름을 날렸지만, 허균의 벼슬은 달라지지 않았다. 그가 주지번을 만나기 위해서 받았던 벼슬은 의흥위 대호군이었는데, 의흥위는 명목상 도성의 경비를 담당하는 관청이었지만 실제로는 직책이 없는 문신들이 배치되는 곳이었다.

허균은 할 일이 없는 동안 당대 중국 문인들의 문집을 열심히 읽었다. 평소에는 당나라 시를 가장 높였지만, 자신이 살고 있는 당대 중국 문단의 움직임에 대해서도 남달리 관심을 가졌다. 문집을 읽은 뒤에는 독후감을 시로 지어 남겼는데, 허균은 이 무렵에 지은 시들을 자신의 문집에 실었다.

북쪽 땅의 웅재가 백대의 침체를 일으키니
한나라 사마천과 겨뤄 누가 자웅이 될까.
명성과 거부가 비록 맑고 곱지만
물결치는 우묘비를 골라서 보고 싶네.

北地材雄百代衰 漢庭司馬孰雄雌
明星去婦雖淸麗 看取滔滔禹廟碑
「讀崆峒集」

재주가 왕유 같아 대가라 할 만하고
곱기는 최호 같은 데다 더욱 높구나.
이 사람이 만약 개원(開元)·천보(天寶) 시대에 났더라면
이백·두보와 이름을 나란히 했겠지.
才似王維亦大家 麗如崔顥更高華
舍人若出開天際 李杜齊名孰敢誇
「讀大復集」

『공동집』(崆峒集)은 이몽양(李夢陽)의 문집이고, 『대복집』(大復集)은 하경명(何景明)의 문집이다. 그는 독후감을 칠언절구로 지으면서 나름대로 그들의 문학을 품평했다. 이때부터 그는 한가한 벼슬을 얻거나 벼슬에서 떨어질 때마다 명나라 문인들의 문집을 읽고 독후감을 시로 남겼다. 아마도 주지번의 이야기를 통해서 자극받은 듯하다.

현재 허균의 문집에는 위의 2수 말고도 서정경(徐禎卿)·이반룡·왕세정·변공(邊貢)·사진(謝榛)·왕세무(王世懋)·서중행(徐中行)·오국륜(吳國倫) 등의 문집을 읽고 나름대로 품평한 시들이 실려 있어, 그가 당대 중국 문학에 대해 방대한 양의 독서를 했음을 알 수 있다. 그는 의흥위 대호군으로 있는 동안 지은 시 9수를 모

아서 「광록고」(光祿藁)라고 이름 붙였는데, 한나라 때에 궁전 문을 지키는 직책을 광록훈(光祿勳)이라고 했기 때문이다.

1607년 3월 23일에 허균은 삼척부사에 임명되었다. 큰형 허성도 같은 날 예조판서에 임명되었으니, 이 날은 이들 형제에게 영예스러운 날이었다. 그러나 허균에게는 새로운 시련이 예고된 날이기도 하다. 허균의 장인인 김효원이 예전에 삼척부사로 내려왔었다. 동인과 서인의 당파 싸움이 시작될 무렵에 허엽은 대사간이었고 김효원은 사간이었는데, 동인의 젊은 선비들이 허엽을 자신들의 영수로 추대했고, 허엽은 김효원을 앞세웠다. 싸움이 격렬해지자 열기를 조금이라도 식히기 위해서, 동·서인의 중심이었던 김효원과 심의겸(沈義謙)을 지방으로 내려보냈던 것이다.

김효원은 워낙 재주가 있었고 장래가 유망한 관리였기에, 이곳에서도 치적을 올렸다. 백성들을 잘 다스리기 위해서 『찰미요람』(察眉要覽)이라는 책도 지어냈기에 아전과 백성들이 다투어 그 책을 외웠다. 허균이 삼척에 내려왔을 때 길가엔 김효원의 선정비가 남아 있었고, 동헌의 동쪽엔 그의 사당도 남아 있었다.

게다가 45년 전인 1563년 8월엔 아버지 허엽도 삼척부사로 내려왔었다. 부사라면 관찰사와 목사 다음으로 큰 고을의 수령이었기에 허균도 자부심과 사명감을 가지고 삼척으로 내려갔다. 예전에 아버지와 장인이 부사로 있으면서 많은 치적을 쌓은 곳이었기에 그의 어깨는 더욱 무거웠을 것이다.

그는 방림·진부·대관령·우계 등을 거쳐서 삼척으로 내려갔다. 강릉까지 가는 길은 예전에도 여러 차례 다녀본 길이었기에 역관의 사람들도 다 낯익은 이들이었다. 금강산 유람을 끝내고 강릉으로 내려와 있던 시절에 첩을 데리고 삼척에 내려와 놀기도 했으므로 모두 낯익은 곳이었다. 가도가도 산과 물뿐이었지만 벼슬이 떨어져 돌아가던 옛날과는 달랐다.

고을에 이르자 45년 전에 이곳을 다스리던 아버지 초당 생각이 났다. 지난 일을 물으려 해도 말해줄 사람이 없었고, 노닐던 자취도 찾아볼 수 없었다. 그러나 아버지가 물려준 가훈만은 제대로 지켜서 명예를 추락시키지 않으리라 다짐했다. 허균이 부임 첫날 지은 시에서 "오직 가훈을 받들며 떨어뜨림이나 없고저"〔只遵家訓期毋墜〕라는 구절만 보아도, 그가 올곧게 살았던 아버지의 무게를 늘 느꼈음을 알 수 있다.

이 고요한 마을에서 허균은 티끌 세상의 일을 모두 잊어버리고, 주어진 벼슬에 만족했다. 편안하고 한가롭게 세상을 보내며 거친 벼슬길도 잠시 잊으리라고 생각했다. 그러나 그곳은 외진 곳이라서 마음에 맞는 벗이 없었다. 다정다감한 그에게 기쁨과 슬픔을 함께 나눌 사람이 없었다. 벼슬에서 떨어져 우울하게 지낼 때는 삼척부사 안종록이 그를 즐겁게 해주었다. 첩과 함께 여기서 노닐던 시절이 바로 3년 전이었는데, 안종록마저 이제는 죽어버렸다.

마음에 맞는 벗들을 만나고 싶어해도 이제는 꿈속에서야 만날 수 있었다. 5월 9일 꿈속에서 이춘영(李春英)과 이정을 만나 「몽이자시」(夢二子詩)를 지었다. 그 서문에서 "5월 초아흐렛날 서루(西樓)에서 자는데, 꿈에 이실지(李實之: 이춘영)와 이정을 만났다. 한참 동안 평소처럼 얘기를 나누다가 잠이 깨었다"고 했으니,

이승에서 만나고 싶었던 벗을 꿈속에서 만나 평소처럼 이야기하며 회포를 푼 것이다. 그러나 그 시에서

> 그대 혼이 올 때에는 바다처럼 넓더니만
> 혼이 가자 내 방이 고즈넉하네.
> 魂來滄海濶 魂去室幽幽

라고 하여 벗과 함께할 때에는 세상을 얻은 것 같더니, 벗이 떠나자 모든 것이 쓸쓸해졌다고 표현했다. 잠시 잊고 지냈던 친구의 죽음이 더 절실하게 느껴졌던 것이다.

허균은 직책을 다하지 못한 채 녹만 받아먹는 것을 부끄럽게 여기면서도 고을 수령은 할 만하다고 생각했다. 그래서 아무런 걱정 없이 책을 쌓아놓고 읽었으며, 흥이 나면 시를 지었다. 고을의 아전들은 사또가 읊은 시를 다퉈가며 들었다. 그러다가 뜻밖에도 파직시키겠다는 소식이 내려왔다.

도성 안에다 불당을 짓고 재(齋)를 올리며 부처에게 공양하는 자들이 늘어가자, 사헌부에서 계를 올렸다. 사대부들 가운데도 마음을 쏟아가며 부처를 섬기는 이들이 있으니, 국법에 의해 도성 안의 불당들을 모두 철거하게 해달라고 아뢰었다. 아울러 삼척부사 허균이 부처를 섬기는 것과 전 의병장 곽재우(郭再祐)가 신선이 되기 위해서 곡식을 피하는 것〔辟穀〕까지 아뢰고 그 처분을 바랐다.

삼척부사 허균은 유학자의 자제인데도, 그 아버지나 형과는 반대로 불교를 받아들여 믿습니다. 불경을 외우고 읽으며, 평소에도 중의 옷을 입고 부처에게 절하며 지냅니다. 수령이 되어서도 재를 올리며 중에게 먹입니다. 많은 사람의 눈이 보는데도, 부끄러워할 줄 모르고 태연합니다. 중국에서 사신(주지번)이 왔을 때에도 선(禪)과 부처에 대한 이야기를 제멋대로 지껄였습니다. 부처를 좋아하는 일에 대하여 장황히 늘어놓아 우리나라의 풍속을 제대로 살피지 못하게 했습니다. 매우 놀라운 일입니다. 파직을 명하시고 다시는 벼슬을 내리지 마시어, 선비들의 습속을 바로잡으소서. (줄임)

선비들 가운데 무뢰배들이 혹시 이들의 일을 칭찬하여 드날리거나, 이들을 사모하여 본받는 자들 또한 많을 것입니다. 청컨대 4관(館)에 영을 내려 그러한 자들을 가려내도록 하시고, 그들에겐 과거를 보지 못하게 하여 사교(邪敎)를 억제하는 전례를 보여주소서.

어디에도 얽매이지 않고 제 뜻대로 행동하는 허균의 사람됨을 사모해서, 그를 본받는 젊은 선비들이 벌써 많았다. 성리학이 지배하던 조선 사회를 답답하게 여기던 젊은 선비들이 그만큼 많았던 것이다. 허균이 불교를 믿는 것이 문제가 아니라, 그대로 두었다가는 성리학 유일사상이 무너질 판이었다. 이를 걱정한 사헌부에서 이처럼 강하게 계를 올렸지만, 선조는 이들에게 죄를 주지 않았다.

"허균의 일에 대하여, 그의 헛된 목표가 무엇인지 비록 알지는 못하겠지만, 예로부터 문장을 좋아하는 자들이 이따금 불경을 섭렵하기도 했었다. 균의 마음속을 생각하건대, 아마도 이러한 정도에 지나지 않을 것이다. 다른 뜻을 품은 자가 이를 전하면서 혹시 덧붙인 것이 아니겠는가. 곽재우가 (신선이 되기 위해서) 곡식을 피하고 먹지 않는 것도 또한 그대로 두는 것이 마땅하다. 어찌 죄를 줄 수가 있겠는가?"

선조는 허균의 재주를 아끼고 있었으므로, 일을 크게 벌리려고 하지 않았다. 문과 중시에서 장원급제했을 뿐만 아니라, 그의 아버지와 형들의 문벌을 아꼈기 때문이다. 그처럼 글 읽기를 좋아했으므로 불경까지도 즐겨 읽었을 것이라고 이해하였다.

5년 전에 고천준이 중국에서 사신으로 나왔을 때 접반사 이정구가 허균을 종사관으로 추천하자, 선조가 친히 "그의 형 허봉과 비교하면 누구의 재주가 더 나은가?"라고 묻기까지 할 정도였다. 더군다나 주지번을 접대하면서 그 문장과 박식함을 중국에까지 떨친 그를 이런 이유로 벌주고 싶지 않았을 것이며, 큰형 허성까지도 판서가 되어 명망을 얻고 있었다. 그러나 허균을 미워하는 무리들은 임금의 만류에도 굽히지 않고, 이튿날 다시 계를 올렸다.

평범한 사대부의 자제들일지라도 (부형들의 모범을) 귀로 듣고 눈으로 본다면 성상의 밝은 치하에서 오히려 이런 일이 없겠거늘, 하물며 균의 아비는 학문을 힘쓰고 도를 지켜서 이단을 배척하여 선비들의 모범이 되기까지 했습니다. 평생토록 엄격하게 기르고 가르쳐왔을 텐데, 어찌 이런 일이 있으리라고 생각이나 했겠습니까. 문장을 즐기며 학문을 일삼는 자들 가운데 이단의 책을 섭렵하여 견문을 넓히지 않은 사람이 누가 있겠습니까만, 균이 불경을 외우고 읽은 것은 이러한 정도가 아닙니다.

밥을 먹을 때마다 반드시 식경(食經)을 외웠으며, 늘 작은 부처를 모셔두고는 아침마다 반드시 자리를 만들었습니다. 중의 옷을 꿰어 입고 염주를 목에 걸었으며, 절하고 염불을 외웠습니다. 스스로 이르기를, '부처를 섬기는 제자'라고 했으니 이런 자가 바로 중이 아니고 무엇이겠습니까. 다른 사람들을 대하면서도 부끄러워하거나 꺼리는 일이 없었으니, 반드시 덧붙여 전해진 이야기도 아닙니다. 비록 그 한 사람이야 미미하다지만 관계된 바가 가볍지 않습니다. 요즘 선비들의 습속을 바로잡지 않으면 안될 것입니다. 청컨대 빨리 파직을 명하시어, 모든 이들에게 경계하소서.

그렇지만 선조는 여전히 허균에게 죄를 내리지 않으려고 했다. "허균과 곽재우의 일은 너그럽게 받아들이고, 그대로 두는 것이 좋겠다. 반드시 죄를 줄 필요는 없다"고 대답했다. 그러나 사헌부에서도 지지 않고, 그 다음날 다시 계를 올렸다. 허균은 중의 무리와 같으니 반드시 파직시키고, 앞으로도 벼슬을 내리지 말라고 청하였다. 선조도 어쩔 수 없이 "그렇게 하라"고 허락했다. 허균은 고을에 내려온 지 겨우 13일 만에 파직당했다. 파직의 소식을 듣자, 허균은 자기의 마음을 시로 나타냈다.

오랫동안 불경을 읽어온 것은
내 마음 머물 곳이 없었기 때문일세.
이제껏 아내를 내버리지 못했거든
고기를 금하기는 더욱 어려웠네.
내 분수 벼슬과는 벌써 멀어졌으니
파면장이 왔다고 내 어찌 근심할 건가.
인생은 또한 천명에 따라 사는 것
돌아가 부처 섬길 꿈이나 꾸리라.
久讀修多教 因無所住心
周妻猶未遣 何肉更難禁
已分靑雲隔 寧愁白簡侵
人生且安命 歸夢尙祇林

「聞罷官作」 1

사헌부에서는 허균이 불경을 늘 읽었다고 탄핵했는데, 그는 이를 부정하거나 변명하지 않았다. 오히려 떳떳하게 내세웠다. 그가 오랫동안 불경을 읽은 까닭은 마음 둘 곳이 없었기 때문이다. 조선조에서 유교를 국시로 내세웠지만 허균은 성현의 글을 아무리 읽어도 마음을 붙일 수 없었기에 불경을 읽었다. 허균은 불경을 읽었다는 사실이 부끄럽지 않았고 그래서 벼슬이 떨어진 것도 아깝지 않았다. 오히려 철저하게 불교도가 되지 못한 것 때문에 고민했다.

주옹(周顒)은 불교를 독실히 믿었지만 아내를 버리지 못해 괴로워했고, 하윤(何胤)은 육식을 금하지 못해 고민한 사람들이다. 그에게는 이들과 같은 고민이 문제였지, 파면장 같은 것은 걱정거리가 아니었다. 그러나 그가 유교 사회에 살면서도 나름대로의 세계관을 가지고 부처에게 절했던 것처럼, 부처를 믿는다고 해서 자기가 즐기고 싶은 것들을 포기할 사람도 아니었다. 그래서 사랑하는 아내를 버리지 못했고, 맛있는 고기도 버리지 못했던 것이다. 그런 의미에서 그는 유교의 세계도 넘어서고 불교의 세계도 넘어선 그 어느 곳을 늘 바라보고 있었다.

> 예절의 가르침이 어찌 자유를 얽매리오
> 뜨고 가라앉는 것을 다만 천성에 맡기리라.
> 그대들은 모름지기 그대들의 법을 지키게
> 나는 나름대로 내 삶을 이루겠노라.
> 가까운 벗들이 서로 찾아와 위로하고
> 아내와 자식들은 언짢은 마음을 품었건만,
> 오히려 좋은 일이나 생긴 듯 나는 즐겁기만 하니
> 이백이나 두보만큼 시로써 이름을 날리게 되었음일세.
> 禮敎寧拘放 浮沈只任情
> 君須用君法 吾自達吾生
> 親友來相慰 妻孥意不平
> 歡然若有得 李杜幸齊名
>
> 「聞罷官作」2

불교를 좋아한다는 이유 때문에 자기를 탄핵하는 자들에 대하여 허균은 승복하지 않았다. 자기를 탄핵하는 자들은 성리학을 신봉하는 자들이고, 그들은 결국 '예절의 가르침'을 내세워서 인간의 본성을 구속하는 자들이다. 그러므로 허균은 이런 자들의 법에 따라 살기를 거부하고, 나름대로의 삶을 주어진 천성에 따라 살겠다고 했다. 성현 위에 하늘이 있다는 자신의 주장대로 살기를 원했던 것이다.

이같이 공공연하게 선언한 뒤부터, 그는 '예절의 가르침'에 얽매인 유학자들을 모두 적으로 만들어 대결해야만 했다. 중국에서는 이탁오(李卓吾)가 유교반도(儒敎叛徒)로 몰려서 처형당했는데, 조선에서는 허균이 유교반도의 길을 걸어가고 있었다.

제4부

유배지에서 탄생한 문집

떡 한 덩이의 의미

벼슬이 떨어진 지 두 달 만에 허균은 내자시정(內資寺正, 정3품)이 되었다. 내자시란 궁중에서 쓰는 쌀·국수·술·간장·기름·꿀·채소·과일 등을 맡아보는 곳이다. 여러 차례 사헌부의 탄핵이 있었음에도 불구하고 그를 끝까지 두둔할 만큼 허균을 아꼈던 선조의 신임과 예조판서가 된 큰형의 도움으로, 다시 높은 벼슬을 받은 것이다.

그는 자기를 다시 불러준 임금의 은혜에 감격했다. 수라에 바칠 술과 술잔을 새벽부터 마련하고, 아침이 되자마자 수라를 올렸다. 팔뚝을 걷어붙이고 소라도 직접 잡겠다고 다짐했다. 그러나 그의 희망은 역시 고을 수령에 있었다.

마침 홍주목사의 자리가 빈 것을 알고, 그곳의 수령으로 가기를 바랐다. 그래서 여러 친지들에게 청탁하는 편지를 띄웠다. 충청도 홍주(洪州: 지금의 홍성)은 예로부터 글 잘하는 신하들을 썼던 곳이었으므로, 허균은 마땅히 글 잘하는 자기가 그곳 수령으로 갈 것이라고 자부했다. 그러나 그 자리가 하루아침에 친구 이안눌에게 돌아가자, 허균은 자잘한 재주는 남보다 못하다고 스스로를 비웃었다.

> 홍주 고을은 예로부터 글 잘하는 신하를 불러 썼으니
> 소세양과 정사룡 시인 이름이 그 중 가장 뛰어났네.
> 검은 인끈이 오늘 아침 이안눌에게 돌아갔으니
> 자잘한 재주는 처음부터 남들보다 못하다네.
> 洪州自古用詞臣 蘇鄭詩名最絶倫
> 黑綬今朝歸子敏 謏才元是不如人
> 「乞洪陽不得而子敏爲之」

허균은 늘 현실을 바로 보았다. 그리고 자기처럼 실력을 갖춘 사람이 왜 알맞은 벼슬을 받지 못하는가에 대해서 생각했다. 평소에도 여러 편의 논(論)을 지어서, 이러한 현실을 바로잡기 위한 경륜을 보이기도 했다. 그러나 현실은 그의 뜻대로 되지 않았다. 자기의 포부와 경륜을 펴보일 기회가 주어지지 않았다.

자유롭게 살고자 했던 그에겐 탄핵과 파직만이 계속되었다. 그 자신뿐 아니라 주위에서도 재주 있는 벗들이 사회로부터 받아들여지지 않아서 괴롭게 살고 있었다. 가장 가까웠던 이재영도 서얼이라는 이유 하나 때문에 재주를 펴지 못한 채 어렵게 살았으며, 장원급제했던 임곤이나 윤계선(尹繼善) 같은 벗들도 낮은 벼슬에

서 고생했다. 이정도 그림으로 이름만 날렸을 뿐이지, 화원이라는 신분에 매여 가난하게 살다가 죽어야 했다.

세상 사람들이 이달의 시를 칭찬하면서도 그의 사람됨을 받아들이지 않았던 것은 인간의 평등한 권리를 부정하는 당시의 사회제도 때문이었다. 그는 "재주 있는 사람은 누구든 버리지 말고 써야 한다"는 뜻으로 「유재론」(遺才論)을 지어서 서얼의 등용을 주장했다. 그러나 서얼이 아님에도 불구하고 여러 인재들이 사회로부터 소외되어 살아야 했다. 나라의 정치를 맡은 고관들이 백성들의 당면 문제에는 신경 쓰지 않고 자신들의 즐거움만을 모색했기 때문이었다. 허균이 벼슬에서 쫓겨나자 어떤 사람이 찾아와서, 왜 집권자와 결탁하지 않느냐고 힐난했다.

"그대는 문장이 뛰어나고 벼슬 또한 높아서, 높은 관에다 넓은 띠를 띠고 나서면 깨끗이 치워진 길로 모셔졌다. 따르는 사람들이 구름처럼 에워싸고, 큰 길에선 앞에 가는 사람을 꾸짖어 물리쳤다. 그대가 사귀는 이들도 높은 벼슬아치들이었으니, 서로 찾아오고 찾아다니며 큰일을 함께 꾸며서, 하루아침에 권세를 휘어잡아 부엌이나 곳간을 가득 채울 수도 있었을 것이다. 그런데도 왜 바보처럼 입을 다물고 조정에서 물러나왔으며, 잘 된 이가 찾아오는 법은 없고 괴상망칙한 자들하고만 어울려 다니는가. (줄임) 이들과 날마다 별당에서 떠들고 시끄럽게 노래 부르니 피곤할 텐데도, 스스로 즐거워하더군. 그래서 자넬 미워하는 자들이 숲처럼 에워쌌고, 여러 훌륭한 벗들이 등을 돌리고 달아난 걸세. 이렇게 되면 그대의 몸은 진흙길에 내버려진 신세가 될 텐데, 왜 이런 무리들

을 쫓아보내고 중요한 자리에 있는 이들을 찾아가서 사귀지 않는 건가?'

"아닐세. 그게 아니야. 그대의 말은 잘못된 걸세. 내 성품은 더럽고도 오뚝하며, 성기고도 거칠다네. 기교도 부릴 줄 모르고, 아첨도 할 줄 모르지. 그래서 하나라도 마음에 맞지 않으면 잠시도 참지 못하고, 남을 칭찬하는 이야기가 나오면 말이 막히고 만다네. 권세 있는 집 대문에 발이 이르면 걸음이 갑자기 달라붙고, 높은 사람에게 절하려면 몸이 마치 기둥처럼 뻣뻣해지네. 이런 모습으로 높은 이들을 만나게 되니, 보는 사람마다 곧 나를 미워해서 꾸짖으려고 든다네.

오직 두세 벗이 속된 예절에 얽매이지 않고 내 재주를 좋아하며, 더러는 꾸밈없는 내 행동을 좋아한다네. 벼슬을 하려면 괴팍하지 않아야 하지만 내 멋대로 나를 다스려왔고, 하늘이 준대로 살다 보니 벌써 허리 구부정한 나이가 되었네. 권세와 이익을 얻으려고 사귀는 것은 때가 오면 반드시 변한다지만, 우리의 이 사귐은 그치지 않을 것일세. 돌보다도 단단하고, 금보다도 귀하다네. 그러나 저 고귀한 자들은 울긋불긋한 옷을 입고서, 긴 옷자락에다 패옥까지 차고 계집들이나 기쁘게 하더군. 세상을 등진 이 사람들은 스스로 즐거우면 그만일 뿐이지, 풍악이나 계집에 빠지지는 않는다네. 모든 사람들이 좋아하는 것을 싫어하고 모든 이들이 추켜세우는 것을 더럽다고 하니, 이것을 남들은 병들었다 말하지만 나는 이러한 삶을 좋아한다네. 이런 성품 때문에 내 몸은 언제나 중한 허물에 빠진다네."

허균은 「대힐자」(對詰者)라는 글을 지어서 이런 사연을 호소했다. 그를 찾아와 힐난한 사람의 이름은 밝혀져 있지 않은데, 허균이 자신의 이야기를 하기 위해서 짐짓 내세운 사람일 수도 있다.

허균은 자기의 욕심이나 채우기 위해 정권을 잡은 자들과 어울릴 수만은 없었다. 그가 어울리는 벗들은 사회로부터 버림받은 사람들이었다. 그러나 그만큼 자유스럽게 살기를 원하는 사람들이었고, 그랬기에 더욱 인간적으로 사귈 수가 있었다.

그의 벼슬길이 순탄치 못하자, 그의 벗 윤오정이 떡을 만들어다 주었다. 그에게서 떡 만드는 이야기를 듣는 동안 그의 입에는 저절로 침이 돌았다. 올 가을엔 녹봉도 오르지 않은 데다 그나마 아직 받지 못했으므로, 밥상엔 먹을 것도 시원치 않았다. 허균은 떡 한 덩이 얻어온 것을 아내에게 자랑했고, 그가 떡을 얻어온 것을 보고 계집종과 아이들까지도 즐거워했다.

첫번째 아내가 세상을 떠난 뒤에 그는 김효원의 딸에게 다시 장가를 들었다. 장인은 동인의 대표적인 인물이었고 문벌도 뛰어난 집안이었지만, 허균에게 시집온 아내는 어려운 살림살이를 해야만 했다. 허균에게 온갖 비난을 퍼붓던 반대파들도 그가 뇌물을 받았다거나 벼슬을 이용해서 재산을 늘렸다고 비난하지 않았던 것을 보면, 그는 청백리(淸白吏)로 선정되었던 아버지 허엽같이 재산 늘리기에 관심이 없었던 듯하다. 그래서 그의 시 곳곳에 살림이 어렵다는 이야기가 보인다.

집에 와서 자랑삼아 아내에게 말했더니

어느새 계집종이 문 앞에 와서 두드리네.
큰상에다 돗자리까지 대청에 벌여놓으니
하얀 떡이 눈부셔 눈을 가득 놀라게 하네.
온 집안이 기뻐하고 애들은 환장해
골짝을 메운 듯이 둘러앉아 먹어대네.
올 가을엔 흉년이라고 녹봉도 아직 못 받아
밥상에 놓인 거라곤 겨우 푸성귀뿐,
이 떡 얻어 처음으로 다 함께 먹어보니
썩은 고기 쌓여 있대도 아무 생각이 없네.

歸來詑向細君說　俄有叩門之女僕
方盤大筥陳中堂　雪糕燦然驚滿目
渾舍歡喜兒女顚　環坐大嚼如塡谷
今秋不登俸未給　盤中闌干唯苜蓿
得此于今始兼食　何須方丈羅腐肉

「梧亭寄大餠歌」

그러나 허균은 이 떡 한 덩이로 그토록 기뻐하는 가족들을 서글 프게 바라보면서, 떡 한 덩이가 아니라 모든 보화들이 몰려들 재상의 집안을 생각했다. 정부에서 주는 녹봉만으로는 그만큼 호화스럽게 살 수 없었지만 실제로 그들은 온갖 부귀를 다 누리며 살고 있었다. 허균은 그들의 생활이 뇌물에 의한 것임을 알고 있었다. 허균은 불우한 가운데도 자기에게 떡을 가져다준 벗에게, 출세하려면 이 떡을 재상 집에나 가져다주라고 충고했다.

큰 은혜 고마워서 그대에게 보답코저
내 하는 말 그대는 시험삼아 들어보소.
그대 이 떡 가지고서 정승 집에 나아가면
정승께서 맛보시고 그 은혜 감사할 걸세.
높은 벼슬 많은 녹을 힘써 내려줄 것이요
마침내는 남은 복이 자손에게도 미치리라.
그대는 보지 못했나. 행주의 정승님이 이조판서가 되어
이웃의 과일들로 아침 배 채우는 것을,
술잔 잡은 팔목은 꺾이지도 않아서
아침에는 동궁이요, 저녁에는 의정부라네.

感君恩重欲報君 吾有一言君試聞

君持此物造相門 相公嘗之亦感恩

高官厚祿可力致 終使餘澤流兒孫

君不見幸州相公柄天官 東隣雜果充朝飧

執盃之臂不曾折 朝自春坊夕薇垣

「梧亭寄大餠歌」

  천관(天官)이란 인재들을 가려 뽑아서 적재적소에 벼슬을 맡기는 이조(吏曹)이다. 그들의 공정한 행정에 의해서 인재들은 자기의 경륜을 펼 수 있었고, 나라는 잘 다스려질 수 있었다. 그러나 이들은 인재들의 재주에 따라서 벼슬을 맡기는 것이 아니라, 그들이 들고 온 뇌물과 아첨에 의해서 벼슬을 떼어주었다. 떡의 맛을 보고서야 사람을 평가한 것이다.

허균이 벗에게 충고한 '떡 한 덩이'는 당시 현실에서 횡행하던 뇌물에 대한 풍자인 동시에 그러한 뇌물을 바치지 않았기에 소외된 벗들의 신세를 동정하고, 사회의 부정부패와 부조리 때문에 재주를 펴지 못하는 인재들을 동정한 것이다. 아침엔 동궁에서 저녁엔 의정부에서, 아첨을 일삼으며 권력을 남용하는 것이 그의 눈에 비친 고관들의 작태였다. 이 시에서 구체적으로 거론된 행주의 정승은 행주 기씨인 기자헌(奇自獻)인데, 그는 이조판서를 거쳐 영의정까지 올랐다. 그는 이 시 때문에 망신을 당했는데, 결국 그의 아들이자 허균의 제자였던 기준격(奇俊格)이 뒷날 허균을 역적으로 고발하여 죽게 만들었다.

이러한 뇌물 풍조는 아래로는 고을 수령으로부터 위로는 임금까지 마찬가지였다. 그로부터 1년 뒤인 1608년에 새로 왕이 된 광해군은 선조의 적자인 영창대군과 맏아들이자 자신의 친형인 임해군을 제치고 즉위했다. 조정에서나 중국으로부터 전폭적인 신임을 얻지 못했으므로 언제 무슨 일이 일어날지 몰라 늘 불안해했다. 그래서 궁중 깊숙한 곳에 숨는 장난을 즐겼으며, 혹시라도 임금 자리를 잃게 되면 중국에 뇌물을 써서 다시 찾으려고 백금 수십 궤짝을 궁중에 쌓아두었다고 한다.

뒷날 광해군은 그동안 모았던 금을 결국 중국에서 온 사신에게 뇌물로 주었다. 전쟁이 끝난 뒤 10년밖에 안된 작은 나라에서 7만 금이나 되는 큰 돈을 만들어내려면 백성들의 피와 땀을 짜내는 수밖에 없었다. 허균이 그 즈음 지은 「장생전」이란 소설에서, 경복궁 안에 있는 경회루의 대들보 위에다 도둑들의 소굴을 설정한 것도 이런 이유에서다. 온갖 보물들을 훔쳐다 숨겨둔 도둑의 소굴을 지엄한 왕궁 속으로 설정한 것은 광해군이 백성들에게 짜낸 금은 보화를 풍자한 것이다. 즉 가장 큰 도둑은 임금 광해군이라는, 현실의 고발이다.

「장생전」을 통한 현실의 고발

「장생전」의 주인공 장생은 밀양도호부 좌수의 아들이었지만, 종첩의 고자질 때문에 쫓겨나서 비렁뱅이로 전락한 인물이다. 이야기도 잘하고 노래도 잘하는 풍류남아였지만, 속에는 큰 뜻을 품은 인물이기도 하다.

> (장생은) 아침이면 들이나 저자에 나가서 동냥을 얻었는데, 하루에 얻어온 것이 거의 서너 말이나 되었다. 그는 두어 되쯤 밥을 지어 먹고, 나머지는 다른 비렁뱅이들에게 나눠주었다. 그러므로 그가 나서면 많은 비렁뱅이들이 그의 뒤를 따르곤 했다. 그 이튿날도 또한 그렇게 했다. 남들은 그가 하는 짓을 헤아리지 못했다.

장생은 유교 사회에서 소외된 천민으로 전락했지만, 많은 비렁뱅이들이 그를 따랐다. 주인공이 사회와의 대결에서 패배당하지 않고, 오히려 남다른 인품과 능력을 지녔음을 보여준 것이다. 작가는 계집종이 소매치기당한 머리꽂이를 장생이 찾아주는 모습을 통해서 그의 의협심을 부각시켰다.

  그는 일찍이 악공 이한의 집에 머물렀다. 계집종 하나가 그에게 호금(胡琴)을 배웠는데, 아침저녁으로 만나게 되어 서로 가까워졌다. 하루는 계집종이 자줏빛 꽃이 놓인 머리꽂이를 잃어버리고, 어디에 있는지를 알지 못했다. 계집종이
  "아침에 네거리를 오다가 한 준수한 젊은이를 만났답니다. 웃으며 농을 걸고는 몸이 닿았다가 스쳤는데, 이내 머리꽂이가 보이지 않았어요."
라고 하면서 울기를 그치지 않았다. 장생이
  "에이! 어린놈들이 감히 이런 짓을 하다니. 낭자! 울지 마오. 저녁 나절이면 내 소매 속에 넣고 오리다."
라고 달랬다. 그리고는 나는 듯이 어디론가 가버렸다. 저녁이 되자, 그는 계집종을 불러냈다. 서편 네거리 곁 경복궁 서쪽 담을 주욱 돌아서 신호문 모퉁이에 이르렀다. 그는 큰 띠로써 계집종의 허리를 매어서 왼편 팔에다 걸고, 한 번 몸을 솟구쳐 몇 겹이나 둘린 문을 나는 듯이 뛰어들었다. 때마침 날이 저물어서 길을 분간치 못했다.

  그들은 갑자기 경회루 지붕 위에 닿았다. 젊은이 둘이 촛불을 들고 나와서 맞아 주었다. 그들은 서로 쳐다보며 크게 한바탕 웃고는, 이내 들보 위 컴컴한 구멍 속에서 금·구슬·비단·견직 따위를 매우 많이 끄집어냈다. 계집종이 잃어버린 머리꽂이도 또

한 그 가운데 있었다. 그 젊은이가 스스로 이것을 돌려주자, 장생이 말했다.

"두 아우님은 행동을 삼가시오. 세상 사람들로 하여금 우리의 자취를 알게 하지 말구려."

주인공이 이렇게 의협심이 강하고 뛰어난 인물인데도 비렁뱅이로 지내야 했으니, 주인공과 현실 사이에는 대립과 갈등이 있을 수밖에 없다. 경회루에서 만난 두 젊은이에게 당부한 말은 장생이 세상에 대해서 정면 도전할 음모까지 품은 느낌을 받게 한다. 혁명을 생각하던 작가 허균의 마음을 보는 듯하다. 경복궁에다 도적의 소굴을 설정한 것은 광해군이 백성의 재물을 긁어 모으는 것을 풍자한 동시에, 장생을 통한 작가와 사회의 대립을 고조시킨다.

그러나 비렁뱅이 장생이 아무리 뛰어난 능력을 지녔더라도 현실의 벽을 뛰어넘을 수는 없다. 그는 세상을 이기지 못하고 스스로 목숨을 끊는다.

임진년 사월 초하룻날이었다. 그는 술 몇 말을 마신 뒤에 크게 취했다. 네거리를 가로막은 채 춤을 추며, 노래를 쉬지 않고 불렀다. 밤이 되자, 그는 수표교 위에 거꾸러졌다.

그 이튿날에 사람들이 그를 보니, 벌써 죽은 지 오래되었다. 그의 주검은 썩어서 벌레가 되었는데, 모두 날개가 돋쳐 어디론가 날아가버렸다. 그리하여 하룻밤 사이에 다 없어져버리곤, 옷과 버선만 남아 있을 뿐이었다.

술 취해서 춤추고 노래 부르다 다리 위에 거꾸러졌으니 실수로 죽은 듯하지만, 작품의 내재적 의미로는 현실에 대한 실망과 분노 때문에 스스로 죽음을 선택했다고 보아야 한다. 그러나 패배 의식에서 나온 죽음은 아니다. 그는 죽은 뒤에 다시 살아나 죽음을 극복했으며, 자신을 비렁뱅이로 취급하는 현실을 떠나 이상국가를 찾아나섰기 때문이다.

> 무인 홍세희는 연화방에 살고 있었는데, 장생과 가장 가깝게 지냈다. 그 해 4월에 이일(장군)을 따라 왜적을 막으러 가다가, 새재에 이르러서 장생을 만났다. 그는 짚신에다 지팡이를 끌고 있었는데, 홍세희의 손을 잡고 몹시 기뻐하며 말했다.
> "난 사실 죽은 게 아닐세. 저 동쪽 바다 가운데 한 섬나라를 찾으러 가는 길이라네."

동쪽 바다 가운데 있는 한 섬나라는 그가 소외당하며 살았던 현실 밖의 세계다. 현실에서 차별당하며 살던 『홍길동전』의 주인공이 율도국을 찾아 보상받은 것같이, 장생도 죽은 뒤에 다시 살아나 동쪽 바다 가운데 한 섬나라를 찾으러 나선 것이다. 시체가 썩어서 날개 달린 벌레로 화해 날아가버렸다는 것은 시해선(尸解仙), 즉 신선이 된 것을 가리킨다. 허균은 많은 비렁뱅이들이 추종하던 그가 현실에서 좌절당하지만, 신선이 되어 이상국가를 찾는 것으로 보상받게 되었음을 보여주었다. 비렁뱅이 두목 장생은 뒷날 『홍길동전』에서 활빈당 행수 홍길동으로 바뀌어 율도국을 건설하고 왕으로 즉위하여 이 땅에서 소외된 자들의 한을 풀어준다.

조선 최고의 시선집 『국조시산』

허균은 내자시에 있는 동안 한가했으므로 조선시대의 시를 모아서 산정(刪定)했으며, 시평까지도 지었다. 두 종류의 책을 만든 것이다.

한 책은 시평이다. 그는 우리나라 사람 가운데 시를 잘 지어서 전기에 실린 것과, 일찍이 그가 귀로 듣고 눈으로 본 것들을 널리 모아서 책으로 엮었다. 잘못 쓴 글자가 있으면 붉은 먹으로 지우고 다시 고쳤는데, 두 권이나 되었다. 시평을 다 지은 다음 초고를 줄여서 두 벌을 썼다. 이 두 벌은 그 뒤에 분실되었는데, 1611년 함열에 귀양 가서 『성수시화』를 지을 때에 뼈대가 되었다.

또 한 책은 『국조시산』(國朝詩刪)인데, 책 뒤에다 「제시산후」(題詩刪後)라는 글을 덧붙여 이 책을 엮게 된 과정과 그 이유를 밝혔다.

> '시산'(詩刪)은 감히 시를 가려 뽑은 것이 아니고, 여러 사람의 시선(詩選)을 산삭(刪削)한 것이다. 허자(許子)는 (다른 사람들이 엮은 시선의) 산삭을 맡은 사람이지, 작품을 선정하는 사람은 아니다.
>
> 작품을 뽑는 사람의 공은 매우 크면서도 일은 쉽고, 산삭하는

유배지에서 탄생한 문집 221

사람은 정신이 매우 고달프다. (그 이유는 이렇다.) 여러 사람의 글을 캐어 모으되 척도의 길고 짧은 것은 따지지 않고 그 화려한 것만 모두 주워 엮는 것이 작품을 뽑는 사람의 쉬운 점이다. 이에 비해 여러 선집을 한데 모아 그 장단과 후박(厚薄)을 교정할 뿐이지 그 화려한 빛깔은 따지지 않고, 반드시 순수하게 법도에 부합되도록 한 뒤에야 비로소 책에 올리는 것, 이것이 바로 산삭하는 사람이 고달픈 점이다.

우리나라(조선)의 시를 뽑은 선집이 여섯 가지이니,『청구풍아』(靑丘風雅)와『속청구풍아』,『동문선』(東文選)과『속동문선』, 그리고『시부선』(詩賦選)이 바로 그것이다. 이를 뽑은 분들은 모두 대단한 분들이거나 또는 여러 학사들이 참여했는데, 처음에 시를 모아 편집할 때에는 역시 온갖 정성을 쏟았다. 그런데 나와 같이 식견이 천박한 자가 여러분들의 생각을 모아서 취사 선택했으니, 산삭하는 작업이 고달팠을 것은 당연하다.

그런데도 불구하고, 법도에 맞지 않는 것을 버렸다고 해서 "큰 바다에 구슬이 하나 빠졌다"〔滄海遺珠〕라고 비난할 사람도 있을 것이다. 그러나 법도에 맞지 않는 시를 (이 책에) 실은 것은 없으니, "물고기 눈깔과 진주가 섞여 있다"〔魚目相混〕는 꾸지람만은 면할 것이다.

산삭한 분량도 적다고는 할 수 없다. 모두 열 권에 천 편이나 되니, 실을 것은 다 실었다고 할 수 있다.

허균 이전에 여러 가지 시선집이 나왔다. 그 가운데 잘 되었다고 생각해서 허균이 참조한 책만 해도 서거정의 『동문선』, 김종직의 『청구풍아』, 신종호 등의 『속동문선』, 유근의 『속청구풍아』, 유근 등의 『해동시부선』 등 여섯 가지이다. 허균이 "전후풍아문선급시부선"(前後風雅文選及詩賦選)이라고 한 것을 보면, 유근 등이 왕명으로 편찬한 시부선도 속편이 나온 듯하다. 이 책들은 이름에도 나와 있는 것처럼 선(選)이다. 산(刪)이란 깎아낸다는 뜻이니, 문장에서 잘못된 글자나 쓸데없는 글자를 깎아내는 것, 또는 많은 작품 가운데 잘 된 것만 간추려내는 것을 산(刪)이라고 한다. 공자가 춘추시대까지 전하던 시 가운데 311편을 간추린 것이 바로 산시(刪詩)이다. 허균은 이 여섯 가지 선집을 참조하고, 명나라 이반룡(李攀龍)이 엮은 『고금시산』(古今詩刪)의 방법이나 체제도 참조했을 것이다. 이름도 그 책에서 따왔다.

그러나 그가 이 책을 엮은 의도는 자기 말대로 선(選)이 아니라 산(刪)이었다. 그래서 정선(精選)으로 이름난 『청구풍아』에 실린 작품 가운데서도 상당수를 이 책에 싣지 않고, 자신의 감식안에 따라 새로운 시를 수록했다. 그 자신은 학당파였지만, 최경창·백광훈·이달·권필 등의 학당파 시만 많이 싣지 않고, 송시풍(宋詩風)으로 알려진 박상·이행·정사룡·황정욱 등의 시도 많이 실었다. 조선시대 시단의 실제 모습을 공정하게 보여주려 애쓴 것이다.

『국조시산』은 한시를 시체별로 분류하고, 그에 해당되는 작품들을 작가의 선후에 따라 배열하였다. 이 책의 특징은 시를 고르기만 한 것이 아니라 비(批)와 평(評)을 덧붙였다는 점이다. 예전의 문집을 보면 좋은 구절에 비점(批點)이나 관주(貫珠)를 찍었는데, 허균은 구체적으로 몇 글자의 비평을 덧붙였다. 비(批)는 작품의 미감이나 배경을 전체적으로 말한 것이고, 평(評)은 어느 한 구절의 미감을 논한 것인데, 이 두 가지를 통해서 작가의 개성을 잘 보여주고 있다.

허균의 비와 평은 네 가지 유형이 있다. 첫번째 유형은 '한적'(閑適), '비절'(悲切), '청려'(淸麗) 등의 풍격 용어로 지적했는데, 예전에 비점이나 관주를 찍던 원인을 구체적으로 적은 것이다. 두번째 유형은 '불실당운'(不失唐韻), '극사당인악부'(極似唐人樂府)같이 특정한 시풍과의 연관성을 지적하거나, '향산유운'(香山遺韻), '이주유격'(伊州遺格)같이 특정 시인과의 관련성을 지적한 것이다. 세번째 유형은 작품에 대한 자신의 감상을 말한 것이다. 네번째 유형은 시의 배경이나 의미, 세상의 평가 등을 적은 것이다. 그밖에 "불(不)자를 유(猶)자로 고쳐도 역시 좋을 것이다"라고 평한 예도 있다.

허균은 1598년 명나라 문인 오명제에게 『조선시선』을 엮어주면서 수백 편의 시를 뽑아주었고, 1606년 주지번이 명나라 사신으로 왔을 때에도 최치원부터 당대에 이르기까지 124명의 작품 839편을 네 권으로 엮어준 적이 있어, 『국조시산』에 넣을 작품은 몇 년 전부터 이미 윤곽이 잡혀 있었을 것이다. 또한 1593년에 당대의 시화를 정리하여 『학산초담』을 지었으므로, 이 책의 뼈대도 어느 정도 잡혀 있었던 듯하다.

이 책에는 조선 초 정도전(鄭道傳)부터 당대의 권필에 이르기까지 35명의 각체 시 888편이 실려 있고, 부록으로 「허문세고」(許門世藁)를 끝에 덧붙였다. 「허문세고」에는 허균의 벗 권필이 허침을 비롯해 허균의 아버지 허엽, 작은형 허봉, 누이 허난설헌 등의 시를 뽑아 실었는데, 김종직이 자기 아버지 김숙자의 시를 선집에 실었다가 놀림받은 점을 의식해서 자신이 직접 뽑지 않고 권필에게 객관적인 비선(批選)을 부탁한 듯하다.

허균이 역적으로 죽자 그의 문집이 50년 동안 소개도 되지 못하고 외손자 이필진의 집에 묻혀 있던 것처럼, 이 책도 몇몇 호사가에 의해서 필사본으로만 전해졌다. 그러면서도 당대 비평가나 문장가들에 의해서 가장 훌륭한 선집으로 인정되었다. 필사본으로만 전해지던 책을 박태순(朴泰淳)이 손질해서 처음으로 간행했는데, 그는 이 책을 간행하게 된 이유를 서문에서 이렇게 설명했다.

> 허균이 우리나라의 시를 모았는데, 삼봉 정도전에서 시작하여 아래로 권필까지 이르렀다. 각체의 시를 뽑아 스스로 비와 평을 달고, 이름을 『국조시산』이라고 하였다. (줄임)
>
> 허균이 (역적으로 몰려) 죽음을 당하자 이 책을 포함해서 그가 저술한 것이 거의 인몰되어 없어졌다. 호사가 사이에서 혹 거둬진 것이 있어도, 그것이 허균에게서 나온 것이라 하여 드러내어 칭찬하는 이가 없었으니, 이는 우리나라 습속에 편협한 마음이 있기 때문이다. (줄임) 그 사람은 버리더라도 그 말은 오히려 버릴 수 없다. 하물며 그가 만든 책이 그의 말이 아니고 여러 현인들의 말이 아닌가? 우리나라의 시를 모은 책이 이미 많지 않고

이 책이 가장 훌륭하다고 칭해지니, 이 책을 전하지 않을 수 없음이 마땅하다. 그래서 널리 여러 본을 구하여 제법 많이 고증하고 확정하였다. 또 여러분의 시화를 모아 분류하여 보충하고, 잘 베껴 몇 권의 책을 만들었다.

시에 관심이 많았던 그는 『국조시산』같이 훌륭한 책이 역적의 책이라 해서 묻혀지게 된 것이 아까워, 자신이 자료를 보충해서 간행했다. 그가 이 서문을 쓴 것은 경주부윤으로 있던 1695년이었는데, 광주부윤으로 있던 1697년에 9권 3책의 목판본으로 간행한 듯하다. 그는 역적 허균의 사람됨은 버리더라도 그가 엮은 책은 버릴 수 없다고 했는데, 세상 사람들은 그가 엮은 책까지도 버려야 한다고 생각했다. 그래서 이 책이 간행되자마자 1699년에 오언석 등의 전라도 유생들이 전라도 관찰사로 있던 그를 규탄해, 장단부사로 좌천당하게 하였다.

홍만종은 『시화총림』(詩話叢林)을 엮으면서 「증정」(證正)에서 "(우리나라의 여러 시선집 가운데) 오직 허균의 『국조시산』만이 이식 등 여러 사람이 '시를 잘 선발했다'고 칭찬했으니, 『국조시산』이 세상에 성한 것이 대개 이 때문이다"라고 하였다. 이때 벌써 이 책이 널리 퍼졌음을 알 수 있다.

이 책은 서울대학교 가람문고에 소장되어 있는 9권 4책의 목판본이 선본인데, 원래는 3책으로 간행된 것을 다시 나눠 묶은 것으로 추정된다. 상백문고를 비롯한 도서관에 9권 3책으로 된 판본이 소장되어 있기 때문이다.

동지들과 함께한 시간들

『국조시산』을 엮을 무렵, 허균은 남의 시만 정리한 것이 아니라 자기의 글도 마음껏 지었다. 달마다 시행하는 고과(考課)에서 여름·가을·겨울 연달아 아홉 제목이나 장원했으므로, 임금이 법전을 살펴서 시상하라고 명했다. 허균은 단번에 정3품 당상관에 올랐다. 내자시에 있던 동안 지은 시 18수를 모아서 「태관고」(太官藁)를 엮었다. 한나라 때에 천자의 음식을 맡은 관원을 태관이라고 했으므로 그런 이름을 붙인 것이다.

뛰어난 성적과 친구들의 도움으로 허균은 그토록 갈망하던 공주목사가 되었다. 12월 9일에 임명받고 공주로 내려갔는데, 공주는 큰 고을이었기에 웬만한 일이면 목사의 힘으로 다할 수 있었다. 그가 가장 먼저 생각한 것은 능력이 있으면서도 세상에서 소외되어 불만 속에 살던 친구들을 불러모으는 일이었다. 그래서 가장 가까운 벗 이재영에게 편지를 썼다.

이재영은 판서 이선(李選)의 서자라고도 하고, 시인 이달이 이선의 첩과 정을 통해서 낳았다고도 하는데, 글재주가 뛰어났다. 특히 대구를 많이 써서 읽는 이에게 미감을 주는 한문체인 변려문(騈儷文)에 능했으며, 중국의 사신들을 접대하는 솜씨도 뛰어나 네 차례나 접반사를 따라다녔다. 그가 대신 과거를 보아주어서 급제한 사람이 대여섯이나 될 정도였다. 그러나 이 무렵엔 벼슬이 없어서 살림이 어려웠다. 그때그때 일을 부탁받으면 사방을 떠돌아다니며 살림을 꾸렸다. 허균은 모처럼 목사가 되어 여유가 생기자 가장 먼저 그를 불렀다.

> 내가 큰 고을을 얻었는데 마침 자네가 머무는 곳 가까이에 있으니, 어머니를 모시고 이곳으로 오는 게 좋겠네. 내 마땅히 녹봉의 절반을 덜어서 자네를 부양하겠네만, 큰 그늘이 되어주지는 못할 것일세. 자네는 신분이 나와 비록 다르다지만 취향은 같고, 재주가 나의 열 갑절이나 되는데도 세상에서 버림받음이 내 경우보다도 더 심하네. 그래서 나는 자네를 생각할 때마다 숨이 막힌다네.
> 내가 비록 운수 사납다지만 이천 석의 태수 녹봉이 오히려 족하니, 달팽이의 침으로 스스로 적실 수는 있다네. 그대는 입에 풀칠하기도 힘들어 사방을 떠돌아다니니, 모두 우리들의 잘못일세. 자네의 얼굴을 대하면 문득 땀이 흐르고, 밥을 먹어도 목으로 넘어가지 않는다네. 빨리 와주게. 자네가 왔다고 해서 비록 비방을 받는다고 해도 내 걱정하지 않겠네.
>
> 무신년(1608) 1월에.

이재영은 어머니만이 아니라 첩도 데리고 와서 신세졌다. 그뿐만 아니라 허균의 서얼 동지였던 심우영(沈友英)과 윤계영(尹繼英)까지도 함께 있으면서 신세를 졌다. 그래서 세상 사람들은 "허균이 공주 관아에다 삼영(三營)을 설치했다"고 비난했다. 허균 자신도 이들을 불러다 함께 살면 비난받을 것을 알고 있었지만, 그는 그러한 비난을 각오하면서도 이들을 불러모았다. 영(營)이라고 한 것은 이들의 이름이 모두 '영' 자로 끝나기 때문에 놀림받은 것이지만, 허균이 실제로 혁명의 동지들을 모아서 영(營)을 차린 셈이기도 하다.

심우영은 허균의 처외삼촌이다. 관찰사를 지낸 심전의 딸이 허균의 장모였고, 심우영은 심전의 아들이었다. 글을 잘 지었지만 서자였으므로 좋은 벼슬에 나아갈 수가 없었다. 그래서 불만을 가지고 여기저기 떠돌아다녔는데, 허균과 마음이 맞았으므로 가까운 벗으로 사귀었다. 허균이 일찍이 글을 지어 심우영에게 주면서, '내 친구 심군(沈君)'이라고 할 정도였다. 허균은 신분이나 나이를 따지지 않고 서얼들과 친구로 사귀었으며, 이들을 통해서 조선 사회의 문제점을 파악하며 새로운 사회를 꿈꾸었다.

허균은 심우영을 통해서 서양갑(徐羊甲)과도 친해졌다. 서양갑도 목사 서익의 서자였는데, 영웅이라고 불릴 정도로 재주와 능력이 있었지만 벼슬에 나아갈 수가 없었다. 그래서 서양갑은 자기처럼 고관의 아들로 재주가 있으면서도 서자라는 이유 때문에 벼슬길이 막혔던 심우영·이경준(李耕俊)·김평손(金平孫) 등과 함께 1608년에 연명으로 상소하여 벼슬길을 열어달라고 청했다.

태종 때 우대언(右代言) 서선(徐選)이 서자에게는 벼슬길을 막자고 아뢰어 서얼금고(庶孼禁錮)가 제도화된 뒤부터 서얼들의 벼슬은 제한되었다. 임진왜란 때 병력이 부족하자 서얼금고를 완화시키겠다고 하며 그들을 동원했지만, 난리가 평정되자 서얼들의 벼슬길을 다시 제한했다. 그래서 선조 때에는 신분(申賁) 등 1,600명의 유생들이 서얼금고를 철폐하라고 상소했고, 숙종 때에는 영남 유생 남극정(南極井) 등 988명이 상소했다. 이들의 상소는 더욱 커져서 영조 때에는 진사 정진교 등 5,000명이 상소했고, 순조 때에는 생원 김희용 등 9,996명이 상소했으며, 헌종 때에는 6도 유생 9,000명이 상소했다. 또한 서얼금고를 철폐해달라는 서얼들의 피맺힌 상소문들을 모아서 이진택 등 6도의 서얼들이 1859년 겨울에 『규사』(葵史)라는 책을 출간했다. 결국 이러한 서얼들의 상소는 서양갑과 심우영 때부터 시작된 셈이다. 그러나 조정에서는 이를 허락하지 않았다.

이들은 불만을 품고 돌아와 여주 남한강 가에 소굴을 만들고는, 한집안에서 살림을 같이했다. 『삼국지』를 모방하여 도원결의(桃園結義)를 했으며, 허균·이재영과 문예를 논하는 한편, 이사호(李士浩)에게서 병법과 둔갑술을 배우기도 했다. 서양갑은 자신을 제갈량에게 견주었으며, 허균도 그에게 석선(石仙)이라는 자를 지어주었다. 그리고 "내가 보기에 지금의 영웅은 오직 서석선만 있을 뿐이다"라고까지 칭찬했다. 뒷날 허균의 혁명이 실패하자 심우영이 광해군 앞에서 이렇게 자백했다.

> 신은 빈한하고 재산이 없는 데다 여러 가족들이 딸렸으므로, 의식을 해결하기가 어려웠습니다. 그래서 안면이 있는 서양갑과 의논하다가, 경기도에 비어 있는 땅이나 얻었으면 좋겠다고 생각했습니다. 마침 여주 양화강에 내버려진 방죽이 있다는 소문을 듣고는, 방죽을 고쳐 쌓아 농사나 짓고 아울러 생선이나 소금도 얻으려 했습니다. 그 땅에 나아가 머물려고 하자, (영의정 박순

의 서자인) 박응서(朴應犀)도 따라와서 함께 지냈습니다.

이들의 포부는 몹시 컸다. 허홍인(許弘仁)과 유효선 등도 여강에 같이 머물면서 날마다 이렇게 의논했다.

"우리들은 뛰어난 재사(才士)이다. 당대의 서얼금고에 묶여서 그 뜻을 펴지 못했을 뿐이다. 대장부가 죽지 않는다면 모르지만, 이왕 죽을 바에야 큰 명성이라도 내보자."

사회제도에 불만을 품은 이들이 많았기 때문에 이들은 곧 많은 동지를 불러모았다. 이 즈음 선조가 승하한 뒤에 중국 사신이 나오게 되자 서양갑과 허홍인이 활과 화살을 가지고 남별궁 밖에 와서 중국 사신을 쏘아 맞추고, 고의로 변고가 발생했다고 하여 군사를 일으키려고 했다고 한다. 그러나 중국 사신의 호위가 엄중했기에 그 계책을 이루지 못했다. 허균이 이 사건에 직접 관계가 있는지는 확실치 않지만, 이들 서자들의 입장을 동정하고 함께 어울린 것은 사실이다.

1608년 2월에 선조가 승하하면서 조정의 분위기가 어지러워졌다. 선조의 둘째 아들 광해군 혼(琿)이 세자로 책봉된 것은 임진년이었다. 맏아들 임해군 진(珒)은 난폭해서 인심이 따르지 않으므로, 그를 버려두고 혼을 세자로 세웠다. 1593년 환도한 뒤에 여러 차례 명나라에 사신을 보내어 세자 책봉을 청했지만, 명나라 예부에서 "형을 두고 동생을 세워 차례를 어겼다"는 이유로 허락하지 않았다.

1606년 봄에 이르러 인목왕후 김씨가 영창대군 의(㼁)를 낳자,

유배지에서 탄생한 문집 231

선조가 뒤늦게야 대군을 얻고서 기뻐했다. 영의정 유영경(柳永慶)은 임금의 뜻을 맞추기 위해서 백관을 거느리고 하례를 드렸다. 그런데 1607년 겨울에 선조의 병환이 위급해지자 인심이 동요되었다. 선조가 밀갑(密匣)을 내려 여러 대신들을 불러들인 뒤에, 동궁에게 왕위를 전하겠다는 전교를 내렸다. 그러자 유영경이 좌의정 허욱, 우의정 한응인과 함께 아뢰었다.

"이번 전교는 뭇 사람들의 기대 밖에서 나왔으므로, 감히 명을 받들 수 없습니다."

그래서 사람들이 모두 "유영경은 세자가 임금이 되는 것을 바라지 않는다"고 생각했다. 그러자 1608년 1월 19일에 전 참판 정인홍이 상소했다. 유영경이 세자가 왕위에 오르는 것을 싫어하고 자기의 권력을 유지하기에만 힘쓰니 그를 형벌에 처하라는 것과, 광해군은 왕위에 오를 만한 능력이 있으니 그에게 왕위를 전하여 민심을 안정시키라는 내용이었다. 당파 싸움으로 쫓겨났던 이이첨(李爾瞻)이 선조에게 원한을 품고 한번 분을 풀어보려 생각하다가, 임금이 오랫동안 병환 중에 있자 이산해·정인홍 등과 의논했다.

"임금이 이 병환을 끝내 회복하지 못할 것이다. 우리들이 이미 광해군과 깊이 결탁했으니, 이제는 우리가 협박하더라도 어쩔 수가 없을 것이다."

그래서 정인홍을 시켜, 세자에게 임금 자리를 넘기라고 협박하는 상소를 무엄하게도 올린 것이다. 선조는 크게 놀라서 어쩔 줄을 몰랐다. 대사간 이효원이 이들을 귀양 보내라고 아뢰자, 정인

홍을 영변으로, 이이첨을 갑산으로, 이산해의 아들인 이경전을 강계로 각각 귀양 보냈다.

그러나 이이첨은 귀양 보내는 명이 내린 뒤에도 곧 떠나지 않고 머뭇거리며 관망하였다. 선조가 머지않아 승하하고, 장차 자기를 다시 부르리라고 짐작했기 때문이었다. 선조는 병환 중에 동궁에서 들여온 약밥을 먹고 갑작스럽게 체하여 죽었는데, 그것도 다 까닭이 있다고 소문이 났다. 정인홍과 이경전도 유배지에 도착하기 전에 풀려났다.

선조가 승하하자, 대신들이 차례로 나와서 울고 빈청으로 물러났다. 날이 벌써 어두워 촛불을 밝히고 앉아 있자, 승전빗 김봉이 대비의 명으로 봉서(封書)를 가지고 와서,

"지난 겨울 (임금께서) 위급하실 때 받자온 글입니다."

라고 말하며 전했다. 겉봉에는 "세자에게 주는 유서"라고 씌어 있었다. 그 유서에는

"동기간 대하기를 나 있을 때와 같이하고, 남들이 모함하는 말이 있더라도 듣지 말아라. 감히 이 말을 부탁한다."

라고 적혀 있었다. 김봉이 다시 들어가더니, 또 봉서를 하나 가지고 왔다. 겉봉에 "유(영경)·한(응인)·신(흠)·허(성)·박(동량)·서(성)·한(준겸)"이라 씌어 있었다. 가장 신임하던 신하들에게 남기는 유서였다. 그 안에는

"영창대군이 어린 채로, 미처 성장하는 것을 보지 못하는 것이 잊혀지지 않소. 내가 죽은 뒤에 인심을 헤아리기 어려우니, 만일 사설(邪說)이 있더라도 원컨대 제공들은 애호하고 붙들어주오. 감

히 이 일을 부탁하오."

라고 적혀 있었다. 새로운 임금이 즉위하는 마당에 이러한 부탁을 받은 대신들은 큰 짐을 지게 되었다. 대신들은 그 유서를 보고는 즉시 봉하여 다시 안으로 들여보냈다.

결국 이이첨과 정인홍의 무리가 조정에 들어와서 정권을 마음대로 휘두르기 시작했다. 같은 북인이었지만, 유영경이 7년 동안 정승으로 있으면서 끌어들인 무리들은 소북(小北)이었고, 이이첨과 이산해의 무리는 대북(大北)이었다. 지금까지 소북은 영창대군을 밀었고, 대북은 광해군을 밀었다. 광해군이 즉위하면서, 대북과 소북의 싸움은 깊어졌다.

한편 1608년 가을에 충청도 암행어사가 수령들의 비위(非違) 사실을 조사하러 한 바퀴 돌고 나서 계를 올렸는데, 허균은 성품이 경박하고 품행이 무절제하다고 보고하였다. 허균은 8월에 파직당했고, 예전부터 은둔하려고 눈여겨보던 부안현 우반(愚磻)으로 들어가 쉬었다. 서얼들의 후원도 잠시 쉬었다.

허균이 공주에 있으면서 서얼 세력만 규합했던 것은 아니다. 모처럼 지방 수령으로 나갔으므로, 평소 소원대로 신선 같은 생활도 즐겼다. 허균이 역적으로 죽은 뒤에 그에 대한 평은 대부분 나쁘게 전해졌지만, 공주 관아에서 그를 모시고 있던 아전은 그를 '하늘나라 사람'이라고 평했다. 영의정 남구만의 손자인 남극관의 문집에 그러한 기록이 남겨져 있다.

공주 사람 아전이 이렇게 전했다. "허균이 목사로 있을 때 관아 일이 파하면 늘 섬돌에서 신을 신고 손을 뒷짐진 채 길게 시를 읊조렸다. 그 소리와 가락이 맑고도 힘차, 마치 옥이 울리는 소리 같았다. 바라보는 사람들이 '하늘나라의 사람'〔天人〕이라고 했다."

『몽예집』(夢囈集)「사시자」(謝施子)

 허균이 공주목사로 있는 동안에 이재영과 심우영 등을 불러다가 후원한 사실은 확인되었지만, 구체적으로 무슨 일을 했는지는 밝혀지지 않았다. 이때 지은 글들이 모두 없어졌기 때문이다. 허균은 일 년 내내 시를 짓고 글을 썼는데, 벼슬이 바뀌거나 신변에 변화가 생길 때마다 한 권의 시고로 엮었다. 그가 이렇게 엮은 시고는 30여 개나 된다. 공주목사로 내려오기 전에 내자시정으로 넉 달 보름 있었는데, 그동안 지은 시 18편을 모아서「태관고」라는 시고를 엮었다. 또 공주목사에서 파직된 뒤에는 형조참의에 임명되었는데, 여덟 달 동안 지은 시 13편을 묶어서「추관록」(秋官錄)이라는 시고를 엮었다. 이 시고들은 모두 그의 문집에 실려 있다. 그런데 동지들을 불러들이며 가장 활발하게 활동했던 공주목사 시절의 시는 하나도 남아 있지 않다.

 허균은 뒷날 유배지 함열에서 1611년 봄에 자신의 문집인『성소부부고』를 엮었는데, 이때 공주목사 시절의 시고도 함께 엮었을 것이다. 이 시절에 그가 가장 많이 시를 주고받았던 사람은 서양갑이나 심우영·이재영 등의 서얼들이었는데, 그가 함열로 귀양 가면서 문집을 엮기 위해 이들에게서 자기가 지어준 시를 찾아갔다고 한다. 이를 보면 일단 문집을 엮을 때에는 그들에게 지어준 시도 당연히 들어갔을 것이다. 그러나 지금 남아 있는 『성소부부고』에는 가장 친한 친구였던 이들에게 지어준 시가 한 편도 실려 있지 않다. 이를 보면 1613년 서얼들의 옥사(獄事)가 일어난 뒤에 허균이 그들과의 연좌를 피하기 위해 일부러 공주목사 시절의 시고를 없앤 듯하다.

그는 가장 친한 친구 다섯 사람을 꼽아 오자(五子)라고 했는데, 이들을 기리면서 지은 시가 「전오자시」(前五子詩) 5편과 「후오자시」(後五子詩) 5편이다. 이들 시에는 각기 자세한 서(序)와 함께 장편시 5편이 실려 있었다. 그런데 「후오자시」에는 "서와 시 1편은 병화(兵火)에 유실되어, 한 사람은 누군지 알 수 없다"는 주가 덧붙어 있다. 전쟁에 불탔다고 해서 문집 가운데 시 한 편만 없어졌다는 설명은 설득력이 없다. 이 역시 공주목사 시절에 후원했던 서얼 가운데 한 사람에 대한 시와 서를 뒷날 없앤 듯하다.

따라서 선조가 세상을 떠나고 광해군이 즉위하는 과도기의 작품들, 그가 공주목사로 있던 아홉 달 동안의 작품과 그의 행적은 문집에서 거의 찾아볼 수가 없다. 4월에 누이 난설헌의 문집인 『난설헌집』을 목판본으로 간행한 것이 유일한 소득이다.

부안현 바닷가에 변산이 있고, 산 남쪽에 우반 골짜기가 있었는데, 그곳 출신이었던 부사 김청택이 그 중 아름다운 곳을 골라 별장을 짓고는 정사암(靜思菴)이라고 이름지었다. 벼슬에서 물러난 뒤에 여생을 즐기며 쉴 곳으로 준비해둔 것이다.

허균은 예전에도 호남의 과거를 주재할 때에나 해운판관이 되어 조세를 거둬들일 때에 여러 차례 부안을 지나다녔다. 정사암 주위의 경치가 뛰어나다는 소문을 늘 들었지만 아직 구경해본 적은 없었다. 그는 평소에도 벼슬을 그만두고 물러나 쉴 곳을 찾았는지라, 마침 벼슬이 떨어진 김에 부안 골짜기로 들어가 묻혀 살리라 마음먹었다. 예전부터 마음을 주고 사귀었던 기생 매창이 거기 사는 데다, 부안현감 심광세(沈光世)가 처외가 쪽으로 가까운 인척이었기에, 그는 부안을 쉴 곳으로 정한 것이다. 그래서 조그만 농장도 마련하였다.

이미 김부사는 죽은 뒤였는데 그의 아들이 허균에게 찾아와 말했다.

"나의 선군께서 지으신 정사암이 너무 떨어져 있어 제가 지키기 어렵습니다. 공께서 다시 수리하고 지내주셨으면 합니다."

허균은 그 말을 듣고 너무나 기뻤다. 그래서 고달부와 이재영 등의 동지들을 데리고, 말고삐를 가지런히 하여 그곳에 찾아갔다. 정사암까지 찾아가던 길을 허균은 이렇게 표현했다.

포구에서 비스듬히 나 있는 작은 길을 따라서 골짜기에 들어가자, 시냇물이 구슬 부딪치는 소리를 내며 졸졸 흘러 우거진 풀덤불 속으로 쏟아졌다. 시내를 따라 몇 리 들어갔더니, 산이 열리고 넓은 벌판이 펼쳐졌다. 좌우로 가파른 봉우리들이 학이 날아오르는 것처럼 헤아릴 수 없이 치솟았고, 동쪽 등성이로는 수많은 소나무와 전나무들이 하늘을 찌를 듯 서 있었다.

나는 세 벗과 함께 터 잡아둔 곳으로 곧장 갔다. 동쪽과 서쪽에 세 언덕이 있었고, 그 중간에 수백을 헤아리는 대나무가 뒤섞여 있었다. 푸릇푸릇 우거진 모습 속에서 아직도 사람이 살았던 집터를 분간할 수 있었다. 남쪽으로 큰 바다를 보니 물결에 부딪히는 금수도(金水島)가 있었고, 그 가운데 숲이 펼쳐진 속에 서림사(西林寺)가 보였다. 중 몇 사람이 거기에 있었다. 시냇물을 따라 동쪽으로 걸어 올라가다가 늙은 당나무를 지나서 정사암에 이르렀다. 암자는 겨우 네 칸 남짓 되었는데, 낭떠러지 바위 위에 지었다.

앞에는 맑은 못이 내려다보였고, 세 봉우리가 우뚝 마주 서 있었다. 폭포가 푸른 바위벽 아래로 깊숙하게 쏟아지는데, 마치 흰 무지개가 뻗은 것 같았다. 시냇물을 마신 뒤, 우리 네 사람은 머리를 풀고 옷을 벗었다. 연못돌 위에 걸터앉아서 보니 가을꽃들이 막 피기 시작했고, 단풍잎들은 반쯤 물들고 있었다. 저녁 노을은 서산에 걸리고, 하늘 그림자가 물 위에 드리워졌다. 물을 내려다보고 하늘을 올려다보며 시를 읊고 나니 속세를 벗어난 기분이었다. 마치 안기생(安期生)이나 선문자(羨門子) 같은 신선들과 함께 삼신산에 들어와 노니는 것 같았다.

나는 건장한 나이에 벼슬을 그만두고 돌아와, 예전부터의 묵은 약속을 지키게 되어서 속으로 다행스럽게 여겼다. 묻혀 살 곳을 얻어서 내 몸이 편케 된 것은 하늘의 보답이니, 나 또한 풍요로워졌다. 벼슬이란 게 대체 무엇이기에 사람을 움직인단 말인가.

「정사암중수기」

현감 심광세에게 편지를 보냈더니, 여러 가지로 도와주었다. 암자가 낡은 채로 지키는 사람도 없었던 것을 알고는 승려 셋을 모아서 보내주었다. 쌀과 소금도 준비해주고, 재목을 구해다 지붕도 다시 이어주었다. 그들에겐 부역도 면제해주고, 암자에 머물러 지키도록 임무를 맡겼다. 몇 날 걸려서 암자는 복구되었다. 허균은 그곳에 머물렀다. 정사암을 고쳐 짓고, 그 사연을 글로 쓴 것이 「정사암중수기」이다. 정사암은 지금 터만 남았는데, 허균이 『홍길동전』을 지은 곳으로 소개되고 있다.

 허균이 고향도 아닌 부안에 머물 생각을 한 까닭은 그곳의 뛰어난 경치 때문이기도 했지만, 자신의 조그만 농장이 있어서 그곳을 기반으로 동지들을 모을 수 있기 때문이었다. 허균은 그곳에서 현감 심광세를 통하여 동지들을 끌어모으는 한편, 매창과 더 깊이 사귀었다. 매창은 얼굴이 예쁘지는 않았지만 재주와 정이 흘러넘쳐서, 8년 전에 처음 본 뒤로 허균은 그를 잊지 못했었다. 그러다가 친구를 통해서 매창의 소식을 들었다. 허균은 뒷날 귀양 간 곳에서 『성수시화』를 지으며, 이 이야기를 86번째로 실었다.

 부안의 기생 계생은 시를 잘 짓고 노래와 거문고도 잘했는데 그와 가깝게 지낸 태수가 있었다. 태수가 떠난 뒤에 고을 사람들이 비석을 세워서 그를 사모했다. 어느 날 밤 달도 밝은데 계생이 비석 옆에서 거문고를 뜯으며 긴 노래로 하소연했다. 마침 이원형이란 사람이 지나가다가 보고서 시를 지었다.

한 가락 거문고를 뜯으며 자고새를 원망하는데
거친 비석은 말이 없고 달마저 외로워라.
그 옛날 현산에 세웠던 남녘 정벌의 비석에도
그 또한 아름다운 여인이 있어 눈물 흘렸던 일이 있었나.

그때 사람들이 모두 절창이라고 했다. 그는 나의 관객(館客)이다. 젊어서부터 나나 이재영과 함께 있었으므로, 시를 지을 줄 알았다.

이 이야기를 허균에게 전해준 이원형은 허균의 동지였다. 젊어서부터 그의 집에 드나들며 마치 한 식구처럼 지냈기에, 서슴없이 이러한 이야기를 전해준 것이다. 그런데 허균이 매창을 버리고 떠났기 때문에 매창이 원망하고 있다는 소문이 떠돌았다. 엉뚱하게도 허균이 오해를 받은 것이다. 이 일을 나무라기 위해서 허균은 매창에게 편지를 보냈다. 1609년 정월이었다.

계랑이 달을 바라보면서 거문고를 뜯으며 「산자고」(山鷓鴣)의 노래를 불렀다니, 어찌 그윽하고 한가로운 곳에서 부르지 않고 부윤의 비석 앞에서 불러 남들의 놀림거리가 되었소? 석 자 비석에서 시를 더럽혔다니 이는 낭의 잘못이오. 그 놀림이 곧 나에게 돌아왔으니 정말 억울하외다.
요즘도 참선을 하시는지? 그리움이 더욱 사무친다오.

허균이 이원형에게 보낸 편지를 보면, 이 시 때문에 세 차례나 사헌부 관원들에게 탄핵받았다고 한다. 허균은 매창과 가깝게 지내는 사실을 아는 사람들에게 놀림거리가 된 것이 부끄럽기도 했거니와, 옛 애인을 이다지도 잊지 못하는 매창을 보고 질투를 느끼기도 했다. 벌써 서른일곱이나 되어 기생으로는 퇴물이었지만 허균은 늙은 매창을 정말 사랑했던 것이다.

 허균은 부안에 오래 머물면서 동지들을 규합할 계획을 세웠지만 마침 집안일이 있어서 북으로 올라왔다가 서울에서 그만 붙들렸다. 큰형을 만났다가 형의 추천으로 승문원 관교에 임명된 것이다. 그리고는 곧 중국으로 들어가는 사은사(謝恩使)의 서장관이 되었다. 부안에서 동지들을 모으는 일은 잠시 뒤로 미뤄졌다. 뒷날 혁명에 실패하여 심문을 받을 때, 허균의 동지들은 그가 이 시기에 많은 추종자들을 끌어들였다고 자백했다.

인간의 숙명적 한계를 보여준 「남궁선생전」

 허균은 정사암에 머무는 동안 여러 편의 소설을 지었다. 그가 지은 한문소설 가운데 대표작인 「남궁선생전」을 보면, 1608년 가을 공주목사에서 파직된 뒤에 부안에서 살고 있었는데, 남궁 선생이 고부로부터 찾아와서 자신을 만났다고 했다. 1610년 10월에 그는 자신의 글이 나아졌다는 것을 스승 손곡에게 보이기 위해서 몇 편의 작품을 보냈는데, 그 가운데 「남궁선생전」이 있었다. 이를 보아서 「남궁선생전」은 이 무렵에 지은 듯하다.

> 남궁 선생의 이름은 두(斗)이다. 그는 대대로 임피(옥구)에 살고 있었는데, 살림살이가 예전부터 넉넉하여 재산이 그 고을에서 으뜸이었다. 그의 할아버지와 아버지는 모두들 벼슬하려고 들지 않아서 아전으로만 늙었다. 그러나 두는 과거로써 출신하여 나이 서른에 을묘년(1555) 진사에 급제했으니, 과거 시험장에서 그 이름이 높았다. 그가 일찍이 「대신불약부」(大信不約賦)를 지어 성균관 시험에 장원하자, 사람들이 모두 그 글을 외워가며 전했다.
>
> 그는 자존심이 높고 고집이 세었으며, 모질고도 참을성이 있었다. 자기의 재주를 믿고 마을에서 제멋대로 굴었으며, 거만스럽게도 고을의 벼슬아치들에게 예의를 차리지 않았다. 그래서 관가의 위아래 사람들이 모두들 그에게 눈살을 찌푸렸지만, 아무도 감히 입 밖에 나타내지는 못했다.

이 소설의 첫 단락을 보면 남궁두가 유교 사회와 대립하게 된 이유가 밝혀져 있다. 그의 집안은 부자이면서도 아전으로만 행세해서 그 재산을 지켰는데, 남궁두는 진사에 급제하고 성균관 시험에 장원하여 벼슬 사회에 도전했다. 그렇다면 벼슬 사회의 위계질서를 인정해야 하는데, 자기의 재주를 믿고 제멋대로 굴었으며 관원들에게 예의를 차리지 않았다. 작품 초반부터 주인공과 당대 사회는 서로 양보할 수 없는 긴장 관계를 이룬 것이다.

남궁두의 첩이 조카와 간통하면서 긴장 관계는 균형을 잃고 남궁두는 사회에 패배하기 시작한다. 그가 장원한 제목이 「대신불약부」, 즉 "크게 믿는 사람들은 약속할 필요가 없다"는 뜻의 글인데, 그는 가장 크게 믿었던 첩과 조카에게 배신당한 것이다. 이들을 죽여서 논에 묻은 사실이 종에게 알려져서 관가에 고발당하고, 평소에 불쾌한 감정을 가지고 있던 관원들은 그를 체포하여 악형을 가했다. 당대 사회와 대립하다가 패배한 그는 옥에서 탈출하여 치상산에 들어가 선술을 수련했다. 현실을 포기한 그는 신선 수업을 통해서 좌절감을 극복하려 했던 것이다.

　남궁두는 치상산에서 장로를 만나 사흘 동안이나 방술 배우기를 간청해, 죽지 않는 방술을 배우게 되었다. 장로는 남궁두에게 이렇게 방술을 가르쳤다.

　"대체로 모든 방술이란 게 먼저 정신을 통일한 뒤에야 이뤄지는 것일세. 하물며 혼백을 단련하고 정신을 날게 하여, 티끌 세상의 껍질을 벗고 신선이 되려는 자야 말해 무엇하겠나. 정신을 통일시키는 방법은 졸지 않는 연습에서부터 시작되니, 그대는 먼저 졸음을 참아야 하네."

　남궁두가 이곳에 이른 지 벌써 나흘이 되었지만, 장로는 아무것도 먹이지 않았다. 마치 어린아이처럼 하루에 한 번씩 쥐눈이콩가루 한 홉만 먹였다. 그래도 굶주리거나 지친 느낌이 없었다. 마음속으로 벌써 이상히 여기고 있었는데, 이 말을 듣고는 곧 지성껏 발원하였다.

첫날 밤엔 사경(四更)이 되자 눈이 저절로 감겼지만, 참으면서 새벽까지 버텼다. 둘째 날 밤엔 정신이 가물거리고 지쳐서 만사를 돌아볼 수 없었지만 애쓰면서 굳게 참았다. 셋째, 넷째 날 밤엔 온몸이 노곤해서 제대로 앉아 있지를 못했다. 가끔 머리가 벽이나 문설주에 부딪혔지만, 끝내 참고 넘겼다. 이렛날 밤이 되자 별안간 깨달음이 있더니 정신이 상쾌해지는 것이 느껴졌다. 장로가 기뻐하면서,

"그대가 이처럼 큰 인내력을 지녔으니, 무슨 일인들 못하겠나?"

라고 말했다. 이내 경서 두 권을 꺼내주면서,

"위백양(魏伯陽)의 『참동계』(參同契)는 수련의 으뜸가는 비결이며, 선가(仙家)의 가장 높은 진리일세. 『황제내외옥경경』(黃帝內外玉景經)은 기운을 이끌고 내장을 단련하는 데 중요할뿐더러, 이 또한 선가의 묘체일세. 만 번만 읽으면 저절로 깨우칠 수 있을 거야."

라고 말하더니, 날마다 각각 열 번씩 읽게 하였다. 또,

"무릇 공중에 날아오르는 것을 배우려면 속세의 생각을 끊어버리고 편안히 앉아서 정(精)·기(氣)·신(神) 세 가지의 보배를 단련하여 물과 불, 용과 범으로 하여금 서로 섞여서 단(丹)을 이루게 하는 것이 가장 빠른 길이지. 그러나 높은 슬기를 타고난 성품이 아니면 갑자기 될 수 없는 법일세. 그대의 성품은 질박하고 강인해서 상승(上乘)을 가르치긴 어려우니, 먼저 음식을 끊어서 낮은 것부터 배워 높은 데까지 이르는 계획을 세워야겠네.

(줄임)"

라고 하고는, 남궁두로 하여금 하루에 밥을 두 끼만 먹게 했다.

남궁두는 3년 동안 두 권의 비결을 만 번씩 읽어 가슴속이 시원해졌으며, 3년 동안 숨 자주 쉬는 법과 기운을 움직이는 법도 배워 얼굴이 윤택해졌다. 그러나 마지막으로 신선이 되는 공부에서 실패했다. 허균은 그가 실패하는 과정을 이렇게 묘사했다.

> 그가 이곳에 머무른 지 6년이 되자 장로는,
> "그대는 도골(道骨)이 있으니 의당 신선이 되어 승천할 수 있을 걸세. 그렇게 못 되더라도 왕자교(王子喬)나 전갱(錢鏗) 같은 신선의 무리는 될 테니, 욕심이 비록 나더라도 절대로 참아야 하네. 비록 식욕이나 색욕이 아니더라도 일체의 망상은 모두 참을 이루는데 해로울 테니, 모름지기 모든 유(有)를 없애고 고요함으로써 단련해야만 하네."
> 라고 말했다. 그리고는 그 다음 집을 비워서 남궁두를 앉히고 승강(昇降)·전도(顚倒)의 법을 가르치는데, 그 가르침이 간곡했다. 남궁두는 그가 가르치는 대로 오뚝이 앉아서 몸을 움직이지 않고, 눈을 감은 채 자기의 마음을 들여다보았다. 장로는 따뜻한 것이나 주리고 배부른 것을 알맞게 하여 그를 보살폈다.
> 하루는 갑자기 윗잇몸에서 작은 오얏처럼 생긴 것이 돋더니, 달콤한 침이 혀 위로 흘러내렸다. 장로에게 말했더니, 그에게 천천히 씹어서 뱃속으로 삼키라고 했다. 그리고는 기뻐하며,

"조그마한 터가 잡혔으니, 화후(火候)를 움직일 수가 있겠군."
말하고는 곧 세 쪽 거울을 벽에 걸고 칠성검 두 자루를 양편에 세웠다. 느릿느릿 걸으면서 주문을 외우며,

"악마를 물리치고 도를 이뤄주소서."
하고 빌었다. 이렇게 단련한 지 여섯 달 만에 단전(丹田)이 가득 차면서, 마치 황금 같은 빛이 배꼽 밑에서 나왔다. 남궁두는 자기의 도가 거의 이뤄진 것이 기뻐서, 빨리 크게 이루고픈 마음이 생겨나 참을 수가 없었다. 그러자 수은에 불이 붙어서 이환(泥丸)이 타버렸다. 그는 부르짖으면서 방에서 뛰쳐나왔다. 장로가 지팡이로 그의 머리를 때리면서,

"아아! 일이 글렀구나."
탄식하고는 급히 남궁두를 편히 앉혀서 기운을 내리게 했다. 기운은 비록 내렸지만 마음이 두근거려서 하루 내내 진정되지 않았다. 장로가 한숨을 내쉬며 말했다.

"오랜만에 제자를 만났기에 힘을 아끼지 않고 가르쳤었네. 그러나 속세의 연분이 아직도 다 없어지지 않아서 끝내 이런 낭패를 보았으니, 이는 그대의 운명일세. 내 힘으로야 어찌하겠나."

곧 소차(蘇茶)를 달여 마시게 했다. 그런지 이레 만에야 마음이 비로소 가라앉고 기운이 위로 치받쳐 오르지 않았다. 장로가

"그대가 비록 신태(神胎)를 이루지는 못했지만, 그래도 땅 위에서의 선인(仙人)은 될 것일세. 조금만 수양을 더한다면 8백 년은 살 것이야. 또 자네의 팔자에는 아들이 있었는데 정(精)을 내보내는 구멍이 이미 막혔으니, 약을 먹어서 통해야겠네."

라고 말하더니, 오동나무 열매처럼 생긴 붉은 환약 두 알을 내어 먹였다.

그는 정성을 다해 신선이 되려고 단련했지만, 결국 승천하는 데에는 실패했다. 지상선(地上仙)이 되는 것으로 만족해야만 했다. 장로의 말로는 속세의 연분이 아직도 다 없어지지 않았기 때문이라고 했는데, 황금 같은 빛이 배꼽 밑에서 나오는 것을 보고는 성급히 이루려고 하다가 실패한 것이다. 장로의 말에 의하면 남궁두는 도골이 있는 데다 큰 인내력을 지닌 인물인데도 승천하는 데에 실패했으니, 이 소설은 은연중에 사람이 신선이 되는 것이 본질적으로 불가능하다는 사실을 보여준다.

익산 지방에는 남궁두의 전설이 전해지는데, 그가 신선 수련을 마친 뒤에 절벽에서 뛰어내리다가 바위에 부딪혀서 죽었다고 한다. 이 전설도 인간의 한계를 뛰어넘으려고 애쓰다가 결국은 바위에 부딪혀 비극적으로 죽는 남궁두의 모습을 통해, 인간의 숙명적인 한계를 보여준다. 속세의 연분이 다 없어지지 않았다는 말은 남궁두가 그만큼 현실 세계에 미련이 있다는 뜻이다. 신선이 되려고 도전하면서도 현실을 떠나지 못하는 남궁두의 모습은 허균 자신의 모습이기도 하다.

현재 그의 문집에 실려 있는 한문소설 다섯 편의 주인공은 모두 불우한 사람들이다. 능력이 있으면서도 제대로 쓰이지 못한 사람들이었다. 특히 장산인, 남궁 선생, 장생 등은 도술을 부리며 기이한 행적을 보였다. 손곡산인이 천한 기첩의 소생인 점과 장생이

거지들의 대장 노릇을 하다가 동해로 이상국가를 찾아서 떠난 것까지, 이 소설들은 뒷날 씌어질 『홍길동전』의 모태가 되었다. 세상을 등지고 숨어사는 선비인 일사(逸士)들을 주인공으로 한 소설들은 허균 이후에도 박지원의 「허생」·「김신선전」·「예덕선생전」 등을 거쳐 김려의 「장생전」·「가수재전」, 이옥의 「유광억전」에 이르기까지 꾸준히 이어졌다. 조동일은 『한국소설의 이론』에서 이렇게 설명했다.

> 일사소설의 작자들은 집권층에서 이탈되어, 집권층에 대해 불만을 품고 세계를 비판적으로 보는 사대부이다. 세계를 개조할 수 있는 탁월한 경륜을 지니고 있으면서, 또는 그렇다고 자부하면서도, 불우하게 생애를 마친 사람들이 소설을 쓰고 그 속에 자기와 같은 처지에 있는 작품의 내적 자아를 설정한 것이다.

자기의 능력이 뛰어나다고 믿었던 허균은 자기처럼 세상에서 받아들여지지 않았던 일사들의 이야기를 소설로 지으며 시름을 달랬고, 더 나아가서는 『홍길동전』을 지으면서 혁명의 꿈을 키웠다.

이건 허균의 시다

1609년 2월 초에 명나라 사신 유용(劉用)의 원접사 이상의(李尙毅)가 허균을 종사관으로 천거했다. 허균은 중국으로 가는 서장관에서 사신을 접대하는 종사관으로 바뀌었다. 일행은 길 떠난 지 열흘 만에 평양에 닿았다. 대동강 가에 새로 지은 연광정에 올라 경치를 즐기기도 하고, 술과 안주를 마련해서 화가 이정의 무덤을 찾아가기도 했다. 길 떠난 지 한 달 만에 의주에 이르러, 형의 친구인 의주부윤과 하루 종일 술을 마시며 시를 읊기도 했다.

허균은 그동안 지은 근체시(近體詩)들을 모아서 스승 이달에게 보냈다. 이달이 읽어보고서 "순전히 무르익긴 했지만, 성당(盛唐)의 풍격을 섭렵하지 못했다"고 충고했다. 당나라의 시를 익혀서 시단에 퍼뜨리고 허균을 가르쳤던 스승으로서 할 만한 충고였다. 그는 당나라 시와 비슷하게 짓는 것이 목표였기 때문이다. 그러나 허균은 답장을 보내면서 이에 반박했다.

> 이것은 선생께서 틀리셨으니, 변화를 모르신 것입니다. 고시(古詩)가 비록 예스럽다지만, 이는 그대로 박아내어서 참모습에 가까워진 것뿐입니다. 지붕 아래에다 또 지붕을 세웠으니, 어찌 귀하다고 하겠습니까? 근체시가 비록 당(唐)에 가깝진 않으나, 내 나름대로 이뤄놓은 것이 있습니다. 나는 오히려 (사람들이 내 시를 보고) "이 시는 당에 가깝다" 또는 "송에 가깝다" 할까봐 걱정됩니다. 사람들이 내 시를 보고서 "이건 허균의 시이다"라고 말했으면 좋겠습니다.

허균이 말한 '허자지시'(許子之詩)는 중국의 영향을 벗어난, 그리고 스승의 영향도 벗어난, 허균만이 지을 수 있는 시를 가리킨다. 스승 앞에서 공자나 맹자처럼 자신의 성 뒤에다 자(子)라는 존칭을 써서 자기 자신을 높인 것도 허균답지만, 자신이 평소에 가장 훌륭한 경지라고 평가했던 성당의 시와 견주는 것이 아니라, 자신만의 경지를 이루고 자신의 시를 올려놓은 것도 허균답다. 당나라의 시보다 더 훌륭한 시가 아니라, 당나라의 시와도 다른 자신만의 세계를 꿈꾸었던 것이다. 그는 시에서 꿈꾸었던 자신만의 새로운 세계를 조선 사회의 체제에서도 꿈꾸고 있었다.

유용 일행은 4월 24일 의주에 도착했다. 중국의 수행원들 가운데 허균이 주로 상대한 사람은 거인(擧人: 향시 합격자) 서명(徐明)이었다. 그는 원래 소흥부 산음현에 살았는데, 북경에 머물던 중 유용이 추천하여 따라왔다. 문서와 예절은 주로 그가 맡아 일했다. 서명을 소개받은 다음날 밤에 숙녕에서 잤는데, 그가 허균의 숙소로 찾아왔다. 서명은 예전에 사신으로 왔던 주지번의 말을 전해듣고는, 난설헌의 시집을 얻으러 온 것이었다. 마침 베껴온 것이 있어서 한 부 주었다.

다음날은 순안에서 자는데, 전강·양유토 등의 수행원들도 서명을 따라서 허균을 찾아왔다. 그들도 또한 난설헌의 시집을 얻으러 온 것이다. 여류 시인 난설헌의 이름은 이미 중국에 널리 알려져 있었다. 허균은 마침 한 부밖에 여분이 없었으므로, 사신 유용에게만 주고 다른 이들의 몫은 서울에 가서 주기로 약속했다. 이튿날 이들이 많은 예물을 주었기에, 허균도 관찰사에게서 인삼과 종이 등을 얻어서 답례했다. 서울로 오는 길에 허균은 많은 시를 지었다.

유용은 서울에 이르러 광해군을 만난 뒤에, 허균에게 많은 선물을 주었다. 그리고는 원접사 일행에게 상급을 주라고 광해군에게 청했다. 광해군은 허균에게 첨지중추부사(僉知中樞府事, 정3품 당상관)라는 벼슬을 주었다. 공주목사에서 떨어진 뒤 시골에 파묻혀 살 생각까지 한 그에게 다시 벼슬이 내린 것이다.

사신을 모시고 의주로 돌아가는 길에, 허균은 서명에게서 이상한 이야기를 들었다. 이번 사행길에서 명나라 사신 유용이 조선으로부터 7만 금이나 받아가니, 조선 백성들은 고혈이 탈진했을 거라는 이야기였다. 아직 임금 자리가 불안정했던 광해군은 궁궐의 모든 보화를 털어서 사신들에게 잘 보이기에 바빴다.

허균은 이번에 사신 일행을 접대하면서 400여 수나 되는 시를 지었다. 선조의 상복을 입는 동안이라서 기생들의 노랫소리를 들을 수 없었기에, 여관에 한가롭게 앉아서 시나 주고받다 보니 그렇게 많이 지었던 것이다. 그러나 손곡 이달에게 '허균의 시'라고 자랑스럽게 보여주었던 이 시기의 시들은 문집에 한 수도 실려 있지 않다. 무슨 이유에선지 이 시기의 시들이 모두 없어져버렸다. 유용을 마중하고 배웅하러 의주까지 두 차례 왕복하며 기록한 「기유서행기」만이 『성소부부고』 권19에 실려 있다.

유용의 청이 있었으므로, 광해군은 전례에 따라 이상의에게 가자(加資: 품계 승격제도로, 정3품 통정대부 이상의 품계를 올려주는 일)하고, 허균에게는 첨지사라는 벼슬을 내렸다. 그러나 사헌부에서 곧 계를 올려, 이들의 상급을 취소해주십사 청했다. 사신을 모시고 오가는 사이에 특별히 기릴 만한 수고도 없었는데 은전이 지나치게 내렸다는 것이다. 그러나 광해군은 물러서지 않았다. 접반사와 종사관들에게 상급을 내리는 전례도 있었거니와, 국가가 위태한 시기에 이들의 공로가 컸으니 취소할 이유가 없다고 했다. 중국에서 자기를 왕으로 인정해준 것이 광해군으로서는 무엇보다도 큰 수확이었다. 이에 지지 않고 사헌부에서는 또다시 계를 올렸으며 광해군은 이를 물리쳤다.

허균이 제대로 벼슬을 받은 것은 9월 6일이었다. 그제야 비로소 정3품 당상관인 형조참의가 되었고, 따라서 그의 아내는 숙부인의 직함을 받았다. 그는 이 기쁜 소식을 누구보다도 죽은 아내 김씨의 영전에 먼저 바쳤다. 열다섯에 시집와서 홀어머니와 남편을 정성껏 받들어준 아내였다. 남편이 기생들과 어울려 놀기를 좋아했지만 조금도 언짢은 기색을 보이지 않았고 항상 세월을 아끼며 공부에 힘쓰라고 충고해준 아내였다.

임진왜란 피난길에서 아내는 아들을 낳다가 죽었다. 그는 남편이 빨리 당상관에 올라서 자신도 숙부인의 직함을 얻는 것이 소원이었다. 그러나 아내가 죽은 지 17년이 지나서야 허균은 당상관에 올랐다. 허균은 사령장을 아내 영혼 앞에 바치면서, 정작 그와 함께 영화를 누리지 못하는 것을 슬퍼했다.

죽은 아내 영전에 숙부인 교지를 바친 뒤에, 그는 부안의 기생 매창에게도 편지를 썼다. 아내 다음으로 사랑했던 여인, 수많은 여인을 좋아한 허균이지만 끝내 육체적인 사랑을 욕심내지 않았던 사이였다. 가을이 깊어가는 9월에 그는 두 여인을 생각한 것이다.

봉산의 가을빛이 한창 짙어가니, 돌아가고픈 생각이 문득문득 난다오. 내가 자연으로 돌아가겠단 약속을 저버렸다고, 계랑은 반드시 웃을 거외다.

당시에 만약 조금이라도 다른 생각이 있었더라면, 나와 그대의 사귐이 어찌 10년 동안이나 친하게 이어질 수 있었겠소?

기유년(1609) 9월에.

허균은 그처럼 여자를 좋아했으면서도 끝내 손을 뻗지 않았던 계생과의 10년 전 첫만남을 돌이켜보았다. 정욕을 넘어선 이들의 사귐은 이들의 대결이기도 했다. 이들은 자신뿐만 아니라 상대방과도 싸워 이겼기에, 10년 동안이나 벗으로 사귈 수 있었다. 그러나 허균은 정작 부안에다 몸을 파묻고 자연을 벗삼아 살겠다는 약속을 지키지 못해 부끄러웠다. 부안에서 몇 달 살다가 잠깐 다니러간 사이에 벼슬에 붙들린 자신이 너무나도 부끄러웠지만, 그에겐 또 나름대로 할 일이 있었다.

궁녀들의 이야기를 시로 읊다

허균은 1610년 4월에 명나라 황태자의 탄신을 축하하러 가는 천추사(千秋使)로 임명되었지만 마침 병이 생겼다. 그래서 병 때문에 갈 수 없다고 두 번이나 상소했다. 방물을 포장할 때에도 나와서 참여하지 않았다. 광해군이 비망기(備忘記: 임금의 명령을 적어서 승지에게 전하는 문서)를 내려서 잘못을 지적하자, 28일엔 사헌부에서도 그를 곧 잡아다가 죄를 따지겠다고 청했다. 광해군은 허균의 직책을 바꾸어, 성절사(聖節使) 황시를 천추사로 보내라고 명했다.

사헌부에서 허균을 잡아다 묶어놓고 죄를 따지겠다고 몇 차례나 아뢰었으나, 광해군은 그때마다 허락하지 않았다. 허균은 의금부에서 견책받기를 기다리면서 그 감회를 시로 지어 벗 기윤헌(奇允獻)에게 보내주었다.

> 세상 따라 뜨고 가라앉는 것도 해롭지는 않을 테니
> 세상에 알아주는 이가 적다고 한탄하지 말게나.
> 높은 문장은 스스로 천추에 빛나리니
> 조무래기들 헐뜯음이야 각자에게 돌아갈 테지.
> 나는 영락해서 가소로운 사람이지만
> 수레 뒤 먼지를 바라보며 절하지는 않네.
> 그 때문에 재상들이 날 죽이려고 해
> 꾸짖고 쫓아내는 것이 어찌 그리 어지러운지.
> 벼슬이야 빼앗지만 기백까지 뺏을손가
> 병마가 모질어도 날 죽이긴 어렵네.
> 의금부에 거적 깔고 온몸에 땀이 흘렀건만
> 파면장에 바람 일어 내 열기를 씻어주었네.
> 평생 문자를 지어 원수만 맺었다고
> 조카들은 다퉈 권하며 붓을 쉬라고 하지만,

내 스스로 이 붓을 즐겨 놓을 줄 모르니
인간 세상의 만호후(萬戶侯) 그까짓 게 무어던가.
장안에 사흘 비 내려 문 닫고 들어앉았더니
서늘한 바람이 으스스 대나무에 불어오네.
몹시도 그리운데 기씨 사내는 왜 안오시나
있는 술 가져다가 그대에게 권하련다.

未害從俗且浮沈 莫恨世上少知音
高文自足映千代 群兒謗傷從相侵
余也歷落可笑人 不肯斂衽拜車塵
是以時宰欲殺之 譴訶斥逐何紛繽
官則可奪氣肯奪 二竪雖强難我殺
金吾席藁汗沫肌 白簡生風足濯熱
平生文字結怨仇 諸侄爭勸且姑休
我自樂此不知惡 何物人間萬戶侯
長安閉門三日雨 涼風蕭蕭生竹樹
苦念奇郞胡不來 有酒徑欲持勸汝

「余以病火動不克燕行竢譴巡軍作長句贈奇獻甫以抒懷」

병이 깊었던 것은 사실이었다. 그 즈음에 벗들에게 편지를 보내면서, "내 목숨이 있은 다음에라야 벼슬도 있는 법이다"라고 하며 중국에 가지 않는 자신의 행동이 떳떳함을 밝혔다. 벼슬도 바뀌고 병도 깊어지자 허균은 집에서 치료하고 있었다. 어느 날 점쟁이가 와서, 집에 그대로 있는 것이 좋지 못하다고 말했다. 그래서 조카의 집으로 가서 머물다가, 수표교 가까이 있는 종의 집으로 옮겼다.

그 종의 이모는 예전에 궁녀로 있다가 나온 여인이었는데, 나이가 일흔여섯이나 되었다. 아들이 없어서 이 종을 양자로 삼아 얹혀살았는데, 궁중의 일을 허균에게 낱낱이 들려줄 만큼 기억력이 좋았다. 그는 어렸을 때 내섬시(內贍寺)의 계집종으로 뽑혀서 궁궐에 들어갔다가 인종의 비인 인성왕후를 28년이나 모셨다. 왕후가 죽은 뒤에는 또 의인왕후를 24년이나 모셨다. 1603년 봄에 나이가 많아 물러나오게 되자, 선조는 그를 아끼며 상침(尙寢, 정6품)으로 올려주고 녹2등을 하사하여 우대하였다.

왕궁 속의 일은 비밀에 싸여 아무도 알 수가 없었다. 왕궁 이야기에 관심이 많았던 허균은 이 늙은 궁녀로부터 여러 가지 일들을 자세히 들었다. 그리고는 그 이야기들을 칠언절구 100수로 옮겼다. 옛날 당나라 시인 왕건(王建)이 내시 수징(守澄)에게 들은 궁중 이야기를 「궁사」(宮詞) 100수로 옮겼던 것처럼, 그도 왕궁 생활을 절실하게 그렸다. 그런데 신하들이 지엄한 왕궁 속의 이야기를 화제에 올리는 것은 금기 사항이었다. 왕궁 생활에 호기심을 가지는 것부터가 불경스런 일이었다. 그래서 허균은 "후세 임금들이 옛 왕과 왕비들의 덕을 본받게 하기 위해서 이런 시를 지었다"고 창작 의도를 밝혔지만, 그 자신이 왕궁 속의 생활에 관심이 있었기 때문에 지었던 것이다.

그가 특히 관심을 두고 그린 것은 임금이 어떻게 백성을 다스리는가 하는 문제가 아니라, 남자라곤 임금 한 사람밖에 없는 왕궁 속에서 궁녀들이 어떻게 생활하는가 하는 점이었다. 수백 명의 궁녀들이 임금 하나만을 바라보고 살아야 했기에, 그들은 숙명적으로 외로울 수밖에 없었다. 그 많은 궁녀들 가운데 왕의 사랑을 받는 여인은 몇 명뿐이었다. 어쩌다 왕의 눈에 띄어 하룻밤을 모시게 되더라도, 왕을 다시 모신다는 기약이 없었다. 다행히도 운이 좋아서 아이라도 낳아야, 그 궁녀는 사람다운 대접을 받게 된다.

허균이 지은 「궁사」 100수에는 궁녀들의 생활이 다음과 같이 표현되어 있다.

> 구름 종이에 붉은 옥새 은총의 교지에 절 올리며
> 소용에서 숙의로 승진했다고 다투어 축하하네.
> 궁중 생활 십 년 동안 품계가 오르지 못하다가
> 오늘에야 금대야에다 사내아이를 목욕시키네.
> 雲牋紅璽拜恩私 爭賀昭容進淑儀
> 內職十年無轉級 金盆今始洗男兒
>
> 「宮詞」 43

그렇지만 사내아이라도 낳은 궁녀는 참으로 행복한 여인이었다. 임금의 얼굴도 생전 못 보고 생과부로 늙어야만 하는 나인들이 얼마든지 있었다. 한두 번 왕을 모셨다가도 왕의 기억에서 잊혀지면 외로운 몸을 달랠 방법이 없었다. 이런 여인들은 나이 어린 궁녀를 데려다가 동성애(同性愛)에 빠지기도 했다.

젊을 때에는 이불 끌어안고 춘당에서 숙직하다가
이젠 병들었으니 쉬거나 하라고 골방으로 내몰렸네.
어린 궁녀를 억지로 끌어다가 대식(對食)하고는
손으로 옷상자 열어서 비단 치마를 꺼내주네.
初年抱被直春堂 因病休閒在曲房
强就小娥來對食 手開箱篋乞羅裳

「宮詞」84

그러나 이런 여인들이 기다리는 것 역시 임금의 부름이다. 그래서 이들은 자나깨나 임금이 자기를 찾는 목소리만을 기다렸다.

비단옷 입고 작은 방에서 가을밤을 지키는데
서녘 바람만 전각 귀퉁이에서 싸늘하게 부딪히네.
잠결에 소리 듣고는 임금께서 부르시는가 깨었더니
주렴을 매어둔 고리들이 서로 부딪치며 내는 소리였네.
羅裯秋直小蘭房 靜夜西風殿角凉
睡裡訝聞天語喚 壓簾銀蒜響琅璫

「宮詞」99

바람 소리만 들려와도 혹시나 하고 선잠을 깬다. 그러나 아무리 기다려도 님은 오시지 않는다. 님은 다른 여인의 방에 가 있는 것이다. 그렇지만 한 번 깬 잠이 다시 쉽게 들 리는 없다. 그는 멍하니 앉아서 긴 가을밤을 지새게 된다.

꽃 수놓은 둥근 베개에 검은 머리 기름지고
용뇌향 사향 타는 연기에 박산향로가 어둑하네.
장막 속에서 오경에 놀라 꿈을 깼는데
구중궁궐 겹대문에선 자물쇠 소리만 들려오네.
蟠花圓枕膩雲鬟 龍麝霏熏暗博山
帳裡五更驚夢罷 鎖聲金掣九門環

「宮詞」100

그 궁녀의 귀에 들려온 소리는 임금이 부르는 소리가 아니라, 구중궁궐 겹대문의 자물쇠 잠그는 소리였다. 어렸을 때 한 번 들어오면 죽을 때까지 나가지 못하는 곳. 젊음도 한때이고 임금의 은총도 내일을 기약할 수 없기에, 지금 총애를 받으며 행복의 절정에 있다 하더라도 궁녀란 존재는 숙명적으로 서글프다. 한 남자만 바라보며 수백 명의 여인들이 한평생을 헛되게 늙어가야 하기 때문이다. 한밤중의 자물쇠 소리는 궁녀의 귀가 아니라 가슴속에 들어와서 쾅쾅 울렸을 것이다.

허균의 벗 권필은 이 시를 읽고서,

"일대의 시사(詩史)이며, 송나라나 원나라의 시인들도 감히 따라올 수가 없다."

고 칭찬했다. 서포(西浦) 김만중(金萬重)도

"그의 재정(才情)은 다른 시인들보다 뛰어나다. (허균이 지은) 「궁사」나 「죽서루부」(竹西樓賦) 같은 글은 권필이나 이안눌 같은 시인들도 지을 수가 없다."

고 칭찬했다. 왕궁 속의 이야기를 정권이나 은혜, 또는 권모술수
에 초점을 맞추지 않고 궁녀들의 비인간적인 한평생에 맞춤으로
써, 허균은 조선 사회의 부조리한 모순을 호소력 있게 파헤쳤다.
허균은 "남녀의 성정은 하늘이 주신 것이니 예절에 얽매이지 않
고 자유롭게 인간의 본성을 즐기겠다"고 주장했었다. 그랬던 만큼
왕궁 안에 갇혀 지내는 궁녀들의 한평생이 가슴 아팠을 것이고,
그들의 희생을 알리고 싶었던 것이다. 외로운 궁녀들의 한평생은
김만중의 평처럼 재정이 뛰어난 그의 묘사에 의해서 「궁사」 100수
속에 되살아났다.

자연을 그리며 지은 『한정록』

 허균은 병석에 누워 한가롭게 지내는 동안, 많은 시를 짓고 또
많은 책을 읽었다. 특히 주지번이 주고 간 「서일전」(棲逸傳), 「와
유록」(臥遊錄), 「옥호빙」(玉壺氷) 세 권을 여러 차례 읽었다. 이 책
에는 세속을 떠나 자연으로 돌아간 사람들이 즐겁게 사는 이야기
들이 실려 있었는데, 이 책에 실린 이야기들은 평소부터 자연으로
돌아가 살려고 했던 그의 뜻에 맞았다. 그래서 허균은 이 이야기
들을 네 가지 주제로 다시 엮어서 『한정록』(閑情錄)이라는 책을
만들었다. 첫째는 은일(隱逸), 둘째는 한적(閑適), 셋째는 퇴휴(退
休), 넷째는 청사(淸事)에 대한 이야기들로 묶었는데, 깨끗한 글씨
로 베껴놓고는 뜻이 맞는 벗들이 찾아올 때마다 보여주었다. 앞으

로 언젠가 자연으로 돌아가 살게 되면 이 책을 지침으로 삼으리라 생각했다.

지금 남아 있는 『한정록』은 이때 저술한 것이 아니고, 그 뒤에 오랫동안 보완한 것이다. 그는 1614년과 1615년에 두 차례에 걸쳐 중국을 다녀오면서 4천여 권의 책을 사왔는데, 이때 많은 글이 추가되었다. 그러다가 1618년에 역모 혐의로 몰리게 되자, 불안한 마음을 달래기 위해 서둘러 20권으로 마무리했다.

제1권 「은둔」(隱遁)에서는 물외(物外)에서 자족하며 살아가는 은둔자의 모습 83칙(則)을 소개하고, 제2권 「고일」(高逸)에서는 은둔하거나 높은 벼슬에 있으면서 행적이 뛰어난 사람의 이야기 45칙을 소개하였다. 처음에 은일(隱逸)로 묶었던 이야기를 두 권으로 나눈 듯하다. 제3권 「한적」(閒適)에서는 물외건 속세건 거처하는 곳에 관계없이 유유자적하는 사람들의 이야기 43칙을 소개했으며, 제4권 「퇴휴」(退休)에서는 세상과 뜻이 맞지 않아 경륜을 펼칠 수 없거나 늙고 몸이 쇠약해 벼슬할 수 없을 때에 관직에서 물러나 즐겁게 사는 사람들의 이야기 55칙을 소개했다.

제5권부터 제15권까지는 주로 청사(淸事)에 관한 이야기를 주제별로 나눈 것이다. 위의 네 권에서 허균이 도달하려고 했던 목표를 제시하고 있다면, 아래 열한 권에서는 산림에서 구체적으로 즐겁게 사는 방법을 제시하고 있다. 제5권 「유흥」(遊興)에서는 산천의 경치를 구경하며 정신을 편안하게 하는 38칙의 이야기를 소개했고, 제6권 「아치」(雅致)에서는 자연에서 한가로움을 즐기는 이야기 75칙을 소개했으며, 제7권 「숭검」(崇儉)에서는 청빈하게 살았던 사람들의 이야기 46칙을 소개했다. 제8권 「임탄」에서는 세속에 구애받지 않고 제멋대로 사는 사람들의 이야기 41칙을 소개했고, 제9권 「광회」(曠懷)에서는 활달한 마음으로 순리에 따라 살았던 사람들의 이야기 38칙을 소개했으며, 제10권 「유사」(幽事)에서는 산림에서 유유자적하게 사는 사람들의 이야기 40칙을 소개했다. 제11권 「명훈」(名訓)에서는 청담(淸談)과 현학(玄學)을 즐기는 이야기 69칙이 소개됐고, 제12권 「정업」(靜業)에서는 독서하는 즐거움 33칙을 소개했으며, 제13권 「현상」(玄賞)에서는 옛사람들의 취미 생활 49칙을 소개했다. 제14권 「청공」(淸供)에서는 산림에 살면서 필요한 공구 49칙을 소개했고, 제15권 「섭생」(攝生)에서는 장수에 필요한 섭생법 55칙을 소개했다. 『한정록』에는 인용한 이야기마다 출전이 밝혀져 있는데, 여기까지 모두 100권의 책에서 759칙이 인용되었다.

제16권 「치농」(治農)은 중국의 농서와 자신의 견문을 바탕으로 허균 자신이 저술했고, 원굉도(袁宏道)의 저서를 그대로 옮긴 제17권 「병화사」(瓶花史)에서는 꽃병에 꽃 꽂는 법을 소개했다. 원굉도(袁宏道)의 저서를 그대로 옮긴 제18권 「상정」(觴政)에서는 술 마실 때의 규칙을 소개했고, 오영야(吳寧野)의 저서를 그대로 옮긴 제19권 「서헌」(書憲)에서는 책을 이용하고 소장하는 법을 소개했으며, 진계유의 저서를 그대로 옮긴 제20권 「서화금탕」(書畵金湯)에서는 서화에 대한 금언을 논술했다.

『한정록』에 인용된 저서들은 주로 도가사상이 강한데, 허균이 평소에 이 방면 책들을 많이 읽었으므로 손쉽게 저술할 수가 있었다. 제16권 「치농」은 자연으로 돌아간 지식인이 구체적으로 어떻게 일하면서 먹고살 것인가 하는 문제를 다루었는데, 17세기 농사법을 보여주는 소중한 자료이기도 하다. 허균은 뒷날 귀양 간 곳에서 실제로 벌도 치고 복숭아나무도 심으면서 자기가 제시한 방법들을 실험해보았다. 그러나 유배지에서 돌아온 뒤에 대북파 정국에 휩쓸리면서 결국 『한정록』에서 제시한 한정(閒情)을 즐기지 못하고 역적으로 몰려 죽었다.

소외된 벗들을 위한 「전오자시」

허균은 이 기간 동안에 중국의 여러 문집들을 읽고 그 독후감을 칠언절구로 지어서 남겼다. 다른 선비들처럼 옛날의 이름난 시인들의 문집을 읽은 것이 아니라, 왕세정의 『감주사부고』(弇州四部藁)를 비롯한 변공의 『화천집』(華泉集), 사진의 『산인집』(山人集), 왕세무의 『봉상집』(奉常集), 서중행의 『천목집』(天目集), 오국륜의 『담추집』(甔甀集) 등 당대 중국의 문집들을 읽었다. 그에게는 언제나 현실 속의 문학이 중요했던 것이다.

당시 중국에서는 의고파(擬古派)라는 새로운 문학 흐름이 있었는데, 이러한 흐름을 주도한 일곱 시인을 전칠자(前七子), 후칠자(後七子)라고 불렀다. 허균은 이를 본받아, 자기와 친한 시인들을 다섯씩 꼽으면서 전오자(前五子)와 후오자(後五子)라고 불렀다. 이러한 명칭은 그를 중심으로 묶은 것이니, 결국은 우리나라 문단의 중심에 자신을 놓아둔 것이다. 허균은 이들을 자기의 동지라고 생각한 듯하다. 전오자는 허적·조위한·권필·이안눌·이재영이고, 후오자는 정응운·조찬한·기윤헌·임숙영이다. 마지막 한 사람의 시는 전쟁 통에 없어져서 누군지 알 수 없다고 했는데, 역적으로 몰려서 죽은 칠서(七庶) 가운데 한 사람인 심우영이어서 허균 자신이 문집을 엮으며 없앴을 수도 있다. 문집에 실렸던 시가 전쟁 통에 한 편만 없어질 수는 없기 때문이다. 그 가운데 「전오자시」(前五子詩)의 서문과 서얼 출신이어서 출세하지는 못했지만 어려서부터 허균을 그림자같이 따라다녔던 이재영에게 지어준 시를 보면 이렇다.

나는 세상과 틀어져서 정권을 잡은 공경(公卿)들과는 잘 사귀지 못하고, 오직 옅은 문예로써 문단의 동맹인 두세 형제들에게서만 인정받았다. 그래서 밤낮 어울리며 혹은 창수(唱酬)로, 혹은 담론으로 서로들 절차탁마하면서 한가롭게 한 해를 마치곤 했다. 그들은 바로 권필 여장(汝章), 이안눌 자민(子敏), 조위한 지세(持世)와 나의 재종형 허적 자하(子賀) 및 어렸을 적부터 친구였던 이재영 여인(汝仁)이다. 이 다섯 사람은 문장이 모두 세상에 드물고, 때가 궁한 것도 마찬가지이니, 어찌 문인의 결습(結習)이 으레 곤고한 운명이란 말인가. 그래서 오자시(五子詩)를 지어 이로써 풍아(風雅)를 드날리고, 이들과 사귄 정을 기술하여 이따금 보면서 스스로 위로하려고 한다. 그 차례는 연대별로 기록했으며, 신분에 따라 끝마쳤다.

조그만 이 사내를 사랑하노니
더벅머리 시절부터 글이 빛났지.
백가의 말을 모두 꿰뚫은 데다
의리 지키기를 고기 좋아하듯 하였네.
고사를 찾아내기는 서릉처럼 잘했고
재주 많기로는 육기를 근심케 했지.
징을 치는 것도 빠르단 비유는 못 되고
눈에 비춰 읽은 것도 게으르다 비웃었지.
비단 짜서 봉의 무늬를 날아오르게 하고
옥을 쪼아 꽃받침을 아로새겼네.
여번 구슬 그 값이 절로 높건만
세상에선 천히 여기며 조롱만 하네.
시단에서 맞설 이를 만나게 되면
내 그대를 위해서 좌단하리라.
비웃는 자가 나라에 가득해져도
그 실상은 참으로 속이기 어려운데,
시골에선 먹고 입기에 시달렸었고
위태로운 길에선 걱정만 실컷 했네.
같은 병 함께 앓는 적막한 나그네여!
하늘가에 해도 장차 저물어가네.

我愛藐丈夫 詞華自童丱

貫穿百家語 嗜之如芻豢

徵事徐陵優 多才陸機患

```
擊鉢未喩捷 映雪還嗤慢
組錦蹙鳳文 琢玉雕花瓣
璵璠價自高 俗賤爭嘲訕
詩壘値交鋒 吾爲君左袒
笑者任滿國 其實自難贋
下邑困桂玉 危途飽憂歎
寂寞同病客 天涯歲將晏
```

「前五子詩 李汝仁」

"신분에 따라 끝마쳤다"고 했으니, 전오자 가운데 신분이 가장 낮은 친구가 이재영이다. 이재영에 대해서는 생애가 확실히 기록된 것도 없는 데다 문집도 전해지지 않아 그 정체를 확실히 알 수는 없다. 변려문을 잘 지어 이름이 높았지만 일정한 벼슬도 없이 허균을 따라다녔다. 1606년에 주지번을 접대할 때에도 이문학관(吏文學官)으로 따라나섰는데, 허균 다음으로 많은 시를 지었다. 허균이 공주목사가 되었을 때에는 그를 감영에 데려다 먹여살렸다고 해서 "공주 감영에 삼영(三營)을 설치했다"고 비난받기까지 했다. 허균이 탄핵받을 때에는 목숨을 걸고 변호하는 상소를 올리기도 했다. 허균은 평생 그림자같이 자기를 따라다녔던 그를 전오자 가운데 한 사람으로 선정하고, 그를 위해서 시를 지어준 것이다.

양나라 경릉왕(竟陵王)이 밤에 여러 학사들을 모아서 시회(詩會)를 열고 사람을 시켜 징을 치면서 시를 빨리 지으라고 재촉했는데, 소문염(蕭文琰)이 징 소리가 끝나는 것과 동시에 사운시(四韻詩)를 지었다. 그런데 허균은 이재영이 소문염보다도 더 빨리 시를 지었다고 칭찬했다. 그랬기에 벼슬도 없는 서얼 출신의 무명 시인을 네 차례나 이문학관으로 임명하여 명나라 사신을 맞게 했던 것이다.

진나라 손강(孫康)은 가난해서 기름을 구하지 못해 눈빛에 비춰서 책을 읽었다. 차윤(車胤)이 반딧불에 비춰 읽은 것과 합하여, 이 두 사람의 성공을 형설지공(螢雪之功)이라고 했는데, 가난하게 자란 이재영도 손강이나 차윤보다 더 부지런히 책을 읽어서 형설지공을 이뤘다.

허균은 그를 "같은 병 함께 앓는 적막한 나그네"〔寂寞同病客〕라고 했다. 시를 잘 지으면서도 세상에 버림받은 두 사람은 동병상련의 정을 느껴 평생 그림자같이 함께 다녔다.

그러던 중에 매창이 죽었다는 소식이 들려왔다. 시를 잘 짓고 노래와 가야금도 잘했지만, 성격이 또한 깨끗해서 음란한 짓을 즐기지 않았던 기생이었다. 매창이 죽었다는 소식을 듣고, 허균은 그를 위해서 한 번 울어준 뒤에, 율시 두 수를 지어 그의 죽음을 슬퍼했다고 한다.

아름다운 글귀는 비단을 펴는 듯하고
청아한 노래는 구름도 멈추게 하네.
복숭아를 훔친 죄로 인간 세상에 내려오더니
불사약을 훔쳐 인간 무리를 두고 떠났네.

부용꽃 휘장엔 등불이 어둑하고
비취색 치마엔 향내 아직 남았는데,
이듬해 복사꽃 필 때쯤이면
그 누구가 설도의 무덤을 찾아주려나.
妙句堪擒錦 淸歌解駐雲
偸桃來下界 竊藥去人群
燈暗芙蓉帳 香殘翡翠裙
明年小桃發 誰過薛濤墳

「哀桂娘」

설도는 시를 잘 짓던 당나라의 기생인데, 원진(元稹)·백거이(白居易)·두목(杜牧) 같은 시인들과 시를 주고받았다. 허균은 매창을 설도에게까지 견주면서 그의 죽음을 슬퍼했다. 거리낌없이 사귀면서도 어지러운 지경에까지 이르진 않았고, 그래서 오래도록 그 관계가 시들지 않았다고 허균은 회고했다.

동지들을 과거에 급제시키다

일정한 직무도 없이 녹봉만 받고 있던 허균은 또다시 산과 물을 찾아 돌아다니고 싶어졌다. 빈자리를 찾다가 나주목사가 빈 것을 알고 신흠에게 편지를 보내어 부탁했다.

나주는 서남쪽의 큰 도회지입니다. 부족한 몸이 일찍이 그곳을 밟아보고서, 내 벼슬이 이곳의 목사에서 그쳐도 좋겠다고 생각했습니다. 지금 마침 빈자리가 있다던데, 월사(月沙: 이정구)가 전형(銓衡)을 할 것이니 천 년에 한 번 주어진 기회입니다. 합하(閤下: 정1품 벼슬아치를 높이는 말)께서 이를 추천해주시어, 이로 인해 남쪽으로 돌아가게 해주소서. 감히 마음속을 펼쳐 보입니다.

경술년(1610) 10월에.

간절한 허균의 편지는 이뤄져서, 그는 드디어 나주목사에 제수되었다. 그러나 곧 다른 사람으로 바뀌었다. 뒤에서 오고가는 거래를 모르다가 임명 취소를 당하고는 씁쓸하게 웃으며 시를 지어 마음을 달랬다. 또 이처럼 큰 고을의 수령 자리를 잃게 되어 한스럽다고 친지에게 푸념하기도 했다. 그러나 그뿐이 아니었다. 사간원에서는 그 달에 또다시 허균을 파직시키라고 아뢰었다.

행사과(行司果) 허균은 사람됨이 망령되고, 몸가짐도 삼가지 않습니다. 게다가 괴이하고 허탄한 일이 있어서 일찍이 사헌부의 탄핵을 받았지만 아직도 고칠 줄을 모릅니다. 청컨대 파직을 명하소서.

광해군은 그렇게 하라고 허락했다. 사과(司果)는 오위(五衛)에 속하는 정6품 군직이다. 오위에는 실제 직무 없이 녹봉만 받는 관직이 몇 백 명이나 되었는데, 이곳으로 갈 때에는 2품 정도 낮추어 임명된다. 실제 일자리는 없었지만 그래도 녹봉은 받고 있었는데 이젠 그마저 떨리게 되었다. 그러나 그의 재주까지 무시할 수는 없어서, 얼마 뒤에 임금 앞에서 열린 과거의 시관으로 허균을 다시 임명하였다.

그 즈음 왕실에 경사가 있었다. 선조의 위패를 종묘에다 합해 모신 일과 세자의 책봉과 입학, 그리고 관례를 행하는 네 가지의 경사가 있었기에, 나라에서는 별시(別試)를 베풀었다. 전시(殿試)의 명관(命官)은 좌의정 이항복(李恒福)과 대제학 이정구였으며, 시관은 박승종이었고, 대독관(對讀官)은 조탁·이이첨·홍서봉·허균·이덕형이었다.

그런데 이 과거에서 시관의 아들·조카·사돈 등 친척들이 많이 응시했다. 허균의 조카 허보(許宷)와 조카사위 박홍도가 응시했으며, 박승종의 아들이자 이이첨의 사위인 박자홍도 있었다. 조길은 조탁의 아우였고, 게다가 한때 중이었던 쌍기가 환속해서 변헌이란 이름으로 응시했다. 원래 응시자 가운데 친근한 사람이 있으면 시관을 다른 시험 장소로 옮기든지 그만두게 하는 거자상피법(擧子相避法)이 있었지만 잘 지켜지지 않았다. 결국 이들은 모두 급제했다.

이것이 곧 소문이 났다. 여론의 화살은 허균에게 쏠려, 그가 사사로운 정에 따라 마음대로 합격시켰다고 비난이 일어났다. 말하기 좋아하는 사람들은 '아들·사위·아우·조카의 방(榜)'이라고도 했고, "문중과 동네는 사돈집의 경사 자리인데, 산골 중이 또 어떻게 그 사이에 참여했는가?'라면서 비웃기도 했다. 그래서 관리들의 규율을 맡은 사헌부에서 지평 이현영이 이렇게 아뢰었다.

"전시 시관 허균이 사사로운 정을 좇아 마음대로 합격시켰으므로 여론이 자자했는데도, 신이 이를 곧 논박하여 아뢰지 않았습니다."

그는 이에 책임지고 물러나겠다 했으며, 장령(掌令) 민유경도 직무를 태만히 한 자기의 벼슬을 파직시켜 달라고 청했다. 광해군의 만류로 이들은 다시 직무에 나섰지만, 이로부터 과거 시험에 부정이 개입되었다는 논의가 일어났다. 사헌부에서는 이 사건을 자세히 조사하고서, 며칠 뒤인 11월 16일에 다시 아뢰었다.

> 전 목사 허균은 경망스럽고 말만 앞세우는 자입니다. 작은 재주가 있다지만, 일생 동안 한 짓이라곤 겨우 자기를 위해서 몰래 구한 것뿐입니다. 예전에도 지방의 크고 작은 과거에서 시관이 되었지만 사사로움을 좇아서 인정을 썼습니다. 그래서 사람들이 그를 천히 여긴 지 오래되었습니다. 이번 전시에서도 대독관이 되었지만, 자기가 하고자 하는 짓을 힘쓰기에 아무런 거리낌이 없었습니다.
>
> 거자(擧子)들의 시권(詩卷)을 거둬들일 때 일부러 가까운 자리에 앉아서 들어오는 시험지들을 하나하나 잠자코 살펴보았습니다. 또한 자비관이 머무는 근처에서 유숙하며 글자 표시를 캐어물었습니다. 아무개 아무개가 지은 것들 가운데 알지 못한 것이 없었습니다.

그는 시권 500장을 모두 읽겠다고 자청했습니다. 과거 급제의 차례를 정할 때에도 자기 마음대로 손을 대면서, 이건 잘 되었고 이건 못 되었다며 마음대로 점수를 주고 불러댔습니다. 그가 합격시키려고 했던 것들을 비록 낙제자 더미에 있었더라도 제멋대로 뽑아내어서 올려놓았습니다. 함께 채점하던 시관들이 빙 둘러앉아서 서로 돌아보았는데, 그를 미워하지 않는 사람들이 없었습니다. 그가 제멋대로 사사로운 정을 행한 자취가 뚜렷하니 이대로 덮어둘 수가 없습니다. 나라 안에서 소문이 자자하여, 오래 둘수록 더욱 분히 여깁니다. 사판(仕版: 벼슬아치의 명부)에서 없애버리기를 청합니다.

과거 시험의 답안지인 시권은 응시자의 이름을 덮고서 채점하기 때문에, 채점관이 어느 한 사람을 잘 봐줄 수가 없다. 그런데 허균이 시권 500장을 다 읽고서 조카의 답안지를 구별해서 합격시켰다고 하니, 이 말을 그대로 믿더라도 그의 기억력과 감식안에 놀라지 않을 수 없다. 이에 대해서 광해군은 엄하게 대답했다.

말세의 공도(公道)는 오직 과거에 있을 뿐이라, 국가에서 법을 정한 것도 가장 엄하고 가장 중하다. 허균이 사사로이 행한 것이 이처럼 현저하다면, 그가 합격시킨 거자들이 자기를 돌보아준 정리를 어찌 모르겠는가? 인심과 세상 도리가 이 정도에까지 이르렀으니 너무나도 한심스런 일이다. 사헌부에서는 엄중히 탄핵 처치하여, 이러한 병폐를 철저히 뿌리 뽑으라.

원래 임금 앞에서 과거를 볼 때에는 상석(上席) 시관인 독권관(讀卷官)이 응시자들의 답안지를 어전에서 읽는다. 독권관의 구성은 의정 1명과 종2품 이상의 문관 2명으로 정했는데, 이번 과거의 독권관은 좌의정 이항복과 이정구·박승종이었다. 이들을 보좌하는 정3품 이하의 대독관이 네 명 있었는데, 그 가운데 하나인 허균이 그 허물을 모두 뒤집어쓴 것이다. 심지어는 상관들 앞에서 허균 혼자 모두 결정한 것처럼 여론이 돌아갔다. 시관 가운데 한 사람이 채점 내막을 발설한 것이다. 이 점에 대해서 허균은 함께 채점한 이이첨에게 이렇게 편지를 보냈다.

한스러운 것은 배신자가 평소에 친하게 지내던 사람 중에서 나온 것인데, 역시 하늘이 시킨 것입니다. 내가 어찌 감히 하늘을 원망하고 남을 탓하겠습니까?

신해년(1611) 1월에.

사간원에서 허균을 잡아다가 죄를 따져 묻고, 함께 참여했던 시관들은 물론 대제학 이정구 이하 모두를 파면하라고 청했다. 광해군은 다른 시관들의 파면을 허락하지 않고, 허균만 잡아다 따지라고 명했다. 결국 허균은 이 해 들어 두번째로 의금부에 잡혀왔다.

의금부 문 앞에다 옷 보따리 내려놓고는
한 해에 두 번씩이나 왔기에 너무 잦다고 웃었네.
지옥과 천당도 모두가 내게는 극락정토니

내 몸에 얽어맨 오랏줄쯤이야 부끄러울 게 없네.
巡軍門外卸衣巾 一歲重來笑太頻
地獄天宮俱淨土 肯嫌徽纏在吾身

「待命金吾有感」

허균은 의금부 옥에서 42일 동안 갇혀 지냈다. 자신이 하고 싶었던 일을 하고서 무서운 게 없었으므로, 그는 오히려 마음이 담담해졌다. 지옥과 천당을 가리지 않고 자기의 몸이 어디에 있던지 극락정토로 여겼으니, 몸을 얽어맨 오랏줄쯤이야 조금도 부끄러울 게 없었다. 세상에서 돌아가는 여론도 겁날 게 없었다.

허균은 의금부 감옥에 갇혀 있는 동안 일생에서 가장 뼈아픈 경험을 했다. 여러 동료 고관들 앞에서 곤장을 맞아야 했고, 전라도 함열현으로 귀양 가게 되었다. 봉건적인 조선 사회에서 이 정도의 형벌이야 아무것도 아니었지만, 허균으로선 처음으로 겪는 비인간적이고도 치욕스러운 형벌이었다. 그가 윤명익에게 보낸 편지에 그러한 사연이 나타나 있다.

> 나의 불행은 사대부로서 수치스럽게 여길 일입니다. 그러나 무신년(1608) 4월에 형이 당했던 액운이 아비규환 지옥이라면, (내가 겪은 치욕은) 평온한 인간 세계와 같습니다. 그 차이가 어찌 천 유순(由旬)만 되겠습니까?
> 그런데 형께서 고맙게도 무명 세 필을 재빨리 곤장 치는 형리에게 주셨으니, 이 은혜를 어찌 잊을 수 있겠습니까? 다만 옥리

들이 못살게 구니, 임금의 뜻을 헤아리기 어렵습니다. 남은 인생은 고향에 돌아가서 살기만 해도 다행이겠습니다.

경술년 12월에.

윤명익은 예전에 곤장을 맞아봤기에, 곤장이 얼마나 아프고 치욕스러운 형벌인지 알고 있었다. 그래서 친구의 아픔을 덜기 위해서, 형리에게 뇌물을 써서 덜 아프게 때리도록 부탁했다. 그래도 난생 처음 곤장을 맞은 허균으로선 뼈아픈 형벌이었다. 그의 아픔은 다른 친구 정응운에게 보낸 편지에서도 절실하게 나타난다.

저의 옥사는 거의 끝났습니다. 원통함을 안고서 심문을 받았으니, 하늘이 어둑해지고 해가 캄캄해지는 듯했습니다. 그 때문에 울다가 지쳐서 피눈물을 흘렸습니다.

경술년 12월에.

허균은 공정한 재판을 받지도 못하고, 조선시대 관리들에게 가해지던 가장 가혹하고도 수치스런 체형을 받았다. 육체적으로도 심한 충격을 받았지만, 정신적으로도 심한 충격을 받았다. 많은 사람들이 그를 부정하게 여기고 비웃었지만, 정작 그 자신은 떳떳해했다. 자신의 동지를 관계에 진출시키기 위해 과거에 합격시키는 일은 혁명 준비의 첫걸음이었기 때문이다. 그는 김상준에게 보내는 편지에서 이렇게 밝혔다.

내가 아주 부득이한 일이 아니면, 왜 부모가 남겨주신 이 귀중한 몸으로 모진 고문과 치욕을 받겠습니까? 이번 일은 내 마음속으로 결단한 것이지, 남이 시켜서 한 일이 아닙니다.

경술년 12월에.

옥에 갇혀 지내는 동안 사람들과 만나지 못했고, 밤도 또한 길었지만 잠을 이루지 못했다. 그래서 등불을 켜두고 화롯불을 피웠다. 이불을 뒤집어쓰고 홀로 앉아서, 평소에 들었던 여러 사람들의 이야기를 생각했다. 그 가운데 남들에게 도움이 될 만한 것들을 기록해서, 194개의 이야기를 하나의 책으로 묶었다. 시간이나 보내려고 자잘한 것들을 기록한 것이므로, 뒷날「성옹지소록」(惺翁識小錄)이라고 이름 붙였다. 사마천이 궁형(宮刑)을 당한 뒤에 부끄러움을 참으면서 『사기』「열전」을 지었던 것처럼, 허균 역시 곤장을 맞고 치욕을 당하면서도 그 아픔을 참아가며 감옥 안에서 책을 썼다.

그러는 동안 바깥 세상의 형편이 더욱 악화되었다. 이젠 '사돈·문정(門庭)의 방(榜)'이란 말까지 생겨났다. 이창후가 이이첨의 사돈이었고, 이식이 허균에게서 글을 배웠기 때문이다. 결국 사헌부의 계청에 따라서 허보와 변헌의 과거 급제가 취소되었다. 허균과 자비관 허용은 형벌을 받고 정문진은 스스로 자백했다. 여러 사람들이 혐의에 올랐지만 시관 가운데는 허균 혼자만 형벌을 받았으므로, 꼿꼿하기로 이름난 그의 친구 권필이 이를 풍자하며 시를 지었다.

가령 과거 급제에 사사로운 정을 두었다 치면
아들·사위·아우들이 끼어든 판에 조카가 가장 가볍네.
홀로 허균으로 하여금 이 죄를 뒤집어쓰게 하니
세상에서 바른길이 참으로 행해지기 어렵구나.
假令科第用私情 子婿弟中姪最輕
獨使許筠當此罪 世間公道果難行

경술년이 저물어갈 무렵, 허균은 전라도 함열현으로 귀양 갔다.
『광해군일기』에서는 그의 귀양길을 이렇게 설명했다.

> 죄인 허균을 함열현으로 귀양 보냈다. 균은 재주를 겨룰 만한 짝이 없었지만, 망령되고 경박했으며 행동을 단속하지 않았다. 지난번 과거 시험장에서 사사로운 정을 썼다고 해서, 잡아다가 따지고 형벌을 주었다. 이에 이르러서야 균은 죄를 자백했으므로, 법에 따라서 죄를 내리고 전라도 함열 땅으로 정배(定配) 보냈다. 당시에 부형으로서 사사로운 정을 써 자제를 급제시킨 자가 단지 보(䆡)의 숙부만은 아니었고, 자제로서 부형을 인하여 과거에 급제한 자도 또한 균의 조카만은 아니었다. 그러나 균이 그때에 인망이 없었고 세상에서 중하게 여기지 않았으므로, 보만 홀로 급제를 취소당하고, 균만 홀로 죄를 받았다. 사람들이 이 처사에 승복하지 않는 것도 마땅하다.

서로 자기의 세력권을 넓히려고 추종자들을 급제시켰다. 그러나 일이 드러나자 그 가운데 아직 세력이 덜 구축된 허균 혼자서 모든 죄를 뒤집어썼다. 처음 사헌부에서 허균의 죄를 논할 때에, 좌의정 이항복이 계를 올렸다.

"사람들이 이르기를, '허균이 사사로운 정을 베푼 자 가운데 조카 보가 으뜸이다'고 합니다만, 신이 시관을 책임지고 있을 때 허보의 글을 뽑아 급제시켰습니다. 그 나머지는 비록 두루 다 기억할 수 없지만, 대략 거의 신이 가려 뽑은 것 같습니다. 대간에서는 허균만을 논죄하니, 청컨대 신에게도 죄를 주소서."

그러나 이 계는 받아들여지지 않았다. 특별한 야심이 없는 이항복을 제거할 이유가 없었기 때문이다. 이이첨이라든가 박승종 같은 권력가들을 건드릴 수 없었기에, 허균만 귀양길을 떠났다. 허성의 아들 보는 사실 급제할 능력이 있었지만, 그 뒤로 다시는 과거 시험을 보지 않았다. 마포에서 거문고와 책을 즐길 뿐이었다. 그리고 죽은 뒤에야 호조판서에 추증되었다.

유배지에서 탄생한 문집

허균이 귀양 떠나던 날에 여러 벗들이 나와서 전송해주었다. 술과 안주를 가지고 나와서 위로해준 친구도 있었고, 시를 지어주며 함께 슬픔을 나눈 친구도 있었다. 허균은 1611년 1월 15일 함열에 도착했다.

허균이 비록 귀양 왔다지만 당상관까지 올랐던 실력자인 데다

형이 아직도 판서로 있었기에 힘들지 않은 귀양살이를 했다. 현감 한회일이 연어알을 비롯한 토산품들을 자주 보내주었고, 이웃 고을인 용안의 현감까지도 음식물을 보내주었다. 한회일은 기생들을 데리고 찾아와서 위로해주기까지 했다.

할 일 없어 책상자를 들쳐보던 그는 백거이의 시집을 찾아냈다. 1609년에 유용을 맞으러 종사관으로 나갔을 때에, 서명으로부터 받았던 것이다. 당나라 시인 백거이는 여러 가지로 허균과 비슷했다. 홀어머니에게서 자랐고, 아내를 여의었으며, 중들과 어울려 좌선하기를 즐긴 시인이었다. 더군다나 그가 강주사마로 쫓겨난 것도 지금 귀양 온 허균과 같은 나이였고, 그 뒤에 노장(老莊) 쪽으로 기운 것까지도 같았다. 허균은 그가 강주로 쫓겨나 지은 시들 가운데 25편을 골라서, 그 운을 그대로 빌려 자기의 마음을 읊었다.

> 낯선 곳에서 봄도 저물려 하니
> 나이가 늙는 것을 어찌할거나.
> 숲 속 꽃 위로 빗줄기가 언뜻 스쳐가자
> 새들의 지저귐도 더욱 맑아졌네.
> 신세도 한가로워진 나그네가
> 하늘과 땅 사이에서 거칠 것 없이 노래 부르니,
> 삶을 잊으려고 무엇에 힘입었던가
> 책상 위에는 「능가경」이 있을 뿐일세.
> 異地春將晚 年光奈老何

林花經雨小 鳥語得淸多
　　身世悠悠客 乾坤浩浩歌
　　忘生憑底物 案上有楞伽

　　　　　　　「旅舍用大雲寺韻」

 허균은 이 집에 머물면서 백거이처럼 「능가경」(楞伽經)을 읽었다. 그는 불경 속에서 세상 살아가는 자세를 터득한 것이다. 또한 백거이의 시에 화운(和韻)한 시 25수를 한데 모아 「화백시」(和白詩)를 엮었다.

 허균은 유배 오기 직전에 『한정록』을 엮으면서 권16에다 세상에서 물러나 사는 사람들이 식량을 자급하기 위해 농사짓는 법을 소개했는데, 함열에서 이를 실험해보았다. 오동나무 그늘 아래에다 꿀벌 한 통을 놓고서 아침저녁으로 보살폈으며, 복숭아나무를 철에 맞게 옮겨 심기도 했다.

 그곳에는 친구가 없었다. 서울에서 멀리 떨어져 있기 때문이기도 했지만, 예전에 그와 가깝게 지내던 이들도 하나둘 그에게서 떨어져나갔기 때문이다. 사헌부에서 그를 탄핵할 때 표현한 것처럼 "사람들이 그를 천히 여긴 지 오래되었고" 선비들로부터도 버림받았다. 그러나 허균은 이런 것에 거리끼지 않았다. 요즘 사람들로부터 배척받았으므로, 그는 옛사람 가운데서 친구를 찾았다. 그가 세든 집에 이정이 그려준 도연명·이태백·소동파 세 친구의 초상화를 걸어놓고, 자기까지 포함해서 네 친구가 함께 사는 집이라는 뜻으로 사우재(四友齋)라는 편액을 걸었다.

아아! 나는 참으로 문장이 서툴러 이 세 군자가 여력으로 하는 문장에도 미치지 못한다. 성품이 또한 예절을 꺼리지 않고 망령되어, 그들의 사람됨을 감히 바라볼 수도 없다. 그러나 그들을 공경하고 사모하여 벗으로 삼으려고 하였으니, 참으로 신명도 감동할 만했다. 그래서 세상에 나아가고 물러나는 것이 저절로 그들과 같아졌다. 도령(陶令: 도연명)은 팽택에 80여 일 (현령으로) 있다가 벼슬을 그만두었는데, 나는 세 차례나 2천 석 녹봉을 받게 되었지만 기한을 다 채우지 못하고 번번이 쫓겨났다. 적선(謫仙: 이백)이 심양이나 야랑으로 쫓겨다닌 것이나 파공(坡公: 소동파)이 대옥(臺獄) 황강으로 쫓겨다닌 것은 모두 어진 이의 불행이다. 나는 죄를 지어 형틀에 묶이고 볼기 맞는 고문을 받은 뒤 남쪽으로 유배되어왔으니, 모두 조물주의 장난이다. 괴로움을 (그들과) 같이 겪었건만, (그들이) 하늘로부터 받은 천성은 어찌 나에게 옮겨질 수 없었던가. (줄임)

내가 사는 집은 한적하고 외져서 아무도 찾아오는 이가 없으며, 오동나무가 뜰에 그늘을 드리우고 대나무와 들매화가 집 뒤에 총총히 줄지어 심어져 있다. 나는 그 그윽하고 고요함을 즐기면서 북쪽 창에다 세 벗의 초상을 펼쳐놓고, 분향하면서 읍을 한다. 그래서 편액을 사우재(四友齋)라 하고, 인하여 그 연유를 위와 같이 기록해둔다. 신해년(1611) 2월 사일(社日)에 쓰다

「사우재기」(四友齋記)

그는 또한 송나라 시인 구양수(歐陽修)를 이상적인 인물로 생각

하면서 35수나 되는 시를 화운했다. 학문·정치·문학에 아울러 성공한 구양수의 생애를 부러워하면서, 또한 그와 자신의 생애가 너무나도 비슷했으므로, 자기의 처지와 심정을 그에게 견주어 시를 지으며 자신을 달랜 것이다.

구양수는 네 살 때 아버지가 죽었으므로 숙부 엽(曄)이 돌봐주었고, 어머니가 땅에다 갈대로 글씨를 써가며 가르쳤는데, 숙부가 "기동(奇童)이다. 뒷날에 반드시 이름날 것이다"라고 칭찬했다. 스물일곱에 부인 서씨가 죽고, 아들도 달을 넘기지 못한 채 죽었다. 바른말을 하다가 조카에 관계되는 일 때문에 마흔셋에 영주로 좌천되었다.

이러한 구양수의 일생이 자신과 너무나도 같았으므로, 허균은 자기의 신세를 구양수에게다 견주었다. 좌천에서 돌아온 뒤로 구양수의 벼슬이 순조롭게 승진한 것도 부러웠을 것이다. 구양수는 영주의 경치가 너무나도 좋아서 이곳에서 살리라고 마음먹었으나 겨우 두 달 만에 그곳을 떠나 예부낭중(禮部郎中)으로 올랐다. 그 뒤 구양수의 벼슬은 계속 올랐건만 영주를 잊을 수가 없었다. 그래서 이듬해엔 벗 매성유와 함께 영주에다 밭을 사기로 약속까지 했다. 귀거래의 꿈을 실현시키기 위해서 구체적으로 준비한 것이다.

영주를 떠난 이듬해부터 구양수의 사영시(思潁詩)는 시작된다. 글자 그대로 영주를 그리워하며 지은 시들이 구양수의 문집 여기저기에 실려 있다. 허균은 구양수 시의 운에다 고향을 그리워하는 자신의 마음을 담아서 시를 지었다. 이것이 바로 「화사영시」(和思

穎詩) 30수이다.

허균은 자신이 함열로 귀양 온 까닭을 자기의 죄에서 찾지 않고, 시기(時機)와 천명(天命)이 서로 어긋난 데에서 찾았다.

> 장자(莊子)의 「제물론」을 일찍이 배웠으니
> 시(時)와 명(命)이 어긋나는 걸 어찌 슬퍼하랴.
> 남도 지방의 늦은 봄날을 시름으로 다 보냈으니
> 고개 너머 고향 산은 꿈속에서나 돌아가 보네.
> 曾學莊生物論齊 肯嗟時命兩相違
> 江南節侯愁邊盡 嶺外家山夢裏歸
> 「暮春日用歲晚書事韻」

허균은 귀양 오기 몇 달 전에도 『한정록』을 엮으면서, 시(時)와 명(命)이 서로 어긋나기 때문에 은둔하는 자들이 있다고 말했었다. 과거의 시관들 가운데 여러 명이 사사로운 마음으로 친지들을 급제시켰지만 유독 허균만이 죄를 쓰고 귀양 간 것은 죄가 가장 컸기 때문이 아니라, 그의 세력이 가장 약한 데다 적이 가장 많았기 때문이었다. 아직은 그의 시기가 와주지 않은 것이다. 전형적인 사대부들은 유배지에서도 임금의 은혜에 감사하는 시를 지었다. 감군은(感君恩)이 그들의 주제였다. 그렇지만 허균은 그러한 시를 짓지 않았다.

함열현에서는 할 일이 별로 없었다. 바닷가를 돌아다니며 시를 짓기도 하고 서울의 친지들에게 편지를 띄우기도 했다. 사람들을 미혹하는 무당을 신랄하게 꾸짖는 글도 지었다. 그러다가 무료한 시간을 보내기 위해 책을 짓기 시작했다. 우리나라의 여러 가지 음식에 대해서 설명한 『도문대작』(屠門大嚼)을 먼저 짓고, 역대 시인들의 이야기를 기록한 『성수시화』를 그 다음으로 지었다.

 허균이 어렸을 때에는 아버지 초당이 살아 있어서 팔도에서 생산되는 특산물을 바치는 사람들이 많았다. 그래서 온갖 진귀하고 좋은 음식을 고루 맛볼 수 있었다. 임진왜란 때에는 전쟁을 피해서 강릉으로 피난 갔다가 이것저것 닥치는 대로 먹어보기도 했다.

 이번 함열로 귀양 오자 음식을 대주는 사람들이 썩은 고기나 비린내 나는 생선, 쇠비름이나 돌미나리 같은 것들을 먹으라고 가져다주었다. 그래서 옛날에 실컷 먹어보던 진미들을 생각하면서 이 책을 짓고는, "푸줏간을 지나면서 입맛을 크게 다신다"는 뜻으로 『도문대작』이란 이름을 붙였다.

 이 책은 실학적인 관점에서 저술되었고, 팔도의 온갖 음식과 특산물들이 모두 기록되었기 때문에, 우리나라의 음식을 연구하기 위한 좋은 자료로 이용되고 있다. 『성소부부고』 권26에 전문이 실려 있다.

 『성수시화』는 신라시대의 최치원부터 선조대의 유희경(劉希慶)과 백대붕에 이르기까지, 800년간에 걸친 우리나라의 시화이자 시사(詩史)이다. 4년 전에 지었던 시평을 잃어버렸으므로, 예전에 시에 대해서 이야기했던 것들을 다시 글로 쓴 것이다. 유배지에서 자료도 충분치 못한 가운데 지었으므로, 예전 한창 때에 지었던 『학산초담』보다야 덜 예리하고 분량도 절반밖에 안되지만, 허균은 90여 개의 짤막한 시화를 통해 우리나라 시의 흐름을 한눈에 보여주고 있다. 허균은 지금까지의 생활에서도 부귀영화를 찾지 않고 예교(禮敎)에 얽매이지 않았거니와, 이 시화에서도 유학자의 성정을 노래한 시보다는 삶 자체를 노래한 시들을 많이 내세웠다.

허균이 자신의 한평생을 돌아보면서 문집 『성소부부고』를 다 엮은 것은 1611년 4월 23일이다. 지난 병오년에 주지번이 문집을 엮었느냐고 묻자 아직 손을 대지 못했다고 했는데, 이번에야 시(詩)·부(賦)·문(文)·설(說) 4부로 나누어 책을 엮었다. 그동안 지은 글들은 다 싣노라고 했지만, 마침 초고를 가지고 있지 못하거나 제대로 외워지지 않는 글들은 싣지 못했다.

그는 유배 오면서 모처럼 한가한 시간을 얻었으므로, 친구들에게 지어주었던 시들을 다 찾아왔다. 본격적으로 문집 엮을 준비를 한 것이다. 보통 문집들은 문인이 세상을 떠난 뒤에 제자나 자제들이 편집해주는 것이 관례인데, 그는 자신이 직접 편집했다.

그의 문집에는 시 732수, 부(賦) 9편, 사(辭) 2편, 서(序) 22편, 기(記) 24편, 전(傳) 5편, 서(書) 22편, 논(論) 12편, 설(說) 3편, 변(辨) 2편, 해(解) 1편, 잡문 4편, 제발(題跋) 17편, 독(讀) 16편, 잠(箴) 3편, 명(銘) 4편, 송(頌) 2편, 찬(贊) 6편, 뇌(誄) 2편, 애사(哀辭) 1편, 제문 10편, 행장(行狀) 1편, 비문 3편, 신도비문 1편, 갈(碣) 2편, 묘표(墓表) 2편, 묘지(墓誌) 9편, 기행(紀行) 4편, 잡기 1편, 척독(尺牘) 176편이 실려 있어, 방대한 양뿐만 아니라 다양한 문체로도 독보적이다. 이밖에 권22·23·24에 「성옹지소록」이 실려 있고, 권25에 『성수시화』가 실려 있으며, 권26에 『도문대작』이 실려 있다. 이 책들은 문집에 싣지 않고 따로 엮을 수 있는 분량의 저술들이다. 그는 귀양 온 덕분에 자신의 문집을 후세에 남길 수 있게 되었다.

그가 문집에다 붙인 첫번째 이름은 『사부부부고』(四部覆瓿藁)이다. 양웅(揚雄)의 글에서 나온 '부부'(覆瓿)는 '장독이나 덮을 정도로 하찮은 글'이란 겸손의 뜻이지만, 실제로는 자기를 대문장가 양웅에게 견준 것이다. 그는 유배지에서도 그토록 자부심이 강했다.

당시에 허균이 엮었던 문집은 64권이라고 했다. 실렸던 글도 문(文) 400편, 시 1,400여 수, 설 300여 편이나 되었다니 아주 방대한 분량이었다. 그 뒤로 전해지는 과정에서 줄어들어 현재 전하는 『성소부부고』는 26권뿐이며, 시의 숫자도 그 절반 남짓밖에 안된다. 1618년에 다시 엮었던 『한정록』 17권을 염두에 두더라도, 이때 엮어진 그의 문집은 오늘날 남아 있는 것보다 훨씬 풍성했을 것이다. 문집을 다 엮고 나서 허균은 마지막으로 시를 읊었다.

> 마흔세 살 되도록 글이나 짓는다고
> 천금을 널리 털어 애쓰며 버티었네.
> 시와 문장 열 권을 옮겨 쓰기 마쳤으니
> 오늘부턴 이 몸이 다시는 시를 짓지 않으리라.
> 四十三年攻翰墨 千金敝帚柱勞心
> 詩文十卷方書了 從此惺翁不復吟
>
> 「文集完用閑吟韻」

시를 잘 지었지만 괴로움밖에 남은 것이 없었다. 자기로선 세상과 부대끼기 싫어서 다시는 시를 짓지 않으리라고 다짐했는데, 그 뒤에 지은 시들은 남아 있지 않다. 실제로 시를 많이 짓지도 않은데다, 역적으로 몰려서 처형당하자 그의 문집을 다시 엮어줄 사람이 없었던 것이다. 허균은 그 해 11월에 귀양이 풀려서 서울로 돌아갔다.

친구의 억울한 죽음에 붓을 꺾다

이듬해인 1612년 3월 그믐에 친구 권필이 억울하게 죽었다. 어디에도 얽매이지 않고 벼슬에도 나아가지 않았던 권필이었다. 허균은 「전오자시」에서 권필에 대해 이렇게 노래했다.

> 석주는 천하에 으뜸가는 선비라
> 그 재주는 임금을 도울 만했는데,
> 포부를 제대로 펴지도 못한 채
> 가난 속에 파묻혀 굶주리길 즐겼네.
> 시를 지으면 하늘을 꿰뚫었으니
> 뛰어난 그 솜씨를 그 누가 화답하랴.
> 왕유와 맹호연도 의당 뒤에 있어야 하고
> 안연지와 사령운도 윗자리 비워야겠네.
> 창과 칼에 번개·서리 늘어놓은 데서

구슬 같은 글 조각들이 흩어지네.
오늘에 이르러 마흔 살이 되도록
거친 흙탕길에 늘 헤매었지.
평생토록 가깝게 사귀었다고
내 잘못쯤은 풍류라고 눈감아줬지.
한유나 맹호연쯤이야 겨우 거공벌레지
두 시인이 크다고야 감히 말하랴.
깨우쳐주는 시구들을 때때로 만나면
간담이 서늘해짐을 먼저 깨닫네.
자연으로 돌아가자던 우리의 본래 기약을
결단 못하는 나야말로 정말 겁쟁이일세.

石洲天下士 其才寔王佐
抱負不肯施 甘爲窮谷餓
爲詩透天竅 絶唱誰能和
王孟合在後 顔謝亦虛左
戈鋋列電霜 珠玉霏咳唾
至今四十年 泥塗飽轗軻
平生膠漆義 略我風流過
愈郊僅駏蛩 豈敢曰兩大
時逢隻字警 心膽覺先破
素期在林泉 不決吾眞懦

「權汝章」

허균은 마흔이 되도록 가난 속에 파묻혀 살았던, 그러면서도 굶주림을 즐길 줄 알았던 친구 권필의 삶을 부러워했다. 권필은 자기의 성격을 스스로 이기지 못해 무슨 일을 보던지 바른말을 했다. 임진왜란이 일어나자, 영의정 이산해와 좌의정 유성룡이 나라를 잘못 다스렸으니 그들의 목을 베라고 상소했었다. 그때 그의 나이 겨우 24세였다.

그 뒤에는 광해군이 친형 임해군을 죽일 때에 앞장섰던 이이첨을 사람으로 여기지도 않았다. 이이첨은 자기의 권세와 임금의 총애를 과시하면서 권필과 사귀기를 몹시 바랐지만, 권필은 그와 가까이하기를 꺼렸다. 남의 집에서 놀다가도 이이첨이 온다는 말을 들으면 담을 뛰어넘어 달아났다. 이토록 그에게 면박을 주었으므로, 이이첨도 끝내는 권필을 미워하게 되었다.

권필이 간신배를 미워한 것은 광해군의 처남인 유희분(柳希奮)의 경우도 마찬가지였다. 권필이 친척집에 가서 술을 마시고 취해 누웠는데 유희분이 찾아왔다. 주인이 권필을 발로 차면서,

"문창대감이 왔다."

고 깨웠다. 권필은 눈을 부릅뜨고 한참이나 노려보다가 꾸짖었다.

"네가 유희분이냐? 네가 부귀를 누리면서 나랏일을 이 지경으로 만들었느냐? 나라가 망하면 네 집도 망할 것이니, 네 목이라고 도끼가 들어가지 못하겠느냐?"

유희분은 아무 말도 못하고 기가 질려서 가버렸다. 그 뒤로 유희분도 또한 권필을 미워하게 되었다.

1611년 봄에 과거를 실시했다. 권필의 친구 임숙영(任叔英)이

대책(對策)을 지어서, 정치의 옳고 그름을 논하며 권문세가의 부당한 행위와 왕실의 부정을 비난했다. 그의 글은 뛰어났으므로 훌륭한 성적으로 급제했다. 광해군이 뒤늦게야 알고서 화를 내며 비망기(備忘記)를 내렸다.

"급제한 임숙영은 전시(殿試)의 제목과는 달리 엉뚱하게 임금을 욕했다. 그의 과거 급제를 취소하라."

임금의 명이 옳지 않다고 승정원에서 아뢰었지만, 모욕당한 광해군은 허락하지 않았다. 급제 취소의 명을 도로 거둬달라고 사헌부·사간원·홍문관에서 함께 청했지만 광해군은 허락하지 않았다. 사대부를 탄핵하는 기관들이 오히려 임숙영을 옹호하고 나섰는데, 3월에 이어 4월에도 임숙영의 과거 급제를 다시 인정해달라고 청했다. 여러 부원군들도 차자를 올려서 임숙영의 과거 급제를 인정해달라고 청했다.

언관들의 청원이 가을까지도 계속되자, 광해군도 어쩔 수 없이 그대로 발표하라고 허락했다. 이러한 과정에서도 유희분이 정권을 마음대로 휘둘렀으므로, 권필은 분을 이기지 못하고 임숙영을 위해서 시를 지었다.

> 궁궐 뜰에는 버들 푸르고 꽃잎 어지러이 흩날리는데
> 온 성안의 벼슬아치들은 봄빛을 받아 아양떠는구나.
> 태평시대의 즐거움을 조정에서는 함께 축하했는데
> 그 누가 위태로운 말을 포의에서 나오게 했나?
> 宮柳青青花亂飛 滿城冠蓋媚春暉

朝家共賀昇平樂 誰遣危言出布衣

「聞任茂叔削科」

　궁궐 뜰의 버들은 물론 광해군의 처가인 유씨 형제들을 가리키는 말이고, 벼슬도 하지 못한 포의는 임숙영을 가리킨 말이다. 유희분은 이 시 때문에 권필을 더욱 미워하였다.

　봉산군수 신률이 도둑을 잡아서 매우 혹독하게 고문했는데, 도둑이 죽음을 늦추려고 문관 김직재(金直哉)가 모반했다고 꾸며댔다. 그래서 김직재를 잡아다 서울로 묶어 올렸다. 김직재는 또 황혁과 함께 선조의 손자인 진릉군(晉陵君)을 새 임금으로 추대하려 했다고 거짓말했다. 황혁은 진릉군의 외할아버지였는데, 황혁의 집을 수색하다가 문서 가운데서 권필의 이 시가 발견되었다. 황혁도 예전에 이이첨을 풍자한 시를 지어 미움을 받고 있었으므로, 이이첨은 이 일을 크게 벌렸다.

　국청(鞠廳)에서는 시구 가운데 임금을 원망하고 비방하는 뜻이 있다 하여, 권필을 잡아다가 국문하기를 청했다. 이 시가 역적의 문서 속에서 발견되었기 때문에 문제가 되었던 것이다. 권필은 그 죄가 무겁다고 해서 모진 고문을 받았으며 결국 고문으로 죽게 되었다. 좌의정 이항복이 광해군에게 나아가 울면서 그를 살려달라고 두세 번이나 아뢰자, 그제야 귀양으로 덜어주었다.

　그러나 그동안 너무 심하게 맞았으므로 귀양길을 떠날 수가 없었다. 그래서 홍인문 밖에 있는 민가에 잠시 머물렀다. 권필의 친구들이 찾아와서 문병하며 함께 슬퍼했다. 마침 권필이 누워 있는 방안의 벽에 옛 시가 씌어 있었다.

> 푸른 봄날이 저물어가려는데
> 복사꽃 어지러이 붉은 비처럼 떨어지네.
> 그대에게 권하노니 온종일 취해보소.
> 술이 많다 해도 유령의 무덤 위엔 이르지 못하리라.
> 正是靑春日將暮 桃花亂落如紅雨
> 權君終日酩酊醉 酒不到劉伶墳上

유령은 진나라 사람이었다. 천성이 술을 매우 좋아해서, 늘 술 한 병을 가지고 다녔다. 또한 머슴에게 삽을 들고 따라다니도록 하면서, "술 먹다가 죽으면 나를 그곳에 묻어라"고 했다. 이 시는 어떤 시골 훈장이 예전에 아무렇게나 썼던 것이었다. 그런데 셋째 구에서 '권'(勸) 자로 써야 "그대에게 권한다"는 뜻이 되는데, 권필의 성인 '권'(權) 자로 잘못 썼으니, "권군이 종일토록 취한다"는 뜻이 되었다. 그래서 보는 사람마다 서로 돌아보며 어쩔 줄을 몰랐다.

좀 있다가 권필이 목마르다고 하면서 술을 찾아서 큰 대접으로 하나 마셨다. 곧이어 눈감고 마니, 이 날이 바로 3월 그믐이었다. 그래서 사람들이 이 시를 시참(詩讖: 우연히 지은 시가 뒷일과 꼭 맞는 일)이라고 했다. 밖에선 복사꽃이 어지럽게 떨어지고 있어서 시 속의 예언과 꼭 같았다.

권필이 죽음에까지 이른 것은 옳지 못한 일을 참지 못하는 그의 선천적인 기질 때문이었다. 권필은 죽음을 얼마 앞두고, 조카 심기원을 불러들였다. 그리고는 자기가 평소에 지어두었던 글들을 모두 챙겨서 보자기에 싸주었다. 그 보자기 위에다 앞으론 시를 짓지 않으리란 뜻으로 「절필」(絕筆) 한 절구를 써주었다. 떠들썩하게 살아온 자기의 한평생을 돌이켜보는 시였다. 그 뒤 사흘 만에 잡혀가서 죽었다. 권필이 시 때문에 억울하게 죽었다는 소식을 듣고, 허균 또한 다시는 시를 짓지 않으리라고 맹세했다.

8월 9일엔 허균의 큰형 허성이 죽었다. 그의 무덤은 광주 언주리에 모셔졌고, 선조의 여덟째 아들이자 그의 사위인 의창군(義昌君) 광(珖)이 비문을 썼다. 그로서는 감사·판서의 요직을 다 거치고 65세의 수를 누린 죽음이었지만, 이제까지의 후원자를 잃은 허균으로선 큰 충격이었다. 지금까지는 허균에게 어려운 일이 생길 때마다 선조의 신임을 받았던 큰형이 도와주었건만, 이제는 문장과 재주로 이름난 초당 집안의 여러 형제·자매들 가운데 그만 홀로 남아 이 거친 세파와 부딪치며 살아가야만 했다.

1612년 12월 15일에 허균은 진주사(陳奏使)로 임명되었다. 왜나라의 정세를 중국에 가서 아뢰는 중요한 임무였다. 그러나 그 다음날로 사간원에서는 허균의 임명이 부당하다고 계를 올렸.

"이번 진주사가 가는 일에는 매우 중요한 문제가 달려 있습니다. 그래서 아무 사람이나 감당할 수는 없습니다. 사신 허균은 가볍고도 잔꾀가 많으며 또한 망령되어서, 여론에서 버림받은 지 벌써 오래되었습니다. 일의 기틀을 그르칠까 염려되오니, 결단코 사신의 임무를 맡길 수는 없습니다. 청컨대 다른 사람이 가도록 명하소서."

 심지어는 허균을 사신으로 천거한 이조의 당상관과 낭청에게도 죄를 따져 물으라고 아뢰었다. 허균이 그 날 아침에 계를 올려 주어진 비용보다 2, 3천 냥은 더 있어야겠다고 아뢴 것이 빌미가 되긴 했지만, 조정에서 밀어줄 만한 사람이 아무도 없었기에 허균은 다시 시골로 내려가야 했다.

제5부

혁명을 꿈꾸다

『홍길동전』에 담긴 허균의 개혁사상

허균이 『홍길동전』을 언제 지었는지에 대한 확실한 기록은 없다. 심지어는 허균의 작품이 아니라는 학설까지도 나와 있지만, 허균의 제자인 이식의 「택당잡저」(澤堂雜著)를 보면,

> 허균·박엽 등이 그 책(『수호전』)을 좋아했으며, 그 도적 두목들의 별명을 각각 따서 별호를 삼고는 서로 놀렸다. 균은 또한 『수호전』을 모방하여 『홍길동전』을 지었다. 그의 무리 서양갑과 심우영 등도 그 도적의 행동을 직접 행하다가 한 마을이 결단났다. 균도 또한 역적으로 죽었다.

라고 씌어 있으며 이를 무시할 근거는 아직 없다. 『홍길동전』이 한문으로 기록된 교산 소설에서 빠진 것은 그 소설들과는 다른 시기에 다른 목적으로 지어졌기 때문이다. 아마도 당대에 한문으로

지었던 것이 후대에 한글로 번역되어 전해졌을 수도 있다. 내용도 대중적으로 어느 정도 바뀌었을 것이다. 그의 문집이 완성된 뒤에 지어졌을 것이며, 아직 광해군에게서 신임을 얻기 이전에, 현 사회에 대한 불만을 가득 품고 있을 무렵으로 범위를 좁히면 임자년(1612)과 계축년(1613) 사이가 된다. 이때는 허균이 이미 문집을 엮은 뒤였으므로, 『홍길동전』이 문집에 실릴 수 없었다.

그러나 계축년은 서얼들의 역모가 크게 사건화된 해이므로, 그가 위험한 분위기 속에서 그런 소설을 썼을 리는 없다고 본다. 어떤 면에선 서양갑이나 심우영 등 불만을 품은 동지들에게 용기를 북돋우기 위해서도 그보다 앞서, 즉 임자년 즈음에 지었다고 생각된다. 그렇지만 허균이 이들의 불평을 형상화하고 용기를 북돋아 주기 위해서 교과서로 『홍길동전』을 지었는지, 아니면 이들의 사건이 일어난 다음에 그 이야기를 소재로 해서 『홍길동전』을 지었는지는 확실히 알 수 없다.

그런데 허균보다 백여 년 전에 홍길동(洪吉同)이란 이름의 도적이 있었다. 강도 홍길동은 옥관자를 붙이고 홍대(紅帶)를 띠었으며, 당상관의 관복으로 첨지(僉知) 행세를 했다고 『연산군실록』 6년 12월 29일조에 실려 있다. 대낮에 떼를 짓고 무장까지 한 채 관청을 드나들었는데, 무슨 짓이고 마음대로 하며 거리낌이 없었다고 한다.

홍길동이 당상관의 복장을 했으므로 고을 수령들조차 존대했는데, 그 일당의 세력은 무섭게 컸다. 심지어는 엄귀손이란 현령까지 손에 넣고서 음식물이나 집까지도 주고받는 사이가 되었다. 이처럼 뛰어난 도적 홍길동은 오래도록 사람들의 기억에 남았다. 홍길동이 잡혀 죽은 지 꼭 88년 뒤인 선조 21년의 실록에서도 홍길동이란 이름이 거리의 욕지거리로 쓰일 정도로 홍길동은 충격적인 도적이었다. 허균 당대에도 홍길동이란 도적 이름이 살아 있었던 것이다.

또한 명종 무렵에 살았던 임꺽정은 양주 출생의 백정이었다. 그가 명화적으로 한창 활동할 때에는 해서(海西) 일도의 인적이 끊길 정도였다고 한다. 조정에서 보낸 선전관(宣傳官)을 속여넘길 적에는 신을 거꾸로 신고 그 발자취를 속이기도 하였다. 장연·옹진·풍천 등의 수령들이 병졸을 거느리고 잡으러 왔다가 실패했다. 이렇듯 임꺽정이 도처에 신출귀몰하여 관군을 조롱한 것은 뒷날 홍길동의 행적과 비슷하다.

임꺽정이 나중에 민가에서 남치근에게 포위당했을 때, 치근이 그 집의 노파에게 나오지 않으면 죽이겠다고 했다. 이때 임꺽정이 노파 뒤에서 군사 모양을 하고 쫓아나오면서 관군을 속여넘긴 것도, 홍길동이 해인사에서 관군에게 다른 길을 가리키며 위기를 모면해서 달아난 것과 비슷하다. 이렇듯 의적 임꺽정의 행적은 『홍길동전』에 와서 다시 살아났다.

허균이 28세 때인 1596년에 이몽학의 난이 있었다. 이몽학은 서울 종실(宗室)의 서얼이었는데, 부모와 뜻이 맞지 않아서 집을 뛰쳐나왔다. 충청도와 전라도 일대를 떠돌아다니다가 임진왜란 중에 군적에 들어 동갑계(同甲契)라는 비밀결사를 조직했다. 임진왜란을 겪으면서 몇 년 동안 흉년이 겹친 데다 도처에 산성을 쌓느라고 백성들의 불만이 커지자, 이몽학이 불평불만에 가득 찬 민중들을 선동해 반란을 일으켰다. 홍산에서 군사를 일으켜 수천 명이 홍성까지 진격했지만, 홍가신이 이끄는 관군에게 패하고 말았다.

서얼인 이몽학이 모반하는 상황은 길동이 가출해서 명화적이 되는 경우와 같다. 다만 허균은 양반 관원이었으므로, 성상(聖上)으로 표상되는 권력 기구의 중추는 건드리지 않고 소설에선 어디까지나 홍씨 집안과 탐관오리의 문제로 한정시켜서 형상화시켰을 뿐이다. 뒷날 허균이 반역을 꾀했다고 하여 저잣거리에서 처형당함으로써, 그 자신이 홍길동이었음을 직접 증명한 셈이다.

허균은 연산군 무렵의 홍길동에게서 이름을 따오고, 그 뒤 백정 임꺽정에게서 신분제도를 부정하는 명화적의 모습을 얻어왔으며, 이몽학에게서 서얼의 욕구 불만을 얻어와 한 편의 소설 『홍길동전』을 지었다. 물론 자기를 따르는 무리들을 규합하고자 하는 현실적인 동기 때문에 이 소설을 지었다고 할 수 있다.

허균은 임진왜란으로 말미암아 역사적 전환기를 맞게 되는 시기에 살았다. 중국 또한 새로운 왕조로 교체되는 시기였으며, 동양 사회 전체로 보아도 격변이 가시고 또 다른 충격이 준비되는 시기였다. 따라서 임진왜란 중에 왕이 백성에게 무력한 모습을 보인 일이며, 의병의 일부까지도 도적떼로 바뀌어 날뛰게 된 일 등이 『홍길동전』의 바탕이 되었다고 생각할 수 있다.

세종 시절 홍승상 댁에 길동이라는 서자가 태어났는데, 총명이 과인하여 하나를 들으면 백을 통했다. 그러나 길동의 아버지는 길동의 영웅적인 재질을 보고, "이 아이가 비록 영웅이지만 천한 소생이라 무엇에 쓰랴" 하고 탄식했다. 조선왕조의 전형적인 양반 사대부였던 그는 자기 아들같이 뛰어난 인물이 서얼 차별에 희생된 점에 대해서 문제점을 인식하긴 했지만, 그 해결책을 위해서 아무런 노력도 하지 않았다. 서자의 문제를 아버지와 아들의 관계로만 인식했을 뿐이지, 한 나라를 다스리는 재상의 위치에 있으면서도 그것을 사회적인 문제로 인식하지는 못했다. 이것은 그 한 사람의 생각이 아니라 당시 조선 사회 전체의 모습이었다. 양반과 노비 사이에서 태어난 길동은 조선조 신분 사회의 모순을 한 몸에 타고난 인물로 형상화되었다.

길동은 아버지를 아버지라 부르지 못하고 형을 형이라 부르지 못하는 현실 때문에 자신이 천한 소생인 것을 더욱 탄식했다. 그래서 도적이라도 되어 사내 대장부의 뜻을 펴리라 마음먹고는, 집을 뛰쳐나가 도적떼의 두목이 되었다. 집을 나가는 과정에서 아버지가 그에게 아버지라고 부르길 허락하지만, 그렇다고 해서 조선 사회에서 서얼의 문제가 해결된 것은 아니었다. 아버지 홍판서가 불쌍한 아들의 소원을 개인적으로 잠시 들어준 것뿐이며, 그가 고위 관리로서 이러한 문제를 조정에 건의한 것은 아니었다.

이러한 작품 전개에는 서얼들과 가깝게 지냈던 허균의 개인적 체험과 시대의 선각자였던 그의 문제 의식이 복합적으로 깔려 있다. 허균은 『홍길동전』을 지어서 현실을 반영하고 비판하려 했다. 나아가서는 자신을 따르는 서양갑이나 심우영 같은 서얼들에게 교과서로 읽히도록 하려고 했을 것이다.

그러나 『홍길동전』의 문제는 서얼제도의 모순에 대해 지배층을 향한 반항과 극복만으로 끝나지 않는다. 이 소설을 네 단계로 나눠보면 그 구조가 더 잘 드러난다.

1. 집안에서의 천대
2. 의적 행위
3. 어전 친국(親鞫) 및 병조판서 제수
4. 해외 진출 및 이상국 건설

1단계에선 작가 허균이 최초로 표면화한 사회적 문제가 제시된다. 아버지를 아버지라 부르지 못하는 길동의 가출은 불가피한 망명이기도 하지만, 한편 해방 욕구에 대한 행동적 표현이기도 하다. 여기에서 제시된 문제는 신분제도, 즉 계급 타파의 문제이다.

2단계의 해인사 약탈과 함경도 감영 습격, 기타 수많은 길동의 행동은 의적 행위라는 하나의 성격으로 묶을 수 있다. 의적 행위의 내면적 의미는 계층 간의 빈부의 차이에 대한 불만이다. 악하면서도 강한 관료들의 부의 축적과, 선하면서도 약한 백성들의 극심한 곤궁 사이의 타당성 없는 불평등에 대한 반발이다. 의적 행위를 하면서 서자의 문제는 전혀 나오지 않는다.

3단계에서 길동은 자신이 의적이 된 동기를 서얼 차별의 문제로 밝힌다. 그리곤 왕에게서 병조판서를 제수받아, 사람 대접 못 받던 서자가 양반이 되어 꿈을 풀었다. 2단계를 뛰어넘어 1단계의 서얼 문제를 다시 다루고 있다. 그러나 길동이 병조판서가 되었다고 해서 그의 의적 행위가 결실을 본 것은 아니다. 극심한 빈부의 차, 불평등의 문제도 그대로 있을 뿐만 아니라 조선조의 서얼 문제가 해결된 것도 아니다. 한낱 서자인 길동이 영웅적 행위를 통해서 병조판서가 된 '영웅의 일생'이 소설화된 것일 뿐이다.

4단계에 와서 길동은 바다 건너에 이상국을 세웠다. 그러나 불만을 품고 탈출한 모국 조선과 새로 건설한 이상국은 본질적으로 같은 제도의 나라이다. 왕이 절대권을 가진 봉건국가였으며 유교를 치국의 지도 이념으로 삼았고, 생산구조는 농본체제이며 일부다처제의 나라였다. 더구나 서얼 문제를 해결했다는 얘기는 전혀 없다. 따라서 4단계의 이상국 건설은 2단계의 의적 행위와 통한다. "산무도적(山無盜賊) 하고 도불습유(道不拾遺) 하니 가위(可謂) 태평세계러라" 하는 표현 그대로, 조선시대 일반인들이 바랐던 이상국가일 뿐이다.

길동의 모든 행동에 대한 최초의 동기는 1단계에서 나타난다. 서얼로서 자신에 대한 부당한 차별 대우와 억제에 대해서 길동은 불만을 느꼈다. 호부호형(呼父呼兄)의 허락을 받고서 욕구의 얼마쯤은 해소되었지만, 결국 풀리지 않는 많은 불만을 그대로 지닌 채 집을 나왔다.

서얼이라는 신분적 제약으로부터 완전히 탈피할 수 없는 데서 오는 길동의 욕구 불만은 통쾌 무비한 의적 행위로 어느 정도 풀 수 있었다. 그러나 왕·관료로 대표되는 사회의 승인을 받을 수 없었기 때문에 길동은 처벌의 대상이 되어 관군의 추격을 받게 되고, 왕 앞에서 친국을 당하게 되었다. 개인적인 능력으로 모든 난관을 극복하고 병조판서를 제수받았지만, 실제적으로 조선 사회의 서얼 차별이 철폐된 것은 아니었다. 그러한 한계를 길동 자신이 알았기에 해외 망명 및 이상국 건설로 재적응을 시도하였다.

1단계와 3단계, 즉 가정과 어전에서 두 차례나 서얼 차별 제도라는 방해물에 도전해보았지만 요지부동이었기 때문에, 길동으로서는 그 방해물을 옆길로 비켜 대리적 적응을 시도한 것이다. 이런 사실은 민중의 어떤 불평이나 요구에도 꼼짝하지 않는 지배층의 완고성을 정확하게 반영한다. 길동의 대리적 적응은 방해물과의 타협이나 정면 대결이 아니라, 다른 방법으로 욕구의 충족을 지향하는 행위이다. 서얼 차별을 철폐하라는 주장을 포기할 수도 없고, 당대 사회 현실에서 실제로 철폐시킬 수도 없었기에, 자기 나름대로 율도국이라는 또 하나의 공간을 만들었다. 그의 주장은 언제나 옳았음에도 불구하고 그의 행동은 항상 불법성과 반항성을 지닌다.

서양갑과 심우영의 거사도 서얼과 조선왕조 사이에 타협이나 정면 대결이 이루어질 수 없는 상황에서 일어났으며, 폐비론과 혁명으로 점철되는 허균의 말기 행동도 이러한 상황에서 비롯된다. 따라서 허균이 『홍길동전』에서 직접 보여주고자 한 것은 서얼 차별이라든가 이상국의 건설 등 어떤 일정한 사건의 해결이나 그 해결 과정이 아니라 인물과 상황과의 관계, 즉 지배층과 피지배층 사이의 영원한 평행 대립 그 자체이다. 허균은 자신이 계획하는 혁명도 끝내는 실패하리라 예견했을 것이다.

호민론과 유재론

허균은 자기 주장을 펼치기 위해 12편의 논(論)과 3편의 설(說)을 썼는데, "천하에 두려워할 만한 자는 오직 백성뿐이다"라는 구절로 「호민론」(豪民論)을 시작하여 이 글이 민중에 바탕을 두었음을 밝혔다.

> 천하에 두려워할 만한 자는 오직 백성뿐이다. 백성은 물이나 불, 범이나 표범보다도 더 두렵다. 그런데도 윗자리에 있는 자들은 백성들을 제멋대로 업신여기며 모질게 부려먹는다. 도대체 어째서 그러한가?

그는 백성의 힘을 크게 인정했는데, 모든 백성을 한 가지로 보지는 않았다. 평소에는 위에서 시키는 대로 따르는 항민(恒民), 불만을 느끼기는 하지만 힘이 없어서 원망이나 하는 원민(怨民), 다른 마음을 품고서 세상 돌아가는 것을 엿보다가 때를 만나면 자기의 소원을 풀어보려는 호민(豪民), 이 세 가지 종류의 백성들이 있는데 이 가운데 가장 두려운 자가 바로 호민이다. 잠자는 민중을 이끌고 나가는 지도자가 바로 호민인데, 그들이 앞장서면 항민과 원민도 따라나서기 때문이다.

> 이들 호민이야말로 크게 두려운 존재이다. 호민은 나라의 틈을 엿보다가 일이 이뤄질 만한 때를 노려서, 팔뚝을 걷어붙이고

밭이랑 위에서 한 차례 크게 소리를 외친다. 그러면 저 원민들이 소리만 듣고도 모여드는데, 함께 의논하지 않았어도 그들과 같은 소리를 외친다. 항민들도 또한 살길을 찾아, 어쩔 수 없이 호미자루와 창자루를 들고 따라와서 무도한 놈들을 죽인다. (줄임)

  하늘이 사목(司牧)을 세운 까닭은 백성을 기르려고 했기 때문이지, 한 사람이 위에 앉아서 방자하게 눈을 부릅뜨고 골짜기 같은 욕심이나 채우라고 한 것은 아니었다. 그런즉 그러한 짓을 저지른 진나라나 한나라 이래의 나라들이 화를 입은 것은 마땅한 일이었지 불행한 일은 아니었다.

사목(司牧)은 맡아서 기르는 사람이니, 고을의 사또를 목민관(牧民官)이라고 했다. 하늘이 세운 한 사람의 사목은 바로 임금이다. 허균은 임금을 위해 백성이 있는 것이 아니라, 백성을 위해 임금이 있다고 말했다. 그러한 사명을 잊게 되면 나라가 망하는 것도 당연하다고 경고했다. 절대자에게 절대적인 충성만 강요하던 당시 사회에서 백성의 존재와 힘을 지배층에게 부각시킨 것이다.

허균은 "임금이 백성을 기르지 않고 위에 앉아서 자기 욕심이나 채운 나라가 망한 것은 당연하다"고 했는데, 이러한 일반론에서 더 나아가 중국이 아닌 우리나라의 역사적 사실을 들어가면서 자신의 비판과 주장을 구체화시켰다. 조선조에 들어와서는 고려조보다 백성의 시름과 원망이 더 심해져, 견훤이나 궁예 같은 인물이 나와서 선동하는 날에는 이 백성들의 불평불만이 폭발해 걷잡을 수 없는 사태가 초래될 것이라고, 역사 현실을 날카롭게 파헤쳤다.

우리 조선은 (고려왕조가 백성들을 잘 다스려서 유지되었던 것처럼) 그렇지를 못하다. 얼마 안되는 백성들을 거느리고도 신을 섬기는 일이나 윗사람을 받드는 예절은 중국과 같다. 백성들이 세금을 다섯 몫쯤 내면 관청에 돌아가는 것은 겨우 한 몫이고, 그 나머지는 간사한 자들에게 어지럽게 흩어진다. 또한 나라에는 쌓아놓은 것이 없어서, 무슨 일이라도 일어나면 한 해에 두 번이라도 세금을 거둬들인다. 고을의 사또들은 이를 빙자하여 키로 물건을 가려내면서 가혹하게 거둬들이기에 또한 끝이 없다. 그러므로 백성들의 시름과 원망이 고려 때보다도 더 심하다. 그런데도 윗사람들은 태평스레 두려워할 줄도 모르고, "우리나라는 호민이 없다"고 말한다.

불행히도 견훤이나 궁예 같은 자가 나와서 몽둥이를 휘두르면, 근심과 원망에 가득 찬 민중들이 따라가지 않는다고 어찌 보장하겠는가? (줄임) 백성을 다스리는 자가 이런 두려운 형상을 환히 알아서 느슨한 활시위를 바로잡고 어지러운 수레바퀴 자국을 고친다면, 그래도 나라 꼴을 유지할 수는 있을 것이다.

백성들의 힘은 나라가 어지러울 때에 호민을 중심으로 응집된다. 그런데 허균은 당대 사회가 바로 그 어지러운 사회라고 경고했다. 전쟁을 겪은 뒤라서 백성들의 살림이나 나라의 살림이나 다 어려운 판에 백성들의 세금이 나라로 다 들어가지 않으니, 나라도 힘들고 백성도 힘들어졌기 때문이다. 그는 백성을 착취하고 억압하는 사회 현실에서 견훤이나 궁예 같은 호민이 나서면 나라가 망

혁명을 꿈꾸다

할 것이라고 경고했다. 물론 이 글은 나라가 망하기를 바라고 쓴 글이 아니라, 백성을 다스리는 자가 이 글을 읽고서 백성의 힘을 두려워하고 바로 다스리기를 희망하면서 쓴 글이다. 허균이 귀양 가기 직전에 이 글을 포함한 12론(論)을 변생(卞生)이라는 제자를 통해서 스승 이달에게 보내며 품평을 바란 것을 보면, 여러 사람들에게 돌려가며 읽혔던 듯하다.

그러나 사회로부터 아무런 반응이 없자, 허균은 이처럼 부조리한 현실을 극복할 인물로 민중의 영웅 홍길동을 내세워 당대 불평객들의 마음을 한곳으로 모았다. 견훤이나 궁예가 신라를 무너뜨린 호민이었던 것처럼, 조선왕조를 무너뜨릴 호민으로 홍길동을 내세운 것이다. 호민 홍길동이 앞장서자, 항민과 원민들도 활빈당의 무리가 되어 따라나섰다. 나중에 허균 자신이 호민으로 나서자, 평소 신분 사회에서 억압받던 아전과 서얼·승려·무사·종들이 그를 따라나섰다. 평소에 사회를 원망이나 하며 불평 속에 살던 원민들이 호민을 따라나섰던 것이다.

허균은 또 「유재론」(遺才論)에서 "하늘이 재능 있는 사람을 내었는데, 사람이 이를 가문과 과거로 한정시키는 것은 옳지 않다"고 주장했다.

> 나라를 다스리는 사람은 하늘이 준 직분을 임금과 더불어 행하는 것이니, 재능이 없으면 안된다. 하늘이 인재를 내는 것은 본디 한 시대의 쓰임을 위해서이다.
>
> 하늘이 사람을 낼 때에 귀한 집 자식이라고 해서 재주를 넉넉

하게 주고, 천한 집 자식이라고 해서 인색하게 주지는 않았다. 그래서 옛날의 어진 임금은 이런 것을 알고 인재를 더러는 초야에서 구했으며, 낮은 병졸 가운데서도 뽑았다. 더러는 싸움에 패하여 항복해 온 오랑캐 장수 가운데서도 발탁했으며, 도둑 가운데서 끌어올리거나 창고지기를 등용하기도 했다. 쓴 것이 다 알맞았고, 쓰임을 받은 자도 또한 자기의 재주를 각기 펼쳤다. 나라가 복을 받고 치적이 날로 융성케 된 것은 이러한 방법을 썼기 때문이다.

그는 모든 사람이 같은 권리를 타고났다고 생각했다. 임금이 나라를 잘 다스리기 위해서는 신분이 높은 사람을 발탁하는 것이 아니라 재능이 뛰어난 사람을 발탁해야 한다. 하늘이 인재를 쓰라고 세상에 내었는데, 신분이 낮다고 해서 쓰지 않는 것은 임금의 직무 유기이다. 땅이 넓고 사람이 많은 중국에서도 신분을 가리지 않고 인재를 발탁했기에 나라가 잘 되었는데, 땅도 좁고 사람도 적은 조선에서 그나마 신분에 따라 인재를 가리면 나라가 더욱 안 되게 마련이다.

우리나라는 땅덩이가 좁고 인재가 드물게 나서 예로부터 그것을 걱정했다. 우리 왕조에 들어와서는 인재 등용의 길이 더욱 좁아졌다. 대대로 명망 있는 집 자식이 아니면 높은 벼슬자리에 통할 수 없었고, 바위 구멍이나 초가집에 사는 선비는 비록 뛰어난 재주가 있다 하더라도 억울하게 등용되지 못했다. 과거에 급제하지 못하면 높은 자리에 오르지 못하니, 비록 덕이 훌륭한 자라도 끝내 재상 자리에 오르지 못했다.

하늘이 재주를 고르게 주었는데 이것을 문벌과 과거로써 제한하니, 인재가 모자라 늘 걱정하는 것도 당연하다. 예로부터 지금까지 이 넓은 세상에서 첩이 낳은 아들이라고 해서 어진 사람을 버리고, 어미가 다시 시집갔다고 해서 그 아들의 재주를 쓰지 않는다는 말은 듣지 못했다. 우리나라만이 그렇지를 못해서, 어미가 천하거나 다시 시집갔으면 그 자손은 모두 벼슬길에 끼이지 못했다.

변변치 않은 나라인 데다 양쪽 오랑캐의 사이에 끼여 있으니, 인재들이 우리나라를 위해 쓰이지 못할까 걱정해도 오히려 나랏일이 제대로 될지 점칠 수 없다. 그런데 도리어 그 길을 막고는, "인재가 없다. 인재가 없어!"라고 탄식만 한다. 이것은 남쪽으로 가면서 수레를 북쪽으로 돌리는 것과 무엇이 다르겠는가. 이웃 나라가 알게 해서는 안될 것이다.

한낱 아낙네가 원한을 품어도 하늘이 슬퍼해주는데 하물며 원망을 품은 사내와 홀어미가 나라의 반을 차지했으니, 화평한 기운을 이루기란 참으로 어려운 일이다. (줄임)

하늘이 낳아준 것을 사람이 버리니, 이는 하늘을 거스르는 것이다. 하늘을 거스르면서도 하늘에 기도하여 명을 길게 누린 자는 아직까지 없었다. 나라를 다스리는 자가 하늘의 순리를 받들어 행한다면, 크나큰 명을 또한 맞을 수 있을 것이다.

정도전이 이방원에게 도전하다가 역적으로 몰려 죽은 뒤에, 서얼이나 다시 시집간 여인이 낳은 자식들은 벼슬길이 막혔다. 서얼 자녀는 자신들의 의사와는 관계없이 서얼로 태어났다는 이유 때문에 평생 차별을 받으며 살아야 했으니, 조선 사회의 부조리 가운데 대표적인 경우이다. 재가 여인의 경우에도 당시 남편이 죽으면 생활 능력이 없어지는 상황에서 다른 남편을 얻지 못하게 하고 평생 수절을 강요했으니, 비인간적인 제도 가운데 하나였다.

허균은 서얼이나 재가 여인의 자녀들이 적자들과 동등한 대우를 받아야 한다고 생각했다. 서얼 자녀와 다시 시집간 여인들이 나라를 원망하는데, 그 나라가 잘 될 수는 없는 법이다. "하늘을 거스르면서도 명을 길게 누린 나라가 없었다"는 말은 서얼과 재가 여인의 자식들을 차별하는 조선왕조가 오래 갈 수 없다는 경고이다. 그는 문장으로만 서얼 차별을 철폐하자고 주장한 것이 아니라 실제로 서얼들을 평생 스승과 친구로 사귀었으며, 가깝게 지내던 서얼 일곱 명이 힘을 합해 행동할 수 있도록 도와주었다. 서얼이 자신들을 차별하지 말라고 주장한 것이 아니라, 적자로 태어난 허균이 자신에게 주어진 적자의 기득권을 포기하면서 서얼 차별을 철폐하자고 주장했기에 더 의미가 있다.

그러나 「호민론」이나 「유재론」 같은 글을 지어 백성을 두려워하고 사람을 차별하지 말자는 주장을 아무리 펼쳐도, 논(論)이라는 문체의 성격상 몇몇 문장가나 읽어볼 뿐 사회적으로는 별 효과가 없었다. 그래서 허균은 훨씬 많은 독자들에게 감동을 줄 수 있는 소설을 쓰게 되었다. 그는 중국에 다녀올 때마다 수많은 중국

소설을 사들여온 독자이기도 했으므로, 소설의 영향력을 그만큼 믿었던 것이다. 홍길동이라는 호민을 내세워 이러한 주장을 형상화한 소설이 바로 『홍길동전』이다.

서얼 동지들의 옥사

허균을 따르던 심우영과 서양갑을 비롯해서 박응서·이경준·박치인·박치의·허홍인 등이 삶과 죽음을 함께할 벗으로 결의하였다. 고관의 아들이며 뛰어난 재주까지 지녔건만, 첩의 아들이라는 이유 하나 때문에 사람 대접을 받을 수 없었던 이들은 세상과 떨어져 자기들끼리 모여 살았다. 소양강 가에 같이 살면서 집의 이름을 무륜당(無倫堂)이라 하고는, 시를 짓고 술을 마시며 함께 어울렸다. 강변칠우(江邊七友)라고도 불렸고, 죽림칠현(竹林七賢)이라고도 했다.

처음에는 허균·이재영·이사호 등과 서로 왕래하면서 문예를 즐기고 병법을 익히다가, 자기들 계획에 필요한 비용을 마련하기 위해서 도적질을 했다. 1613년 봄에 박응서가 조령에서 은 장수를 죽이고 재물을 빼앗았는데, 장사꾼 집안에서 포도청에 고발하여 응서 일당이 잡혀 문초를 받았다.

이때 이이첨은 인목대비 곁에 있는 선조의 적자인 영창대군을 몹시 미워하여 온갖 계책으로 그를 죽이려고 했다. 박응서의 죄가 사형에 해당되는 것을 알고, 이이첨은 포도대장 한희길을 찾아가

서 음모를 꾸몄다. 웅서에게는 자신의 친척인 이의숭을 몰래 보내어서,

"너의 죄는 사형에 해당된다. 그렇게 죽는 것보다는 내 말에 따라 상소를 올려서 반역을 고발하는 것이 좋을 것이다. 이같이 하면 죽음만 면할 뿐 아니라 큰 공을 세울 수도 있다."

하였다. 웅서는 그 말에 따라 이경준에게 격문을 짓게 하고는 김경손과 평손에겐 격문을 전하도록 하여 끌어들였다. 그 격문에

"참 용이 일어나기 전에 가짜 여우가 먼저 운다."

는 말이 있었는데, "참 용은 영창대군을, 가짜 여우는 광해군을 가리킨 말이다"라고 했다. 포도대장 한희길이 심문을 일부러 늦추고 박응서를 꾀자, 그는 영창대군을 끼고서 역적모의를 해왔다고 아뢰었다.

"우리들은 단순한 절도가 아닙니다. 장차 큰일을 일으키려고 양식과 병기를 준비하고 있었습니다. 일찍이 일곱 친구와 함께 국구(國舅: 왕비의 아버지. 여기서는 인목대비의 아버지) 김제남(金悌男)과 몰래 통하여, 영창대군을 임금으로 세우려 했습니다."

한희길은 기뻐하면서 박응서의 공초를 받아 광해군에게 올렸다. 그렇지 않아도 영창대군을 눈엣가시처럼 생각하던 광해군은 박응서를 의금부에 가두게 하고는, 영의정 이덕형과 좌의정 이항복 등의 대신들을 데리고 친히 이 죄인들을 심문하기 시작했다.

4월 25일에 박응서의 진술에 의하면 서양갑과 박치의가 주모자였고, 종성판관 정협과 전 수문장 박종인, 서얼 심우영·허홍인, 출신(出身: 과거에 급제하고 아직 벼슬에 나가지 못한 사람) 유인발

등과 함께 무사들과 사귀면서 사직을 도모하려고 한 지가 거의 4, 5년이나 되었다고 했다.

선조가 승하한 뒤에 중국 사신이 나오게 되자 허홍인과 서양갑이 활과 화살을 가지고 남별궁 밖에 와서 중국 사신을 쏘아 맞추고 고의로 변고가 발생했다고 하여 군사를 일으키려 했는데, 호위가 엄중해서 그 계책을 이루지 못했다고 했다. (지난번 권필이 얽혀 죽었던) 김직재의 변이 일어날 때 이문학관 이경준이 홍의군문(興義軍門)이란 칭호로 격문을 만들어 사대문에 붙이고 민심을 움직여 군사를 일으킬 계획도 있었으나, 김직재의 변이 너무나 커지자 이경준이 격문을 도로 빼앗아 불살라버렸다고 했다.

그 뒤로 여강 언덕에 모여 살면서 거사 준비를 했지만 자금이 모자랐다고 하였다. 아울러 2년 전에 서양갑이 해주 땅에서 소금 장사를 하다가 사람을 죽이고 도망왔고, 지난해 봄엔 정협과 허홍인 등이 거짓으로 임금이 보낸 금부도사라 일컫고 부자 이승승의 집에 들어가 도적질을 했다고도 했다. 지난해 가을과 겨울 사이에 허홍인 등이 영남 지방을 세 차례나 다녀왔었고, 올해 봄엔 은 장수를 때려죽이고 은 6, 7백 냥을 빼앗다가 잡힌 내용도 있었다.

박응서는 거사의 계획까지도 자세히 아뢰었다. 장사 300여 명을 이끌고 밤을 틈타 몰래 대궐 안으로 들어가기로 했는데, 그보다 먼저 조정에 뇌물을 써서 자기편의 무사들을 선전관·내금위장·수문장으로 임관시켜 안에서 응할 계획까지 세웠다는 것이다. 즉 군정을 맡은 대신에게 금과 은을 뇌물로 주어서 정협을 훈련대장으로 임관케 하고, 300여 명의 무사들이 대궐에 들어가 먼저 광해군과 세자를 죽인 뒤에 급히 옥새를 대비에게 가져다드릴 계획이었다. 대비가 수렴청정을 하면 자기 무리들이 조정 벼슬에 널리 오르고 서양갑은 스스로 영의정이 되며, 인목대비의 친정아버지인 김제남은 좌의정이 되고, 지금 귀양 가 있는 무리들을 불러다가 마음을 합해 영창대군을 임금으로 모실 계획이었노라고 아뢰었다.

심우영과 서양갑도 며칠씩 고문을 당했지만, 이들은 역적모의를 한 적이 없노라고 버티었다. 사흘 만에 허홍인의 아내 선이가 고문에 못 이겨,

"남편 허홍인이 서양갑·심우영과 함께 내년에 대궐을 범하기로 약속했습니다."

라고 자백했다. 박응서가 다시 아뢰기를,

"서양갑이 생원시에서 장원한 이사호에게 둔갑천서(遁甲天書)를 배웠습니다."

라고 자백했다. 5월 1일엔 이사호를 비롯해서 이경준·박치인·박치웅까지 잡혀들어가 압슬형과 단근질의 고문까지 받았지만 아무도 자백하지 않았다.

4일엔 사간원에서 연흥부원군 김제남을 삭탈관직하라고 아뢰어 곧 파면되었다. 이이첨의 사주를 받은 언관들이 역적들에게 옹립된 영창대군에게도 죄를 물어야 한다고 아뢰었다. 심우영과 그의 아들 섭이 고문을 참지 못하고 자백하여 그 날로 사형이 집행되었다. 서양갑은 여러 차례 고문을 이겨냈다. 그러나 자신의 어머니까지 잡혀와서 고문받는 것을 보고는 더 이상 참지 못했다. "제

(광해)가 나의 어머니를 죽이니, 나도 제 어머니(인목대비)를 죽여야겠다"면서 죄를 스스로 자백했다. 김제남이 함께 모의하고 대비까지 알고 있었다고 꾸며대자 일은 너무나도 커졌다. 서양갑은 그 날로 처형되었다.

이이첨의 사주를 받은 정협의 자백에 따라 "영창대군을 돌봐달라"는 선조의 유언을 받은 일곱 신하에게까지 심문이 시작되었다. 허균의 큰형 허성은 마침 작년에 죽었으므로, 그를 제외한 여섯 신하들은 모두 잡혀들어가서 심문을 받았다. 허균이 부안에 묻혀 살 때 현감으로 있으면서 잘 보살펴준 심광세를 비롯해서, 박동량과 조위한같이 가까운 벗들도 그들의 자백에 의해서 잡혀들어갔다. 그러나 이들과 그토록 가깝게 지내며 많은 도움을 주고 정신적인 후원자가 되었던 허균의 이름은 끝내 나오지 않았다. 의리를 소중히 여겼던 그들은 끝까지 허균을 감춰주고 그대로 죽어갔다.

1613년 6월 1일에 역모의 괴수라는 죄명을 쓰고서 영창대군의 외할아버지인 연흥부원군 김제남이 서소문 밖에서 사약을 받고 죽었다. 그리고 역적들에게 옹립된 영창대군을 폐하여 서인(庶人)으로 만들었다. 선조의 유명을 받았던 신흠·서성·한응인 등의 대신들은 벼슬을 빼앗긴 채 시골로 쫓겨났으며, 정협이나 박응서의 자백에 이름이 올랐던 관리들도 대부분 벼슬이 깎였다. 이 사건이 마무리될 무렵, 김응벽의 진술에서 드디어 허균의 이름이 나왔다. 김응벽을 형틀 위에다 묶어놓고 김제남 측근의 인물들이 누구냐고 광해군이 친히 묻자, 김응벽이 고문을 참지 못하고 자백했다.

"서성·허성·허균·김상용 등이 김제남의 집을 찾아왔으며, 날마다 서로 의논했습니다."

광해군이 다시 물었다.

"이덕형·허성·허균은 본래 서인이 아닌데, 어찌하여 끌어다 붙이는가?"

"동인·서인이야 제가 어찌 알겠습니까? 괴로움을 참을 수 없어서 빨리 죽으려고 그런 말을 했습니다. 이덕형 등은 이름이 익숙하므로 멋대로 말했던 것이고, 이유연은 일찍이 공조정랑이었을 때 방물을 받아들여주지 않았기 때문에 유감이 있었으므로 끌어들였습니다."

대사헌 윤효전이 아뢰었다.

"너무 오래도록 (무릎 위에) 압판(壓板)을 올려놓아서 자백하는 말이 어지러워질 뿐만 아니라, 기색이 황당해집니다."

광해군도 그의 무릎에서 압판을 내려놓게 하고, 목에 걸린 칼도 풀어주라고 명했다. 허균의 이름이 제대로 나왔더라면 혐의받을 일들이 너무나도 많았지만, 모진 고문에 못 이겨 허위 자백한 것이라고 믿고서 넘어갔다.

이이첨의 사주를 받은 이위경 등 수십 명의 유생들이 날마다 역적의 괴수 의(영창대군)를 죽이라고 상소했다. 6월 22일 오후에 결국 여덟 살짜리 의는 인목대비의 품에서 정릉동 사가(私家)로 쫓겨났다.

허균을 따르던 서얼들이 서울에서 역적으로 몰려 고문당하고 있을 무렵, 정작 그는 멀리 전라도 태인에 머물면서 이곳저곳을 떠돌아다니고 있었다. 꽃이 피면 꽃 구경을 하고 달이 뜨면 달 구경을 하며, 친구들이 부르는 대로 찾아다녔다. 가장 친하게 지냈던 친구 이안눌이 마침 금산군수로 있었기에, 그와 시를 주고받기도 했다. 허균이 문집을 엮은 1611년 이후의 글은 거의 남아 있지 않은데, 다행히도 이때 이안눌에게 보낸 편지가 한 통 남아 있다.

요즘 형의 근황이 어떠십니까? 우러러 그리워할 뿐입니다.
제가 전날 안심사에 가기로 약속했지만, 이번 19일에 마침 일이 생겨서 그믐쯤으로 물러야겠습니다. 그때가 되면 다시 사람을 보낼 생각입니다. 형께서 헛되게 산길을 떠나실까 걱정되어, 일부러 알려드리는 겁니다.
형의 시는 제가 바쁜 탓으로 화답시를 짓지 못하다가, 이제야 치졸하게나마 본받았습니다. 석주(권필)가 죽어버린 뒤로는 다시 시를 짓지 않으려고 했었습니다. 그동안 닫아두었던 글 솜씨를 형 때문에 처음으로 열고 보니, 너무나도 치졸해서 부끄러울 뿐입니다.
계축년(1613) 4월 16일 교산.

허균은 권필·이안눌과 젊어서부터 가깝게 사귀었다. 이들은 그저 가까운 친구가 아니라 함께 시를 주고받는 당대 최고의 시인들이었다. 허균은 이 세 사람의 시에 대하여 시를 지어 평하였다.

소년 시절부터 유연(幽燕) 사람처럼 침울하기도 하고
물 위로 걷는 낙신(洛神)의 버선처럼 참으로 청묘했네.

비록 보물 가게에 벌려놓을 목란주(木難珠)는 있다지만
물고기 눈과 진주가 뒤섞였다고 나무람을 면치 못했네.
幽燕沉鬱自年少 步波洛襪眞淸妙
縱有寶肆陳木難 未免魚目混珠誚
「余以病火動不克燕行竢譴巡軍作長句贈奇獻甫以抒懷」

첫째 줄에선 이안눌의 시를 평했는데, "자민(子敏)의 시는 유연(幽燕)의 소년 같아서, 이미 침울한 기운을 짊어졌다"는 어떤 사람의 평을 소개한 것이다. 둘째 줄에선 권필의 시를 평했는데, "여장(汝章)의 시는 낙신(洛神)이 물결을 넘어 사뿐사뿐 거닐며 눈길을 돌려 빛을 흘려 뱉는 기운이 난(蘭) 같다"는 어떤 사람의 평을 소개한 것이다. 셋째 줄에선 자신의 시를 평했는데, "페르시아 시장의 호인(胡人)이 가게에 보물을 벌려놓은 것 같은데, 최하가 바로 목란과 화제(火齊)다"라는 어떤 사람의 평을 소개한 것이다.

그 정도로 이 세 시인은 당대 문단에서 촉망받았으며, 그만큼 자부심도 강했다. 그러나 가장 마음이 맞았던 친구 권필이 한 편의 시 때문에 억울하게 죽은 뒤부터 허균도 다시는 글을 짓지 않겠다고 다짐했었다. 그러다가 화답해야 할 친구 이안눌의 시를 받고는 모처럼 마음이 내켜서 너무나도 오랜만에 화답시를 지어보았다. 그러나 뒷날로 미룬 산행은 끝내 갈 수가 없었다. 서울에서 서양갑과 심우영의 역모가 드러나서 심문을 받고 있다는 소식을 듣고 허균은 가만히 앉아 있을 수가 없었다. 그래서 곧 태인에서 서울로 올라갔다.

허균의 제자 기준격은 뒷날 그의 죄를 고발하면서 허균이 태인에서 올라온 뒤 자기에게,

"서얼들의 옥사가 일어났다는 말을 듣고는 염려되어서 밥도 먹지 못하다가, 그들이 죽었다는 말을 듣고야 마음이 놓였다."
라고 털어놓았다 했으며, 또 이런 말도 했다고 한다.

"올라오는 길에 선전관을 만나자 혼이 몸에 붙어 있지 않았는데, 내가 서 있는 곳을 그가 지나간 뒤에야 마음이 놓였다."

"역적의 격서는 내가 지었으나, 심우영에게 내 이름을 말하지 못하게 했기 때문에 나는 죄를 벗어났다."

"정협이 문초받던 날에 이원형이 멀리서 손을 흔들며 오기에 내 이름이 그의 진술에서 나왔을까봐 겁이 났다. 뒤에 물어보니 내 이름은 나오지 않았다고 해서 겨우 화를 면했다."

물론 자기 아버지가 허균 때문에 북쪽 멀리 귀양 가서 죽을지도 모르는 상황이 되어 기준격이 갑작스레 올린 상소였으므로, 그의 말을 다 믿을 수는 없다. 또 허균이 아무리 경박한 성품이라지만 자기 목숨이 달려 있는 이야기를 아무에게나 함부로 하지는 않았을 것이다. 아마도 자주 만나던 제자 기준격에게 이따금 두어 마디 한 것을, 그가 죄를 덮어씌우려고 과장해서 불린 듯하다. 역모를 알고도 고발하지 않은 기준격의 죄도 큰 것인데, 그는 자기 부자의 운명이 위태롭게 되자 뒤늦게야 목숨을 걸고 이를 고발했다. 어쨌든 이때 의리 있는 서얼 동지들이 끝내 입을 다물었기 때문에, 허균은 살아남아서 다음을 준비할 수 있었다.

권력의 핵심에 들어가다

이이첨의 사주에 의하여 영창대군 추대 역모로 변조된 칠서(七庶)의 옥사가 일어난 뒤에 허균은 목숨에 위협을 느꼈을 것이다. 역적모의로 고문을 받던 동지들이 죽어가면서도 끝까지 그의 이름을 밝히지 않아서 목숨은 건졌지만 언제 다시 의심의 눈길이 돌아올는지 알 수 없는 상황이었다. 그래서 허균은 대북파 정권의 실력자이자 자신과 생원시 동기였던 이이첨과 가까워졌다. 이 무렵은 허균이 문집을 엮은 뒤였으므로 이때 지은 글은 남아 있지 않지만, 이이첨에게 몇 년 전에 보낸 편지가 문집에 실려 있다.

> 형께서 옛날에 서로 가까이 지내던 정을 생각하여 뭇 비방 속에서 나를 구해주셨으니, 재주를 아끼시는 마음이 지극합니다. 이것은 옛사람도 어렵게 여긴 일인데 그 일을 실천하셨으니, 이제부터는 온 세상의 어진 선비들이 모두 공의 문하에 있을 것입니다.
>
> 무신년(1608) 8월에.

1608년 2월에 광해군이 즉위하자 이이첨의 대북파가 득세했고, 허균은 8월에 암행어사의 장계에 의해 공주목사 자리에서 파직당했다. 이때 이이첨은 자기 무리를 늘리기 위해 많은 사람을 포섭하고 있었으므로, 허균에게도 구원의 손길을 뻗쳤다. 그 뒤로 칠서의 옥사가 일어나자, 허균이 적극적으로 이이첨과 가까워졌다.

그러나 허균이 대북파와 손잡은 것은 자신의 목숨을 구하기 위해서만이 아니라 혁명을 준비하는 과정에서 광해군과 집권파의 신임이 필요했기 때문이었던 것으로 보인다. 평소에도 개혁적인 글을 많이 쓰면서 돌출 행동을 해서 비난받던 허균이 많은 사람들을 포섭하며 혁명을 준비하려면 그들로부터 의심받지 말아야 했다.

이이첨은 권모술수에 능해서 대북파 정권의 배후 실력자가 되어 광해군을 뒤에서 움직이고 있었지만, 명망 있는 선비들은 모두 그를 멀리했으며 그의 문장이나 경학이 뛰어난 것도 아니었다. 이이첨의 손녀딸이 세자빈이 되어 광해군 이후까지도 정권이 보장되기는 했지만 사림의 존경을 받지는 못했다. 그래서 이름난 산림처사(山林處士)라든가 문장가가 자기편이 되어주길 바랐는데 허균이 스스로 접근했던 것이다.

허균은 이전에도 유교 사회의 가치관과 맞지 않는 행동을 하다가 자주 벼슬에서 쫓겨났는데 그때마다 얼마 안되어 다시 벼슬을 얻었다. 이조판서까지 지낸 큰형이 뒤를 돌봐주기도 했지만 초당과 허균 삼형제의 능력을 인정한 선조가 전적으로 그를 신임했으며, 그 자신이 친구들에게 편지를 보내어 벼슬을 부탁하기도 했었다. 그러나 광해군이 즉위한 직후에 허균은 암행어사의 장계에 의하여 공주목사에서 파직되었고 천추사로 임명되었다가 사퇴했다는 이유로 사헌부의 탄핵을 받아 의금부에 잡혀들어가기도 했으며, 과거 시험의 채점관이 되었다가 부정 채점의 책임을 지고 귀양 가기도 했었다. 가장 든든한 후원자였던 큰형마저 세상을 떠나고 임금도 자신을 더 이상 신임하지 않자 허균은 정권의 핵심에 의도적으로 접근했다. 명분이 약했던 대북파 정권에서 자기 같은 문장가를 필요로 한다는 사실을 누구보다도 빨리 간파했기에 허균은 적극적으로 이이첨에게 접근했던 것이다.

영창대군이 강화도로 유배되어 위리안치 되고 부원군 김제남이 처형당하자 광해군과 이이첨은 역적 영창대군의 어머니인 인목대비를 폐비시키는 쪽으로 여론을 몰아갔다. 그러나 인목대비는 광해군의 법적인 어머니였으므로 충과 효를 가장 큰 덕목으로 내세우던 당시 상황에서 임금 자신이 앞장서서 여론을 이끌 수는 없었다. 그래서 이이첨이 후원하는 유생들이 집단적으로 모여서 폐비를 주장하는 상소문을 올렸으며, 광해군은 겉으로나마 그들을 무마하는 척했다. 대비를 폐하고 영창대군을 법에 따라서 죽이라는 상소는 어용 선비 이위경에게서 비롯되었는데, 그는 5월 23일에 유생 22명의 이름을 덧붙여서 상소했다. 그러자 광해군은 그의 상소에 대하여,

"불민스런 내가 불행하여 이처럼 말할 수 없는 변을 만났다. 그렇지만 내 차마 (어머니와 아우에게) 형벌을 쓸 수 없으니, 너희들은 다시 번거롭게 하지 말라."

고 점잖게 답했다. 그렇지만 광해군의 속셈을 알아챈 유생과 신하들은 그의 총애를 얻기 위하여 잇달아 소를 올렸다. 그러다가 7월에 용기 있는 신하들이 모여서 이위경의 무리들에게 죄를 주었다. 검열 엄성을 비롯해서 승문원 박사 윤전과 정자 권확, 성균관 학유 나무춘, 교서관 정자 김상윤 등이 중학에 모여서 이위경·이상항·한희 등 20여 명의 어용 선비들에게 얼마 동안 과거에 응시하

지 못하는 정거(停擧)를 내렸다. 그제야 광해군도 이위경을 편들려는 속셈을 나타내며 엄성의 벼슬을 빼앗고 성문 밖으로 쫓아냈다. 승정원과 대사헌·대사간 등이 사관의 특권을 옹호했지만 광해군의 고집을 꺾지는 못했다. 폐비를 주장하는 파와 반대하는 파의 상소가 치열해지면서 광해군은 체면치레인 자신의 폐비 거부 명분을 무력화시켜줄 수 있는, 설득력 있는 폐비 상소문이 필요해졌다. 그러던 차에 당대 최고의 문장가 허균이 이이첨 편에 들어왔으므로 광해군과 대북파는 그를 중용하기로 했다.

허균의 제자 기준격은 4년 뒤에 스승 허균을 역적죄로 고발했는데, 이 무렵에 허균이 대북파에 몸담게 된 동기를 이렇게 밝혔다.

> 칠서의 옥사가 일어난 뒤에 몸을 둘 곳이 없게 되자, 그는 드디어 이이첨에게 의탁했습니다. 계축년 가을에 신이 묻기를, "전에는 대비로 하여금 수렴청정케 하고 의(영창대군)를 세우려 하더니, 이제 와서는 어찌 대비를 폐하자고 말씀하십니까?" 하니, 균이 답하기를, "너같이 젊은 아이가 무엇을 알겠느냐? 말세의 사람은 화살이 떨어지는 자리에 과녁판을 세워야 처세하는 데 걱정이 없는 법이다" 하였습니다. 균이 경박하지 않았다면, 신도 그의 말을 들을 수 없었을 것입니다.

물론 다른 증인이 없는 상황에서 기준격의 말을 전적으로 받아들일 수는 없지만, 허균 스스로 태도를 바꾼 것은 분명하다. 심우영·서양갑·허홍인 등의 아버지들이 삭탈관직되면서 칠서의 옥사가 거의 마무리되자, 사흘 뒤인 12월 1일에 허균은 예조참의(정3품)에 중용되었다. 4년 만에 다시 당상관 자리에 오른 것이다. 왕조실록에는 이 기사 밑에다 작은 글씨로 이렇게 설명을 덧붙였다.

> 허균은 요사스럽고 행실이 나빴다. 선비들의 깨끗한 여론으로부터 버림받고 뜻을 잃은 채 불만을 품고 있었다. 서양갑의 옥사가 일어나자, 심우영 등이 모두 역적으로 죽었다. 균은 곧 화를 피한다고 하면서 이이첨에게 몸을 맡겼다. 이첨은 그를 매우 두터이 대우했다. 과거 급제를 팔고 상소문을 지어준 것들이 그의 손에서 많이 나왔다. 균이 집안 사람에게 편지를 쓰면서 이르기를,
> "세상을 피하려는 (죽림칠현의) 완적(阮籍)도 사마씨(司馬氏)의 문에 기대지 않을 수 없었다."
> 고 했으므로, 듣는 사람마다 그가 모반하려는 뜻을 가졌음을 알았다. 그가 이 벼슬을 받자 사람들은 놀랐다.

이 설명은 물론 인조반정이 성공한 뒤에 허균의 반대파였던 서인들이 그를 비난하기 위해서 기록한 것이므로 모두 믿을 수는 없다. 그렇지만 허균이 심우영 일파의 사건에 관계되었던 사실과 그때문에 이이첨에게 적극적으로 가까이했다는 사실은 확인할 수 있다. 그런데 후세의 사관들만이 아니라, 당시의 사간원에서도 이틀 뒤에 그를 비난하는 계를 올렸다.

"예조참의 허균은 사람됨이 경박하고, 평소에도 행실을 단속하

지 않습니다. 이단 불교를 받들어 섬기며, 유교에 죄를 얻었습니다. 청컨대 파직을 명하시고, 벼슬을 주지 마소서."

이러한 비난은 물론 허균이 평소에 늘 받던 비난이었고, 새로운 벼슬에 대한 반대 명분은 못 되었다. 허균은 4, 5년 동안 벼슬이 없었으므로 특별히 잘못할 일이 없었다. 그러나 광해군은 그 날로 허균의 벼슬을 갈았다. 반대파의 장계를 윤허하면서도 허균에게는 일단 신임을 보여 연합할 뜻을 충분히 나타낸 것이다. 두 달 뒤인 1614년(광해군 6) 2월 9일에 영창대군이 강화도에서 앓다가 죽었다는 보고가 올라와 계축옥사가 일단 마무리되자, 15일에 허균은 호조참의가 되었다. 허균과 광해군의 밀월시대가 시작되었으며, 허균의 혁명 준비가 본격화된 것이다.

허균의 능력 가운데 하나는 국제 정세에 민감하고 외교 수완이 뛰어나다는 점이다. 그는 어렸을 때부터 외국에 관심이 많았으며, 중국 사람들보다도 더 자세하게 중국에 대해서 알았다. 허균이 스물세 살 되던 1591년에 중국 장사꾼 20여 명이 사탕을 팔려고 배를 탔다가 바람에 떠밀려 제주도에 닿았고, 조사를 받으러 서울에 보내졌다. 허균은 그 소식을 듣고 이들을 찾아가 만났는데 그들이 사는 동네에 대해서 이야기하자 오히려 그들이 놀랄 정도였다. 허균은 이 이야기를 스물다섯 살 때 지은 『학산초담』에 자세히 실었는데, 이 책에는 배를 타고 외국에 떠내려갔던 최부·이섬·이언세 등의 이야기를 자세하게 실어서 외국에 대한 그의 호기심이 어느 정도였는지 잘 보여준다. 허균은 벼슬에서 쫓겨난 상태에서도 중국에서 사신이 오면 다시 기용되어 세 차례나 종사관이 되었으니,

조정에서 그를 비난하다가도 그의 문장력이나 외교수완이 필요하면 할 수 없이 벼슬에 불러들였던 것을 알 수 있다.

호조참의가 된 지 몇 달 뒤에 허균은 중국 황태자의 탄일을 축하하는 천추사가 되어 중국에 갔다. 마침 중국 사람들이 42명이나 우리나라에 표류해왔으므로, 이들도 함께 데리고 갔다.

이때 허균은 혁명을 준비하기 위해서, 광해군의 신임을 얻을 첫번째 작업을 진행했다. 이 첫번째 작업을 위해서 외가 쪽의 서얼인 현응민을 수행원으로 데려갔는데, 그는 중국 말을 잘했으므로 통역으로 도움을 주기도 했다. 이 두 사람은 중국 책방을 찾아다니며 선조와 광해군에 대한 이야기가 실린 책들을 사들였다. 이때 사들인 책 가운데 중요한 것은 중국 사람 오원췌(伍員萃)가 썼다는 『임거만록』(林居漫錄)이다.

이 책에는 선조가 덕망을 잃었다는 이야기, 왜놈들과 비밀히 통했다는 이야기, 광해군이 임금 자리에 오른 과정이 분명치 않다는 이야기 등이 실려 있었다. 이러한 이야기들은 이미 그 이전부터 널리 알려진 이야기였지만, 광해군은 자기가 선조의 적자인 영창대군과 친형 임해군을 제치고 비정상적으로 임금 자리에 오른 사실에 대해 늘 불안하게 여겼으므로 가장 신경쓰이는 부분이기도 했다. 허균은 이러한 책들을 광해군에게 바쳐서 그 해결책을 제시하며 신임을 얻으려 했다. 인조반정 뒤에 엮은 『광해군일기』에서는 "허균이 현응민과 함께 이 책을 지어내고, 붓으로 몇 부 베껴내어 북경 시장에서 팔았다"고 비난했다. 그러나 지금 그 책이 전하지 않으므로 이러한 조작설이 사실인지 아닌지는 확인할 수 없다.

허균은 두번째로 『중조잡사』(中朝雜史), 『오학편』(吾學編), 『소대전칙』(昭代典則) 등의 책들도 사들였다. 이 책들에는 조선 태조가 고려 권신 이인임의 아들이라고 잘못 적혀 있었다. 이 문제는 조선의 역대 임금들이 여러 차례 사신을 보내어 제대로 고쳐달라고 청원하였는데, 선조 때에 와서야 『대명회전』(大明會典)에 고치는 것이 허락되었다. 그런데 시중에는 아직도 예전 그대로 기록된 야사들이 나돌아다녔으므로 허균은 이런 책들을 사가지고 돌아왔던 것이다. 다른 사신들은 중국에 왔다가면서 사치품이나 골동품들을 많이 사갔는데, 허균은 이번 여행길에서 수천 권의 책을 사들여 지적인 호기심을 유감없이 나타냈으며, 혁명 준비의 첫걸음을 내디뎠다.

허균은 먼저 조정에 서장(書狀)을 보내어 중국의 야사들 가운데 왕실의 족보가 잘못된 것들을 밝혀내 바로잡았으며, 우리나라를 모함하는 기록들이 있어서 예부에 글을 올려 바로잡았다고 아뢰었다. 그러나 허균이 득세하는 것을 미워한 승정원에서는 11월 8일에 곧 계를 올려서, 이렇게 중요한 사실을 비밀히 계로 올리지 않고 공연히 서장으로 보내어서 그 내용을 누설시킨 죄를 따져야 한다고 아뢰었다. 이틀 뒤에도 다시 계를 올려서, 『대명회전』에 이미 제대로 기록되었으니 나머지 야사들이야 천천히 바로잡아도 된다고 하면서 허균의 공을 깎아내리려 했다.

그러나 허균의 계획은 들어맞았다. 그렇지 않아도 영창대군과 임해군을 죄 없이 죽이고 억지로 임금 자리에 눌러 앉았던 광해군은 허균의 보고에 지대한 관심을 보였다. 허균이 이듬해(1615) 정월에 수천 권의 책을 사가지고 들여오자, 2월 4일에 『임거만록』을 올리라고 명했다. 이 일로 해서 허균은 광해군의 신임을 얻기 시작했으며, 2월 14일에 승문원 부제조가 되어 외교 문서를 담당하는 승문원의 감독관이 되었다.

5월 15일에 광해군이 인정전에서 문신들에게 정시(庭試)를 보였는데, 「인정전」이라는 제목으로 칠언배율을 지어 허균이 장원하였다. 이 작품은 필자가 최근에 발견했는데, 상소문이 아닌 글로는 허균 최후의 작품인 셈이다. 허균은 그 덕분에 광해군에게 더욱 신임을 얻어, 22일에 승정원 동부승지(정3품)로 승진하였다. 임금을 가장 가까이에서 모시게 된 것이다. 6월 5일에 광해군은 그를 승지 가운데서도 가장 높은 품계로 올려주었다.

"지난해 천추사 허균은 서책을 많이 사왔을 뿐만 아니라, 왕실 계보의 잘못을 고치는 일에 있어서도 여러 가지로 듣고 본 것을 계로 올렸다. 또 세종 황제의 어제잠(御製箴)과 어필(御筆)을 구입해왔는데, 이는 참으로 보배이다. 품계를 올려라."

허균을 비롯한 승지들은 정3품 통정대부(通政大夫)였는데, 그만 품계를 올리면 종2품 가선대부(嘉善大夫)가 되어서 도승지와 서열이 어긋나게 되었다. 그래서 이조에서 곧 계를 올렸다.

"동부승지 허균에게 가자를 명하셨는데, 도승지 이덕형은 통정대부이니 서열이 어긋나게 됩니다. 어떻게 하면 좋겠습니까."

광해군은 도승지뿐만 아니라 좌승지와 우승지까지도 아울러 가선대부로 올려주었다. 그래서 가선대부 승지가 네 사람이나 되었으니 너무 지나치다고 후세 사가들은 기록했다. 윤8월 5일에 허균은 또 한 차례 품계가 올라서 가정대부(嘉靖大夫)가 되었다. 지난번 문신 정시에서 장원했으므로 가자한 것이다. 그리고는 중국에 들어가서 잘못된 종계(宗系)를 바로잡을 사신으로 다시 임명되었다.

윤8월 8일에 광해군은 동지겸진주사(冬至兼陳奏使) 민형남과 부사 허균을 선정전으로 불러들여 친히 만나보았다. 이번 사신길의 임무가 중대한 것을 거듭 다짐하면서, 잘못 기록된 것을 꼭 바로잡고 오라고 당부했다. 그들은 종계를 바로잡기 위해서 예부에 바칠 글까지 준비했다. 광해군은 이들에게 은 일만 수천 냥을 자금으로 주었다.

잘못된 책이라고 해서 조선으로 구해왔던 책들을 중국으로 다시 가지고 가서 예부에 올렸더니, "일이 자잘하다. 뜬 말에 의혹되지 말라"고 회답하였다. 그러나 이들은 11월 14일에 "잘못을 밝히고, 윤허를 얻어 그 글을 지웠다"는 보고를 조선 조정에 우선 보냈다. 허균은 중국 황제의 옥새와 문적을 만들어 찍고 마치 황제가 인준한 것처럼 하였다고 한다. 이듬해인 병진년(1616) 1월 6일에 북경에서 비밀히 계를 올렸다.

"국사와 야사에 모두 우리나라의 종계가 잘못 실려 있었는데, 신 등이 예부에 정문을 올려서 바로잡았습니다."

이들이 말한 국사란 『대명회전』이었다. 예전에 황정욱, 윤근수 등이 바로잡은 것을 몰랐던 광해군은 매우 기뻐했다. 서재에다 만 권의 책을 쌓아놓고 책 속에 파묻혀 늙는 것이 소원이었던 허균은 집에서 가지고 간 돈을 모두 털어서 수천 권의 책을 사들였다. 2

월에 허균이 황제의 칙서(勅書)를 가지고 돌아오자 예조에서 계를 올렸다.

"허균 등이 가져온 황제의 칙서가 종계의 누명을 깨끗이 씻어주고, 선왕께서 무고당한 것을 통쾌히 밝혀주었습니다 천자의 말씀이 간절하시고 황제의 은혜가 끝없으시니, 이는 실로 예전에 없이 커다란 경사입니다. 칙서를 맞은 뒤에 태묘에다 아뢰고, 하례를 올리는 것이 마땅할 것 같습니다."

『임거만록』에 기록된 것들이 모두 바로잡혔으므로, 광해군은 크게 기뻐하며 특사령을 내리고, 특별히 과거를 베풀게 했다. 조정에선 광해군에게 존호를 올려 '서륜입기 명성광렬'(敍倫立紀明誠光烈)이라고 하였다. 친형 임해군과 이복동생 영창대군을 죽이고 어머니까지 폐비시키려는 광해군에게 인륜을 바로잡았다고 찬양한 것이다.

5월 11일에 광해군은 이번에 가장 공이 컸던 허균을 형조판서에 임명했다. 벼슬도 없이 전라도 땅을 떠돌아다니다가 서양갑·심우영 같은 서얼 친구들이 처형되면서 목숨마저 위태로웠던 허균이 광해군의 신임을 단단히 받고, 정2품 형조판서 자리에까지 오른 것이다.

유교반도의 길

중국에 천주교를 전도한 사람은 이탈리아 선교사인 마테오 리치(利馬竇)이다. 그는 1580년 마카오에 이르러 소주와 남창을 돌아다니며 선교에 힘썼다. 1587년에는 남경에까지 들어가 고관 명사들에게 천문·지리·수학을 가르쳤다. 1601년에 신종 황제가 호의를 보여 북경에서도 선교를 허락했으며, 선무문 안에 성당도 건설하게 하였다.

마테오 리치는 한문으로 『천주실의』(天主實義)라는 천주교 교리책을 지었으며, 서광계와 이지조의 도움을 얻어 과학 기술 서적들도 번역했다. 중국 최초의 세계 지도인 「곤여만국전도」(坤輿萬國全圖)도 제작했는데, 1603년에 중국에 사신으로 갔던 이광정이 이 지도를 구해와서 홍문관에 보냈다.

허균의 큰동서이기도 한 이수광은 중국에 세 차례나 다녀왔는데, 1611년에 들어오면서 『천주실의』를 가져왔다. 이수광은 1614년 7월에 『지봉유설』을 탈고하면서 천주교를 소개했는데, 천주가 천지를 창조했으며 사람의 영혼은 불멸하고, 천당과 지옥이 있다는 등의 내용이었다. 그러나 그가 천주교를 믿었던 것은 아니다.

이수광 다음으로 천주교에 대한 이야기를 기록한 사람은 유몽인이다. 그는 1621년에 『어우야담』을 엮으면서 천주교를 이렇게 소개했다.

> 인도의 서쪽에 '구라파' 라고 하는 나라가 있다. '구라파' 는 그곳 나라의 말로 큰 서쪽이라는 뜻이다. 그 나라에 한 도(道)가 있으니, 기례단(伎禮怛: 크리스챤)이라고 한다. 그곳 나라 말로 '하나님을 섬긴다' 는 뜻이다. 그 가르침은 유교도 아니고 불교도 아

니며, 선교(仙教)도 또한 아니다. 따로 한 이단을 세운 것이다. 그들은 마음을 쓰거나 일하는 것까지도 하늘에 어긋나지 않는다고 하며, 각기 하나님의 모습을 그려서 받들고 섬긴다. 그들은 부처와 노자 및 우리의 가르침(유교)을 원수처럼 배척한다.

유몽인은 이어서 허균이 처음으로 천주교를 우리나라에 들여왔다고 밝혔다.

> 동남쪽의 여러 오랑캐들이 그 가르침을 자못 높여서 믿고 있었다. (줄임) 오직 우리나라만이 미처 알지 못하고 있었는데, 허균이 중국에 갔다가 그들의 지도와 게(偈) 12장을 가지고 왔다. 그들의 말 가운데는 이론이 많다. 천당과 지옥이 있다고 하며, 결혼하지 않는 것이 옳다고 하니, 우리의 가르침을 거스르고 세상을 현혹시킨 죄를 어찌 벗어날 수 있겠는가?

이수광이 천주교 서적을 먼저 가지고 왔다면, 허균은 천주교 신앙을 최초로 가지고 왔다고 할 수 있다. 평소에도 성리학의 장벽을 넘어 불교와 도교를 열심히 읽고 나름대로의 신앙도 가지고 있었던 그는 성리학의 말폐가 나타나기 시작한 조선 사회를 개혁할 수단으로, 불교나 도교보다도 천주교를 생각하게 되었다. 『어우야담』에는 허균에 대한 이야기가 몇 번 나오는데 모두 그를 나쁘게 말했다. 위의 글에서도 허균이 우리나라에 천주교를 최초로 도입한 공로를 말한 것이 아니라 이단을 들여왔다고 비난한 것이다.

유몽인보다 조금 뒤에 살았던 실학자 이익은 『성호사설』(星湖僿說)에서 유몽인의 기록을 거의 그대로 옮겨 적었다.

연암 박지원은 일찍이 북경에 갔을 때 서양의 학자들과 만나려고 애썼다. 그곳의 학자들에게 천주당을 보게 해달라고 부탁했으며, 서양의 학자를 한 번 만나게 해달라고 간청했다. 열하에서는 천주당을 구경하지 못하고, 북경에 돌아와서 천주당을 찾았다. 그러나 천주교를 좀더 알고 난 뒤에, 그는 의문을 가지기 시작했다. 서양인들이 불교 배척에 힘쓰면서도, 오히려 천당과 지옥의 설을 주장하는 것이 의심스럽다는 것이다. 연암은 『열하일기』(熱河日記)에서 서교의 법이 윤리를 허물고 유교를 돌아보지 않으며, 남녀가 섞여 지내고 위아래의 분별이 없다고 비난했다. 그리고는,

> 게 12장이 있는데, 허균이 중국에 사신으로 가서 그 게를 얻어 왔다. 그렇다면 사교(邪敎)가 동쪽으로 온 것도 아마 허균으로부터 시작되었을 것이다. 지금 사교를 배우는 무리들을 돌아보면, 바로 허균의 잔당들이다.

라고 단정했다. 연암은 자신도 천주교에 대해서 관심을 보였었지만 남인 일파인 이가환 계열의 신자들을 공격하기 위해서 천주교의 도입자를 역적으로 죽은 허균에다가 끌어붙인 것이다. 천주교를 들여온 허균이 역적이었으므로 천주교를 믿는 자들도 역적이라는 논리이다. 이에서 좀더 나아가 이규경은 허균이 천주를 믿었다고 기록했다.

허균이 처음 천주교의 책을 얻어 가지고 와서, 읽어보고는 이렇게 말했다. "남녀의 정욕은 곧 천성이요, 윤기(倫紀)의 구분은 성인이 가르친 것이다. 하늘이 성인을 내어 가장 높였으니, 나는 하늘을 따를 것이요, 성인을 따르지는 못하겠다." 그러니 그가 천주를 믿은 조짐이 이에서 나타났다.

허균은 갑인년(1614)과 을묘년(1615) 두 해를 잇달아 사신으로 중국에 다녀오면서 수천 권의 책을 사들여왔는데, 특히 두번째 사행길에서 지은 글들을 모아서 『을병조천록』(乙丙朝天錄)을 엮었다. 을묘년 겨울에 갔다가 병신년 봄에 돌아왔기에 을병조천록이 된 것이다. 이 책이 발견되기 전에는 천주교 관련 기록이 실려 있을 것이라고 학자들이 기대했지만, 이 책이 발견되고 보니 천주교 기록은 실려 있지 않았다. 그러나 이때 허균이 천주교의 서적과 게 12장, 그리고 세계 지도를 가져왔다고 하더라도 천주교를 처음 들여온 것은 아니다.

우리나라에 천주교 서적을 처음 들여온 사람은 이수광이다. 그가 『천주실의』를 가져온 것이 1611년이었으며, 그것을 『지봉유설』에 소개한 것이 1614년 7월이었다. 이때 허균은 중국에서 아직 돌아오기 전이었으니, 우리나라에 천주교를 처음 소개한 사람은 당연히 이수광이다. 그러나 허균을 헐뜯기 좋아하는 유몽인이 천주교 도입의 책임을 그에게 미루었고, 그 뒤로 박지원에게 내려오면서 비난을 받은 것이다.

허균이 부처를 믿었다고 강릉부사 직에서 13일 만에 파면당했을 때 지은 「문파관작」(聞罷官作)이라는 시에서처럼, 그는 유교 사회에서 마음을 둘 곳이 없어서 불경을 읽었으며 부처에게 절하였다. 그는 성리학 사회의 예절이 어찌 인간의 자유를 얽맬 수 있느냐고 하면서 세상 살아가는 것을 천성에 맡기겠다고 했다. 자기를 탄핵하는 자들에게 "그대들은 그대들의 법을 지켜라. 나는 나름대로 내 삶을 이루겠다"고 선언한 것처럼 그는 조선 사회의 체제를 벗어날 수 있는 새로운 삶의 방법을 꿈꾸었다. 그랬기에 천주교 서적 몇 권과 게 12장, 그리고 세계 지도를 가져온 것만으로도 오랫동안 비난받게 된 것이다. 그러나 이제는 오히려 몇 백 년을 앞서간 그의 공을 인정해야 할 것이다.

조선 사회는 후기에 들어와 몇 차례 서양 문화를 받아들일 기회가 있었다. 청나라에 볼모로 잡혀갔다가 서양인 천주교 신부 아담 샬을 만났던 소현세자는 돌아올 때 수많은 서양 문물을 들여왔다. 그러나 인조를 비롯한 수구파 조정에서는 그가 가져온 서양 기계와 서적들을 보고 서양 오랑캐에게 정신을 팔아먹었다고 비난했으며, 결국은 귀국한 지 두 달 만에 (인조의 하수인에 의해서) 독살당하고 말았다. 서양 문물을 받아들이지 않고 청나라에 복수하겠다는 봉림대군(뒷날의 효종)이 즉위하면서 그 기회는 영영 사라지고 말았다. 만약 그 이전에 허균의 혁명이 성공했더라면 그도 역시 천주교 서적만이 아니라 서양의 문물까지 받아들였을 테고, 우리나라는 몇 백 년 빨리 서양에 문호를 개방했을 것이다.

두 해 동안 사신으로 오가면서 허균은 수천 권의 책을 사왔다. 조선시대에는 외국과 개인적으로 무역하는 것이 금지되어 있었는데, 사신 일행에게는 공식적으로 무역이 용인되어 있었다. 중국까지 다녀오려면 많은 비용이 들었는데, 나라에서 수많은 일행에게 그 비용을 모두 줄 수 없었으므로 그 대신 무역할 수 있는 권리를 주었던 것이다. 당상관에게는 3천 냥, 역관에게는 2천 냥의 은화를 가지고 갈 수 있게 하였는데, 당시의 쌀로 환산하면 2천 석이었다. 이들은 인삼을 가지고 가서 중국의 골동품이나 비단을 사오기도 했는데, 허균은 사치스런 비단이 아니라 수천 권의 책을 사 가지고 왔다. 그 가운데는 광해군에게 바쳐서 신임을 얻을 책도 들어 있었지만, 그에게 새로운 세계를 열어주었던 책도 있었다.

명나라 학자 이지(李贄)의 자가 탁오(卓吾)인데, 그는 유교반도(儒教叛徒) 이탁오라는 이름으로 더 널리 알려졌다. 허균이 중국에 처음 들어갔던 1597년에 그는 51세였는데, 이들이 서로 만났다는 기록은 없다. 아마도 허균이 두세번째 들어갔던 1615, 6년 즈음에 그의 책을 사가지고 와서 읽으며 그의 사상에 공감했던 것 같다. 이들의 생애는 그 이전부터 여러 가지로 공통점이 있었으며, 세상 사람들도 그들을 똑같이 여겼다.

명나라 사람들은 이탁오를 요인(妖人)·요선(妖禪)·괴물이라고 비난했으며, 황제도 그를 좌도(左道)·광선(狂禪)이라고 정죄하면서 붙잡아 감옥에 넣었다. 이탁오는 끝내 박해를 받다가 죽었다. 허균의 경우에도 『조선왕조실록』에 요망(妖妄)·독륜(瀆倫)·괴물·영불(佞佛)·금수(禽獸)·요사(妖邪)라는 말로 표현되어 있으며, 결국은 반역죄로 극형에 처해졌다. 허균이 두번째 중국에 갔을 때에는 이탁오가 이미 자살한 뒤였고 그의 책들도 금서가 되어 있었지만, 그의 사상과 행동에 공감했던 허균은 결국 그의 책들을 사가지고 돌아왔다.

명나라 때 유학을 개혁시키자고 주장한 학자로는 양명(陽明) 왕수인(王守仁)이 가장 대표적인데, 허균은 그가 불경을 많이 읽은 덕분에 깨우친 것이 있다고 아름답게 여겼다. 중국에서 왕양명을 가장 따랐던 사람이 바로 이탁오인데, 그는 『속장서』(續藏書)에서

"이 시대 사람들이 주부자(朱夫子)를 높여 받드는 것이 마치 (공)부자(孔夫子) 같았다. 그런데 (왕양명은) 주자가 부자 아니라는 것을 알았으니, 오직 왕양명의 학문만이 진부자(眞夫子)이다."

라고까지 말했다. 세상 사람들이 모두 주자라고 부르며 존경하는 주희에게 대하여 거짓 부자라고 깎아내리면서, 정통 유학에서 비난하던 왕양명을 참 부자라고 찬양했던 것이다. 그래서 중국학자 오택(吳澤)은 『유교반도 이탁오』라는 책을 쓰면서,

"이탁오는 왕학(王學)의 좌파(左派) 가운데 우두머리다."

라고 단정했다. 이탁오는 개인의 양지(良知)에 의하여 자유를 주장하는 왕양명의 진보적인 사상 가운데서도 전통을 더욱 부정하는 태주학파(泰州學派)였으며, 전통적인 유교사상에 반기를 들었다. 왕양명의 단계에서는 유교적 질서를 회복하려는 의도가 남아 있었지만, 태주학파에 오면 유교에서 내세우는 명절(名節)과 도의(道義)를 부정하기에까지 이르렀다.

"우리가 세상에서 간직해야 할 것은 명절이며, 중시해야 할 것은 도의이지만, 만약 (우리 행동이) 명절에 의해서 간섭받거나 도의에 의해서 구애된다면, 천유(天游)가 아니며 독왕독래(獨往獨

來)의 대호걸(大豪傑)이 아닌 것이다."
라고 왕용계(王龍溪)가 주장했다. 도덕적 규범이나 명절보다는 인간 본연의 주체적 자세를 강조하는 데에 바로 양명학 좌파의 특징이 있는 것이다. 이러한 주장은 허균의 행동과 맥을 같이한다.

이탁오는 명나라의 진보적인 사상가인데, 20여 년 동안 낮은 벼슬을 지내다가 그 뒤에는 저술과 강학(講學)에 종사했다. 그는 당시에 고위 관료와 대지주들의 부패한 통치에 불만을 느꼈으므로 예교(禮敎)에 반대하고 도학을 규탄하였다. 공자를 비난하고 주자를 반박하다가 여러 차례 도학자들의 포위 공격과 반동 통치자들의 박해에 부딪혔다. 최후에는,

"어지러운 도(道)를 주창하여, 세상을 미혹하고 백성들을 속였다."

는 죄명까지 더해졌다. 그는 체포되어 감옥에 갇혔지만 죽음을 무릅쓰고 뜻을 굽히지 않았으며, 칼을 빼앗아 스스로 찔러 죽었다. 이탁오의 저작은 매우 많은데, 『장서』(藏書)와 『속장서』(續藏書), 『분서』(焚書)와 『속분서』(續焚書) 등이 있다. 유학자들은 그의 책들에 대하여 한이 뼛속에 사무쳤으므로, 명나라의 통치자들은 그가 죽을 무렵에 두 차례에 걸쳐서, "그의 책을 모두 찾아서 불태워 버리라"는 명령을 내렸다. 청나라 때까지도 그의 책들은 여전히 「금훼서목」(禁毀書目)에 들어가 있었지만 그의 저작 가운데 대부분은 세상에 떠돌아다녔다.

이탁오가 살았던 시대는 가정(嘉靖, 1522~1566)·만력(萬曆, 1573~1619) 연간이었는데, 이 무렵 중국의 봉건 사회는 나날이

몰락해가고 내부에서 자본주의 맹아가 싹트기 시작하고 있었다. 이탁오는 이러한 역사적인 조건 아래에서 튀어나온 하나의 비공반유적(非孔反儒的)인 대표 인물이었다.

이탁오는 대담하게도 전통적인 교조를 타파하자고 부르짖었다. 「경중승에게 답하다」(答耿中丞)라는 글에서는 공학(孔學)의 절대 권위를 부정하려고 설득했으며,

"개 한 마리가 그림자를 보고 짖으면 모든 개들이 그 소리를 듣고 짖으니, 아주 우스운 일이다."

라는 글을 써서 공자를 지나치게 존숭하는 시대 사조를 첨예하게 지적하였다. 또 『논어』나 『맹자』 같은 책을 풍자했는데, 이는 공자나 맹자의 "우활한 문도와 어리석은 제자들이 스승의 학설을 기억하면서, 머리만 남기고 꼬리를 없애며 뒤만 얻고 앞은 잃어버린" 물건이라고 하여, 유가 경전의 위풍을 통렬하게 씻어버렸다. 이 말은 『분서』 「동심설」(童心說)에 실려 있다. 이탁오는 또 허위적인 도학에 대하여 온갖 비웃음과 노여움을 더하면서,

"겉으로는 도학을 하고, 속으로는 부귀를 누리며, 유아(儒雅)를 옷 입고도 개나 돼지같이 행한다."

고 풍자하였다. 이탁오와 허균의 관계에 대해서는 이가원 교수가 『유교반도 허균』에서 처음 밝혔다.

허균의 평소 행동이 이탁오의 영향을 받은 것은 아니다. 허균은 이탁오의 책을 읽기 전에도 그와 비슷한 행동을 했다. 그러나 두 번째 중국에 갔다가 그의 책을 구하게 되자 열심히 읽었다. 바로 이탁오가 자신과 너무나도 같은 생각을 하고 있었기 때문이다. 지

금 전하는 허균의 문집 『성소부부고』에는 이탁오에 관한 글이나 책을 인용한 부분이 없다. 이는 허균이 처음 문집을 엮었던 1611년까지는 이탁오의 책을 읽지 않았다는 증거이기도 하다. 그러나 허균이 죽던 해에 엮은 『한정록』 권13에는 이탁오의 책이 한 구절 인용되어 있다.

이 구절 밑에는 '이씨(李氏) 분서(焚書)'라는 출전이 밝혀져 있는데, 그가 유교반도로 몰려서 죽었으므로 이름을 감추고 '이씨'라고만 밝힌 듯하다. 허균의 경우에도 그가 역적으로 죽은 뒤에는 이름을 제대로 기록하지 못하고 '균'(筠)이라고만 기록했으니, 이들은 죽은 뒤에도 성리학 사회로부터 같은 대우를 받았다.

허균은 우리나라에 이탁오의 책을 처음 구해와서 소개했으며, 그가 꿈꾸었던 자유로운 세계를 이 땅에 건설하려고 했다. 그렇지만 자신도 유교반도의 길을 걷다가 결국 역적으로 몰려 죽고 말았다.

폐비론을 일으키다

1616년 12월에 광해군이 인목대비를 모시고 창덕궁에서 경운궁으로 옮겨 머물렀다. 그러다가 얼마 안되어 대비를 내버려두고, 왕 혼자서 창덕궁으로 돌아왔다. 친정아버지 김제남과 친아들 영창대군까지 역적으로 몰려서 잃게 된 인목대비를 서궁(西宮)에 유폐시키려고 일부러 그곳까지 행차했던 것이다.

이때부터 계축년 서양갑과 심우영의 옥사에 대비도 관계가 있으니 폐비시켜야 한다는 상소들이 올라오기 시작했다. 광해군도 대비를 서궁에 가두어놓기 위해서 하나씩 지시를 내렸다. 대궐에 사나운 귀신이 있으니 화포장(火砲匠) 20명을 동원하여 연 이틀 동안 대궐과 동궁에 총포를 쏘라고 명했다. 그로부터 한 달 뒤엔 대비의 궁전 근처에 작은 성채를 만들어놓고 잡인들의 출입을 엄금하였다. 또 한 달 뒤엔 사헌부 집의(執義) 이하의 관원에게 명하여 차례로 경운궁에 입직하여 모든 일을 살피게 했다. 대비는 역적의 괴수 김제남의 딸이라는 이유로 서궁에 유폐되어 여론에 의해서 폐비될 날만 기다려야 했다.

허균은 이 기회에 광해군의 신임을 얻기 위하여, 그동안 끌어모은 자기의 심복들에게 폐비를 주장하는 상소를 올리게 했다. 허균의 궁극적인 목표가 대비를 폐하는 것은 아니었지만, 거사를 준비하는 동안 남들에게 의심받지 않으려면 폐비론에 앞장서야 했다. 하루에도 수십 명이 허균의 집에 몰려들어 먹고 잤으며, 역시 허균의 심복이었던 이재영이 이들의 소를 지어주었다.

이와는 달리 1617년 1월 18일에 허균은 격문을 지어서 경운궁에 던져넣었다. 20일에는 분병조(分兵曹)에서 "김윤황(金胤黃)이 어제 경운궁의 내약방 동쪽 뜨락에서 화살 하나를 주웠다고 가져왔는데, 흰 종이 한 조각이 붙어 있었다"고 하며 계를 올렸다. 무슨 내용인지 몰라서 뜯어보지도 못하고 그대로 올린 것이다. 왕이 보았는데 문장과 글자 획이 매우 정교했으며, 은어가 많이 쓰였고 참되지 못한 서얼이 왕위를 훔쳤다는 것과, 아비를 죽이고 형을 죽였다는 이야기가 있었다. 왕의 약점을 정확히 찌른 말이었다.

또한 "산천은 다 되었으니, 원해가 장차 이룰 것이다"는 구절도 있었다. 산은 금산군(이성윤)을 가리켰고, 천은 귀천군(이수)을 가리켰으며, 원해도 종실 원해군을 가리킨 말이다. 또한 유(柳)를 끼고, 박(朴)을 격려하실 것이며, 기(奇)를 조정하시라는 구절도 있었다. 이 달 28일에 군사를 일으킬 것이니, 대비께선 내응하시라는 부탁까지도 적힌 편지가 화살에 꽂혀 경운궁 마당에 떨어져 있었던 것이다.

당시에도 광해군이 아버지 선조를 독살하고 왕이 되었다는 소문이 공공연히 떠돌고 있었다. 거기에다가 광해군은 친형 임해군과 아우 영창대군까지도 죽이고, 자기에게는 어머니가 되는 인목대비까지도 내쫓으려 하고 있었다. 반정(反正)의 명분은 충분히 서 있었다. 대비만 내응하면 성공할 수도 있었던 것이다. 그러나 남몰래 직접 찾아가 편지를 전한 것이 아니라 화살에 끼워서 익명으로 쏘아보낸 것을 보면 누군가를 모함할 의도가 엿보이는 편지였다.

이 흉서를 주워서 바쳤던 김윤황은 양양에 살던 허균 집안의 여종의 남편이다. 허균의 거사 준비를 돕던 김윤황은 이 날의 사건을 한 해 뒤에 가서 이렇게 자백했다.

지난해 정월 18일 저녁 무렵에 군기시(軍器寺) 다리를 지나가는데, 허균이 그 흉한 격서를 친히 주면서, "너는 이 화살을 가지고 가서 경운궁에다 놓아라. 마치 누가 밖에서 쏘아넣은 것처럼 하라"고 말했습니다. 다음날인 19일에 근무하게 되어서 그 날 밤에 던져놓고, 20일 아침에 주워서 바쳤습니다. 허균이 화살을 주면서 다른 까닭은 말해주지 않았습니다.

종실 금산군이나 귀천군은 폐비를 반대하다가 귀양 간 사람들이다. 이들이 다 쫓겨났으니, 이번에는 종실 원해군이 옹립되어서 대비를 받들고 반정할 것이라는 내용이었다. 더욱이 폐비를 반대하던 유·박·기 세 중신들이 모여서 반정을 꾸미고 있다는 격서였으니, 광해군은 믿을 수도 없었거니와 믿지 않을 수도 없었다. 왕으로서는 이 격서를 믿지 않더라도, 이를 기화로 하여 폐비론 반대파를 모두 제거할 수도 있는 기회였다. 허균이 노린 것도 바로 그것이었다.

왕은 우선 영의정 기자헌과 병조판서·금부당상 등을 불러들여서, 격서를 쏘아넣은 역적을 잡으라고 명했다. 격서에서 역적으로 몰린 기자헌이 사직하기를 청하자, 왕이 그에게 "안심하고 나와서 일하라"고 만류했다. 그러나 이 격서가 허균에게서 나온 것을 짐작한 그는 사직하겠다는 차자를 다시 올렸다. 문창부원군 유희분과 병조판서 박승종도 잇달아 사직하기를 청했다. 이들의 역적모의가 없었음을 깨달은 광해군은 범인에게 현상금을 걸어서 잡으라고 명했다.

"이들의 역적모의를 고하는 자는 은 1백 냥을 상주고, 부원군으로 봉하겠다. 그 무리들 가운데 나와서 고하는 자 역시 은 1,500냥을 상주고, 부원군으로 봉하겠다. 나는 식언하지 않으니, 너희를

속일까 의심하지 말라."

종로 거리와 동대문·남대문 길가에 방을 걸어서 범인을 찾았다. 민인길이 비밀히 소를 올려서 "흉악한 투서는 허균의 짓이다"고 고했지만, 이를 알아챈 허균을 비롯하여 그의 사위인 활인서(活人署) 별좌(別座) 이사성, 그의 친구인 봉상시(奉常寺) 주부(主簿) 이재영, 그의 식객인 이문학관 이원형 등 여러 사람이 잇달아 비밀히 상소하여 허균의 무죄를 변명했다. 사헌부와 사간원에서도 허균의 편을 들어, 민인길은 은연중에 죄인으로 몰렸다. 허균의 심복이 이미 조정에 널리 깔려 있었던 것이다.

허균은 또 유언비어를 퍼뜨려서,

"이 화살의 글은 아무개와 아무개가 삼청동에 모여서 만든 것이다."

라고 했다. 삼청동은 서인 김유(金瑬)가 사는 곳이었다. 그가 폐비 반대파인 데다 결국은 인조반정의 주역이 되었으니, 광해군이 의심을 가질 만도 했다. 이를 듣고 왕이 대신들을 불러서 의논하자, 영의정 기자헌이 간했다.

"이것은 간사한 사람이 화를 남에게 덮어씌우려는 계책일 뿐이지, 다른 일은 없습니다."

그러나 왕은 듣지 않았다. 기자헌은 드디어 말 한 필을 타고 성 밖으로 나와, 곧바로 강릉의 절간으로 가서 드러누웠다. 왕이 혼자 결정하지 못하고 승지 이홍주를 보내어 그를 불렀다. 기자헌은 강릉에 있으면서 차자를 올렸다. 허균이란 이름을 밝히지는 않았지만 범인이 허균이란 것을 짐작할 수 있도록 암시하였다. 왕도 그제야 이 일을 덮어두기로 했다. 굳이 허균을 잡을 필요는 없었던 것이다.

허균은 영의정 기자헌과 이미 적이 되었으므로, 광해군의 신임을 얻기 위해서 폐비론을 더욱 서둘렀다. 가을이 되면서 허균은 문을 열어 소청(疏廳)을 설치하고, 직접 소를 지었다. 수십 명의 유생들이 그의 집에 모여들어 밥을 얻어먹고, 옷을 얻어 입었다. 성균관과 사학(四學)의 유생들을 시켜, 대궐문 앞에 엎드려 대비를 폐하도록 청하기도 했다.

광해군은 대비를 폐하려는 생각을 전부터 굳혀왔는데, 이 무렵 여러 유생들이 계속 소를 올려 여론을 만들어주었다. 이젠 폐비의 명분이 섰지만, 이 큰일을 맡아 처리할 만한 재상이 없었다. 그래서 영의정 기자헌이 사직하겠다고 청해도 계속 허락하지 않고 있었던 것이다. 11월 23일에 왕이 유생들의 상소 아홉 통을 봉해 내리며 대신들에게 의논하라고 했지만 서로 책임을 회피했다. 한쪽에선 영의정 기자헌이 직무를 유기한다고 탄핵하는 상소들이 들어왔다.

기자헌은 할 수 없이 25일에 도당에 나와 앉아서 조정 백관들의 의견을 받아들였다. 이 무렵에 녹을 받고 있었던 관리들은 전임자를 합하여 930여 명이었고, 종실이 170여 명이었다. 그러나 많은 관리들은 자기의 생각을 솔직히 아뢰지 못하고, 묘당(廟堂)에서 선처할 일이라고 책임을 미뤘다. 여론에 따라서 폐비를 찬성했다가는 뒷날 역사에 더러운 이름을 남길 것이 두려웠고, 벌써부터 대비를 폐하기로 결심한 광해군에게 정면으로 반대할 수도 없었기 때문에 어중간한 입장을 취한 것이다.

병들어 누워 있던 영중추부사(領中樞府事) 이항복이 반대하는 글을 보냈으며, 대여섯 명이 목숨을 내어걸고 강력히 반대했다. 그밖의 몇몇 신하들이 "옛 성인의 도를 따르라"고 완곡하게 반대했다. 나머지 관리들은 모두들 폐비를 찬성했다. 허균의 의견은 이러했다.

(대비가) 우리 임금을 모해했으니, 우리의 큰 원수입니다. 원수인데도 그에게 절한다면, 이보다 통분할 일이 어디 있겠습니까? 모자의 은의를 끝까지 보전하려는 것은 성상의 사사로운 정이요, 의리를 들어 덜고 깎는 것은 (우리) 신하의 직분입니다. 유생들이 올린 소장의 소견이 매우 정당하오니, 그에 의하여 시행하는 것이 참으로 사리에 합당한 줄 압니다.

기자헌이 의정부에 앉아서 종친과 문무백관의 의견을 받아들이는 동안, 사헌부와 사간원의 관리들은 중학(中學)에 모여서 영의정 기자헌의 죄를 논하고 있었다. 이제 허균의 역할은 끝난 것이다. 대비를 폐하기로 결정하자 이에 반대한 이항복은 북청으로, 기자헌은 길주로 귀양 갔다.

옛 제자의 밀고

이번 사건에서 가장 큰 공을 세운 허균은 1617년 12월 12일에 좌참찬(左參贊, 정2품)에 임명되었다. 광해군이 즉위한 뒤에 몇 년씩이나 야인 생활을 하던 그가 드디어 재상 반열에 들게 된 것이다. 그러나 기자헌이 정평으로 유배되었다가 길주로 다시 옮겨지며 목숨까지도 위태로워지자 그의 아들인 예조좌랑 기준격이 아버지의 목숨을 구하기 위해서 비밀히 상소하여 허균을 고발하였다.

> 엎드려 생각건대 나라가 불행하여 역적의 변고가 잇달아 일어났습니다. 그 중 역적의 뿌리는 실상 허균이었는데도 오히려 목숨을 보전하고 있어서 신은 늘 마음이 아팠습니다. 허균이 역적(영창대군) 의를 세운 다음에 서궁을 끼고 나랏일을 맡으려 했던 곡절을 낱낱이 진술하오니, 다행히 죄인을 잡게 된다면 종묘사직이 굳건해질 것입니다.
>
> 기유년(1609, 광해군 원년) 겨울에 신의 아비는 외직에 있었고, 신만 홀로 서울에 있었습니다. 어느 날 균의 집에 갔더니 신의 아비 안부를 묻고 이어서 말하기를,
>
> "의창군(큰형 허성의 사위)은 선왕이 사랑하던 아들이라 그를 세자로 세우려 했으나, 너의 아비가 저지시켰다."
>
> 고 했습니다. 그 말은 의가 태어나기 전에 (조카사위 의창군을) 세자로 세우려다가 못했다는 것입니다.

또 신해년(1611) 겨울에도 신의 아비가 외직에 있었으므로, 신은 홀로 서울에 있었습니다. 어느 날 균의 집에 갔더니 그가 말하길,

"연흥(부원군 김제남)이 나를 시켜 심정세의 딸을 윤수겸에게 혼인하도록 청했다. 그것은 수겸이 전부터 훈련도감 군사들의 마음을 잘 사고 있었음을 알았기 때문이다. 혼인을 맺으면 큰일을 일으켜 두 송장을 끌어낸 다음, 영창대군을 세우고 대비를 수렴청정케 하려고 한다."

라고 하기에 신이 깜짝 놀라, "두 송장이 누구냐?"고 물었더니 "상감과 동궁이다"라고 했습니다. (줄임) 또 이렇게 말했습니다.

"내가 지금은 연흥(부원군)을 지휘하고 있지만, 일이 이뤄진 뒤에는 내가 병권을 모두 잡을 것이다. 그때 가서는 무사를 시켜 연흥까지 죽이고, 나보다 권세가 나은 사람이 없도록 하겠다. 그런 다음에 대비를 끼고 한 나라를 호령하되, 다른 사람은 감히 숨도 못 쉬게 하겠다. 중국에 주문(奏文)을 올려, 임금의 입으로 (중국에 대해) 이렇게 반역적인 말을 했다고 하며, 또 적자가 아니므로 이미 폐하고 적자인 의를 세웠다고 하면, 은 1만 냥만 써도 일이 순조롭게 될 것이다." (줄임)

균이 선조에 대하여 모해하려다 이루지 못하고, 공주목사로 있다가 파직되어 부안으로 돌아갔는데 그때 부안군수는 심광세였습니다. 균은 그와 더불어 의를 세우고 권세를 잡자고 모의했습니다. 또 경술년(1610)에 죄를 받고 하옥되었다가 이듬해 정월에 귀양 갔었는데, 그가 귀양에서 풀려 돌아온 뒤로는 균의 집이 광

세의 집과 문을 마주하고 있었으므로, 아침저녁으로 상종하며 흉악한 모의를 꾸몄던 것입니다. 이 이야기는 그의 성품이 경망한 까닭에 신이 그의 말을 직접 들은 것입니다. (줄임)

허균이 공주목사로 있을 때 삼영(三營)을 설치했다는 비방이 돌았으니, 그것은 식객 심우영·윤계영·이재영을 두고 한 말입니다. 우영은 허균 아내의 가까운 친척이므로, 서로 친밀한 정이 한 몸뚱이 같다는 것은 나라 사람들이 모두 알고 있습니다. 균이 일찍이 서문을 지어서 우영에게 주며, '나의 벗 심군(沈君)'이라고 했습니다. 균은 평생 (서얼이었던 역적) 정도전을 흠모하여 늘 현인이라고 칭찬했으며, 그가 우리나라의 시문을 가려 뽑을 때에도 도전의 시를 앞머리에 싣고 우영의 시도 그 가운데 넣었습니다.

그러다가 계축년(1613) (칠서의 옥사) 뒤에는 균이 이렇게 말했습니다.

"내가 복이 있어서 남쪽으로 내려갈 때, 우영에게 준 시를 내 문집에 넣으려고 모두 가지고 갔으므로, 이때 마침 우영의 사건이 일어났지만 나는 화를 면했다."

(칠서의 옥사에 주역이었던) 심우영과 서양갑은 모두 균이 품에 안아서 기른 자들입니다. 균이 양갑의 자를 석선이라고 지어 주었으며 늘 말하길, "현세의 영웅은 오직 서석선(徐石仙)이 있을 뿐이다"고 했으니, 균이 법망에서 빠진 것이 어찌 괴이한 일이 아니겠습니까?

계축년에 균이 태인에서 올라온 뒤에 말하길,

"서얼들의 옥사가 일어났다는 말을 듣고는 염려되어서 밥도 먹지 못하다가, 그들이 죽었다는 말을 듣고야 마음이 놓였다."
하였고, 또

"올라오는 길에 선전관을 만나자 혼이 몸에 붙어 있지 않았는데, 내가 서 있는 곳을 그가 지나간 뒤에야 마음이 놓였다."
고 말했습니다. 또

"역적의 격서는 내가 지었으나, 심우영에게 내 이름을 말하지 못하게 했기 때문에 나는 죄를 벗어났다."
고 했습니다. (줄임) 계축년 가을에는 신이 묻기를,

"전에는 대비로 하여금 수렴청정케 하고 의를 세우려 하더니, 이제 와서는 어찌 폐하자고 말하는가?"
했더니, 균이 이렇게 대답했습니다.

"너같이 젊은 아이가 무엇을 알겠느냐? 말세의 사람은 화살이 떨어지는 자리에 과녁판을 세워야 처세하는 데 걱정이 없는 법이다."

균이 경박하지 않았더라면 신도 그의 말을 들을 수 없었을 것이고, 그의 마음도 역시 편했을 것입니다. 그러나 그가 이미 경망스럽게 말했기 때문에, 이제 와서는 그도 후회하고 있습니다. 신의 집에서 그가 전에 임금을 모해하려던 일과 서궁을 끼고 의를 세우려 한 사실, 심·윤의 혼인을 권했던 일까지 모두 알고 있는 것을 미워한 끝에, 신을 반드시 죽여서 입을 다물게 하고야 말겠다는 뜻에서, 기회를 타 모함하면서 못하는 짓이 없습니다. (줄임)

균을 오늘까지 천지 사이에서 숨을 쉬게끔 한 것은 신의 죄입니다. 균이 또, (줄임)

"만약 내가 권세를 잡고 대비가 정사를 돌본다면, 내가 (항우로부터 여태후를 보호했다가 나중에 정부가 되어 전권을 휘둘렀던) 심이기(審食其)가 되는 것도 또한 어려운 일이 아니다. 마땅히 원상(院相: 승정원에 나아가 국사를 처리하는 재상)이 되어, 궁중에서 한 나라의 일을 처결할 것이다."

하였습니다. 그 패려(悖戾)하고 흉악한 죄는 머리털을 뽑아 헤아려도 다 셀 수 없습니다.

오늘날 (대비를 폐하자고 허균이 주동해왔던) 대론이 이미 결정되었으니, 균과 같은 역적이 참견하지 않아도 일할 수 있습니다. 엎드려 바라건대, 임금을 위태롭게 하려 꾀하고 의창군을 세우려 했으며 의를 끼고 대비를 수렴청정케 하려고 한 균의 죄를 처결하옵소서. 황공함을 이기지 못하옵니다.

기준격은 허균에게 글을 배웠던 제자였다. 어려서부터 그의 집을 자주 찾아다녔기에 별 얘기를 다 들을 수 있었다. 물론 자기의 심복도 아닌 제자에게 목숨까지도 달린 혁명의 계획을 어느 만큼 얘기했을는지도 의문이지만, 그런 얘기를 듣고도 나라에 고발하지 않은 기준격의 죄도 또한 크다고 할 수 있다. 조카사위 의창군을 세우려고 했던 일이나, 영창대군을 세우고 정권을 잡으려 했던 계획들이 모두 실천에 옮겨지지 못했으므로, 나중에는 허균이 폐비론을 내세워 광해군의 신임을 얻어가면서 혁명의 준비를 하고 있었다는 내용이었는데, 그 이야기를 듣고 난 즉시 고발하지 않은 기준격 역시 공범이 된 셈이다. 기준격은 당장 아버지의 목숨이 위태로워지자 비밀히 소를 올려 허균의 죄를 고발한 것이다. 그러나 워낙 허균을 신임한 데다 폐비의 일을 벌려놓은 광해군은 이 상소에 대해서 아무런 답도 내리지 않았다.

기준격의 고발이 과장된 부분은 있지만, 대체적인 줄거리는 근거가 있었다. 허균과 기자헌은 같은 대북파였으므로, 기자헌의 아들이자 자기 제자인 기준격을 허균이 혁명의 동지로 삼으려고 생각했을 수도 있기 때문이다. 기준격 역시 의창군 이야기를 들었을 때나 영창대군 이야기를 들었을 때 즉시 고발하지 않은 것도 당시에는 스승의 혁명에 참여할 생각이 있었기 때문이다. 영창대군이 태어나기 전에는 여러 왕자들이 서로 세자가 되려고 암투가 벌어지던 시기였으므로, 허균이 조카사위 의창군을 밀 생각도 했을 수 있다. 영창대군을 옹립하려던 계획도 가능성이 있다. 영창대군이 선조의 유일한 적자였기 때문이다. 다만 허균이 한나라 여태후의 정부인 심이기처럼 인목대비의 정부가 되어 정권을 잡으려 했는지는 확실치 않다. 그의 말 외에는 다른 증거가 없으며 허균의 자백도 없다.

허균의 측근들이 포진된 사헌부와 사간원에서는 기준격을 탄핵하는 계를 올렸다. 게다가 광해군은 허균이 자신을 제거하리라고는 생각조차 못했기에, 이 일을 중요하게 여기지 않았다. 폐비를 단행한 뒤에 이 일을 처리하려고, "서서히 결정을 짓겠다"는 비답(批答)을 내렸다. 기준격의 고발이 사실이건 아니건 간에 밝히고 싶지 않았을 것이다. 기준격의 고발이 거짓이라면 조사하지 않더라도 아무 일이 없겠거니와, 만약 사실이 인정되면 폐비를 주창하던 허균이 역적으로 몰리게 되면서 그동안 준비해왔던 폐비론까지도 물거품처럼 사라질 위험이 있었기 때문이다.

사면초가

대비를 폐하는 일 때문에 정청(庭請)이 있었는데, 당상관 가운데 참여한 자가 245명이었고, 당하관 가운데 참여한 자가 537명이었다. 이에 따라 대신들이 모여서 대비의 존호를 깎아내렸다. 동시에 대비가 누렸던 모든 특권을 박탈했으며, 가지고 있던 옥책(玉冊)과 어보(御寶), 국혼 때의 문서도 모두 내어놓고, 조알·문안·숙배도 폐지케 했다. 대비라는 두 글자를 없애고, 서궁이라 부르게 했다. 죽은 뒤에도 복을 입지 않으며, 종묘에 들어가지 못하게 했다.

대비의 문제가 매듭지어갈 무렵에, 허균에 대한 상소가 들어오기 시작했다. 1618년 윤4월 3일에 진사 곽영이 이이첨의 죄를 논하다가, 허균의 죄까지 논하고 들었다. 그는 풍기 사람인데, 참봉 진의 아들이다. 처음에는 이이첨의 집에 드나들며 여러 차례 대비를 폐하는 상소에 참여하였는데, 그의 아버지가 대단히 노하여 집에서 쫓아냈다. 그래서 할 수 없이 이이첨의 죄를 고하는 소를 올리며, 허균의 죄까지 빨리 따지라고 청한 것이다. 이이첨과 허균이 이에 변명하는 소를 올리고, 곽영은 곧 옥에 갇혀 국문을 당했다.

그러나 이 상소가 들어온 뒤부터 사태는 허균에게 차츰 불리해졌다. 곽영을 심문한 사헌부와 사간원에선 몇 차례 함께 계를 올리며, "기준격을 빨리 잡아다가 국문하여 사실을 밝히게 해달라"고 아뢰었다. 광해군이 그것마저 꺼리며 뒤로 미루자, 29일에는 사헌부와 사간원에서 그동안 조사했던 자료에 따라서 허균을 역적으로 몰며 함께 계를 올렸다. 이이첨 자신까지 걸려들게 되자, 실권을 잡고 있던 그가 허균과 결별하려고 심복들을 움직였던 것이다.

허균은 천지간의 한 괴물입니다. 경운궁에 투서한 오만 가지 반역죄상이 이미 민인길의 고변에서 발각되었고, 홍로와 결탁하여 동궁을 모해하던 것이 또한 기준격의 상소에 나타났습니다. 균이 짊어진 죄야말로 오늘날 남의 신하인 사람으로서는 함께 하늘을 이고 살 수 없을 정도입니다. (줄임)

만약 그가 이런 죄를 짓지 않았다면, 언관(言官)이 국문을 청하기 전에 자진하여 옥에 들어가 한사코 변명하기에 겨를이 없었을 것입니다. 그런데도 그렇게 할 생각은 아니하고, 도리어 천지간에 용납되어 죽음이나 당하지 않으려고, 사중구생(死中求生) 하기를 못할 짓이 없습니다. 대론에 가탁하여 간사한 계획을 이루려고 하니, 선비들은 속임을 면하지 못하고 모든 유생들도 그 술책에 빠지고 말았습니다.

전후에 올린 상소문들을 그가 스스로 지어주어, 온 나라의 공통된 논의를 자기가 공 세울 터전으로 삼았습니다. 위로는 임금을 현혹시키고 아래로는 조정을 교란시켜, 공경대신(公卿大臣)을 그 자리에 편히 있지 못하게 했습니다. 삼사(三司)까지 협박하여 제 명령에 따르게 했으므로, 다 되어가던 의논이 이 때문에 다시 동요되고, 제대로 논한 사람이 도리어 몰리게 되었습니다.

대비의 폐출이 어떠한 의론이며 반란이 어떠한 죄상인데, 그가 감히 무리를 모아 이해로 유혹하며 대론을 주장하려고 하는 것입니까? 당당한 국가에서 어찌 이 한낱 괴이한 도깨비 같은 놈을 용납하여, 그 야유와 변덕을 버려둠이 이처럼 극도에 이르렀습니까? 더구나 균은 일생의 행위가 오만 가지 죄악을 구비했으니, 풍기를 문란케 하고 행실을 더럽게 하여, 다시 사람의 도리라곤 없었습니다. (줄임)

균·인길·준격을 먼저 삭탈관직하시고, 아울러 잡아들여 국문하라고 명하소서.

그러나 그의 구체적인 죄목이 드러나지 않았으므로, 광해군은 "허균의 일은 알아서 처리할 것이니, 완강하게 다투지 말라"고 미뤄버렸다. 다음날인 5월 1일엔 전교를 내려서, 삼사의 관리들이 그 자리에 너무 오래 있으면서 사사로운 정에 따라서 논죄가 달라진다고 꾸짖기까지 했다. 일이 급해지자 허균은 거사를 서둘렀다.

마침 여진족 오랑캐들이 요동 무원진에 침입하여 진장 및 군사들을 많이 죽이고, 사람과 가축을 약탈해갔다. 명나라 황제가 진

노하여 군사를 대대적으로 일으켜 북을 토벌하고, 조선에서도 군사를 동원하여 후원하라고 했다. 그래서 광해군은 참판 김홍립을 도원수로, 평안병사 김응서를 부원수로 삼아 2만여 군사를 징발했다. 따라서 폐비 사건과 아울러 백성들의 마음이 뒤숭숭해졌다.

허균은 이 틈을 타서 비밀리에 자기 동지들을 시켜 밤마다 남산에 올라가 외치게 했다.

서쪽의 적(여진족)은 벌써 압록강을 건넜다.
유구(琉球: 지금의 오키나와) 사람들이 복수하기 위해서 바다섬(백령도) 속에 와서 숨었다.
성안 사람들은 나가서 피해야 목숨을 구하리라.

그러자 백성들 가운데는 성밖으로 피난 가는 자들이 있었고, 심지어는 관리들 가운데도 가족들을 피난 보낸 집안이 있었다. 민심이 뒤숭숭해지자, 광해군은 피난 가는 자들을 엄벌에 처하라고 명했다. 허균의 동지들은 또 이런 노래를 지어서 퍼뜨렸다.

성안이 들판보다 못하고
들판은 강을 건너는 것보다 못하다.

또 소나무 사이에다 등불을 달아놓고, "살고 싶은 자는 나가서 피하라"고 외쳤다. 사람들은 놀라고 두려워, 아침저녁의 운명을 헤아릴 수 없게 되었다. 장안의 백성들이 집을 버리고 달아나기도 했다. 평소에 스님들과 깊이 사귀었던 허균은 북한산성에 승군을 몰래 모아놓았다. 임진왜란에 의병으로 참가해 많은 공을 세웠던 승군은 무력도 상당한 데다 조선조 사회에서 천대받았기에, 민중 중심으로 준비되던 그의 혁명에 기꺼이 참여했던 것이다. 이 무렵 승군 가운데는 불도를 수행하던 승려보다도 부역이나 세금을 피해서 거짓으로 승려가 되었던 종이나 양민이 많았다.

허균은 또한 자기의 딸을 동궁에게 주려는 계획을 세웠다. 딸이 세자의 후궁으로 간택되면 허균 자신도 다시 광해군의 신임을 얻을 수 있고, 혁명을 일으킬 시간을 벌 수 있기 때문이다. 동궁빈은 마침 이이첨의 외손녀였는데, 아들을 낳지 못했다. 그래서 세자의 후궁인 소훈(昭訓, 종5품)을 새로 간택하려고 11세부터 19세까지 처녀들의 금혼령을 내렸는데, 허균이 이에 단자(單子)를 넣었다. 그러나 이 무렵의 정정(政情)이 불안했으므로 처녀를 가진 집안에서 딸을 내놓지 않고 감추려 하자, 광해군이 5월 13일에 전교하였다.

> 처녀는 숨길 성격의 것이 아니다. (줄임) 지금부터 처녀를 숨겨두고 내놓지 않는 자에게는 중률(重律)을 적용하고, 아무리 1품 재상이라 하더라도 영원히 벼슬에 서용하지 않겠다. 이러한 사실을 상세히 알려서 착실히 거행하라.

당시에 자기 딸을 세자의 후궁으로 들이겠다는 재상이 없어서 허균의 딸이 간택되게 되었다. 그러자 이이첨은 너무 당황했다.

폐비론을 이끌면서 허균이 광해군과 너무 가까워진 데다가, 자기의 외손녀 자리까지 그의 딸이 넘본 것은 곧 자기에 대한 도전이었기 때문이다. 성균관에서 글공부를 함께 했던 후배였고 정치적으로는 서로 도와주던 대북파 동지였지만, 이제는 너무나 커져서 위협을 받게 되었다. 그래서 이이첨은 허균을 제거하기로 결정하고, 유생들의 여론을 허균 탄핵 쪽으로 돌렸다. 그리고는 허균의 마음을 붙잡아두기 위해서 딸이 소훈에 간택될 것이라고 거짓말로 달랬다.

허균의 동지들이 "오랑캐가 쳐들어온다"고 퍼뜨렸던 소문이 장안에 널리 퍼지자, 백성들이 성밖으로 피난 가기 시작했다. 임진왜란의 비극이 아직도 생생했기 때문이었다. 민심이 흉흉해지자, 광해군이 6월 9일에 전교하였다.

> 며칠 사이에 도성의 사대부와 백성들 가운데 피난 가는 자들이 부쩍 많아져서, 성안이 날이 갈수록 허전해진다고 한다. 지금부터는 포도청으로 하여금 각별히 살펴서 그런 자들을 적발해 효수(梟首)함으로써, 다른 자들에게 경종을 울리고 진정시킬 계책을 힘써 마련하라. 재상이나 조정의 관리들이 가족을 내보내고 짐짝을 옮기는 경우에는 사헌부나 사간원으로 하여금 탄핵케 하라.

역적의 경우에나 목을 베어서 높이 내걸었는데, 광해군은 이 소문 때문에 피난 가는 자들까지 효수하라고 명했다. 그만큼 사정이

다급해진 것이다. 장안의 민심은 나날이 흉흉해졌다. 오랑캐가 국경에 진을 치고 있을 뿐만 아니라, 광해군이 인왕산의 왕기를 꺾기 위하여 두 곳에다 무리하게 궁전을 짓는 일까지 겹쳐서 피폐된 민심이 조정을 떠나고 있었다. 백성들 사이에 "인왕산 아래에 왕기가 있다"는 소문이 떠돌아, 광해군이 위기를 느끼고 그곳에 자신이 머물 궁전을 짓고 있었던 것이다. 실제로 이곳에 살고 있던 능양군이 몇 년 뒤에 반정을 일으켜 인조로 즉위했다. "국고가 텅 비어 쌀과 베가 몇 달 안으로 떨어지게 되었으니, 궁궐 한곳의 공사를 중단케 해달라"고 우찬성(右贊成) 이충이 11일에 차자를 올렸다. 광해군도 할 수 없이 "서쪽 변방의 사태를 보아가면서 처리하겠다"고 양보했다. 그러나 민심이 더욱 흉흉해지자, 8월 6일 사헌부에서 이렇게 아뢰었다.

> 변방의 경계가 급해지기도 전에 도성이 먼저 무너져 길이 막힐 정도로 성을 빠져나가는 행렬이 밤낮으로 이어지니, 진정시킬 방법이 없습니다. (줄임) 빠져나가는 짐수레와 도망가는 백성들이 도로에 이어지고 안팎이 소란스럽게 동요되고 있으니, 안정시킬 대책을 강구하지 않을 수 없습니다. 좌우 포도청 종사관, 한성부 해당 관리, 각 성문의 별장들을 모두 파직하라 명하소서.

안팎으로 거사 준비가 하나씩 진행되다가, 8월 10일에 허균의 심복인 하인준이 잡혀들어갔다. 하인준은 그 날 새벽에 남대문 앞에다가 백성을 선동하는 격서를 써붙이고는, 사헌부의 실무자였던 장령(掌令) 한명욱에게 찾아가 자기가 지나가다가 보았다고 전했다. 그러나 그 자리에서 수문장에게 바로 고하지 않은 것이 빌미가 되어서 잡혀들어가 심문을 당했다. 한명욱은 하인준이 새벽에 찾아와 그 사실을 말했다고 했으며, 하인준은 아침이었다고 했다. 한명욱의 말대로 따지면, 새벽에는 어두워서 격서의 내용을 읽을 수 없기 때문에 결국은 하인준이 스스로 격서를 써서 붙인 셈이 되었다. 남대문에 붙었던 격서는 지난해 경운궁에 던져넣었던 격서와 같은 내용이었다. 끄트머리엔 "백성들을 불쌍히 여기고 죄인(광해군)을 치기 위해, 하남대장군(河南大將軍)이 장차 이를 것이다"는 구절까지 적힌, 아주 큰 격문이었다.

하인준은 이 사건의 배후를 자백하지 않았다. 그러나 이이첨은 이 기회에 허균을 기어코 제거하리라고 마음먹었다. 그래서 다시 사헌부와 사간원으로 하여금 "허균과 기준격을 함께 잡아다놓고 대질심문을 하게 해달라"고 청했다. 정2품 재상을 임금의 윤허도 없이 잡아넣을 수는 없었기 때문이다. 기준격의 비밀 상소가 들어온 지 여덟 달이 지나서야, 왕은 허균의 심문을 허락했다. 1618년 8월 17일에 허균은 기준격과 함께 옥에 잡혀들어갔다. 이이첨은 허균이 자기에게 관계되는 이야기를 꺼낼까봐, 곧 풀어줄 테니 잠시만 참으라고 달랬다. 그래서 허균에게는 다른 동지들처럼 고문도 하지 않았다.

허균은 잡혀들어가기 전날 밤, 혹시 자신이 죽을지도 모른다고 생각했다. 그렇게 되면 가장 아까운 것이 평생 공들여 지은 자신의 작품들이었다. 다른 문인들은 세상을 떠난 뒤에야 그의 가족이나 제자들이 문집을 편집했지만, 그는 이미 7년 전에 유배지에서 자신의 문집을 엮었다. 자신이 스스로 엮었기에 누가 엮은 것보다도 더 정확하고 믿을 만했다. 허균은 자신의 분신인 『성소부부고』 초본을 외손자 필진의 집으로 보냈다.

고위 관료 가운데 허균의 혁명 동지는 한성부 좌윤(左尹, 종2품) 김개뿐이었는데, 장안의 움직임을 가장 빨리 알고 있는 그는 허균이 의금부 감옥으로 잡혀가는 것을 눈치채고 재빨리 의금부의 옥리들을 매수했다. 그가 의금부의 고위 간부인 동지의금부사인 데다 국가의 중대사를 의논하는 비변사의 유사당상(有司堂上)을 겸하고 있었기 때문에 쉽게 도와줄 수 있었던 것이다. 횃불을 끄게 하고, 중죄인의 목에 씌우는 칼과 발에 채우는 족쇄를 풀어주게 했다. 그를 탈출시키려 시도한 것이다.

그때 허균을 따르는 하급 아전과 종들, 그리고 무사들 수십 명이 의금부 감옥 앞에 모여들어 시위했다. 무사 원종은 이들을 선동하며, 옥문을 두들겨 부수고 허균을 빼가자고 소리쳤다. 군중들이 의금부 나졸들과 옥문을 향해서 돌을 던졌다. 나졸들은 그 기세에 눌려서 숨거나 달아났다.

18일부터 허균과 기준격을 심문하다가, 낮부터 대질심문이 시작되었다. 기준격은 상소문에 있는 내용 그대로 아뢰었다. 허균은 별다른 위험을 느끼지 않은 채 자기가 기준격의 집안에서 미움을 사고 있었다는 얘기만 했다. "기준격이 아무리 나이 어렸다고 하지만, 어찌 그런 이야기를 들은 당시에 즉시 고하지 않고 있다가 자기 아비가 죄를 얻은 뒤에야 허위를 날조해 무고하느냐"고 반박했다. 그러나 20일부터 허균의 거사 준비가 차츰 드러나자 21일에 왕이 명을 내렸다.

"허균이 국청에서 옥으로 끌려갈 때 불을 끄고 칼과 수갑을 풀어주는 등, 그를 끌고 간 도사가 사사로운 정분을 금하지 않았다고 한다. 그 도사를 먼저 파직시킨 뒤에, 그 죄를 따져 물으라. 이 뒤에라도 만약 그에게 정을 베풀며 행동을 삼가지 않는 일이 있으면 그 도사를 잡아다가 국문할 것이며, 그 일을 맡았던 당상관에게도 죄를 물으리라."

결국 김개는 이 날 동지의금부사 직에서 해임되었다. 아직은 그가 혁명에 가담한 혐의가 드러나지 않았지만, 허균과 친한 자가 추국청의 책임을 맡을 수는 없기 때문이었다.

그렇지만 한쪽에서는 허균의 지지자들이 여전히 허균을 옹호했다. 선전관 백대진은 허균이 심문을 당하자 팔을 걷어붙이고 여러 사람들을 향해서,

"허판서가 무슨 죄가 있느냐?"

고 외쳤다. 동료들이 이를 말리자, 욕을 퍼부어댔다. 성균관을 비롯한 유생들은 죄 없는 사람을 가두었다고 상소하거나 거리로 몰려다니며 소란을 떨었다. 밤에 삼청동 뒷산에 올라가 민심을 선동하며 외치기도 했다. 벼슬아치들에게 그 달의 녹봉을 주는 날, 호조의 하급 아전들은 규정을 어기고 허균에게 여덟 달 치의 녹봉을 지급하기도 했다. 이들 모두가 허균의 편이었다.

21일 대질심문에서 기준격은 "허균의 성품이 경솔하고 위엄이 없어서, 미천한 자까지도 자기와 대등한 자처럼 대우했다"고 비난

혁명을 꿈꾸다

했지만, 이 비난이야말로 허균의 혁명 이념을 가장 잘 나타낸 말이다. 지배층에게는 허균이 경박한 패륜아로 보였지만, 민중들에게는 모두 함께 어울려 사는 새로운 세계를 지향하는 지도자로 보였던 것이다.

이이첨은 허균을 죄인으로 몰기 위해서, 선전관을 그의 집으로 보내어 문서를 뒤지게 했다. 허균이 혁명을 일으키려 했다는 물증이 아직 뚜렷하게 없었던 것이다. 왕은 선전관에게 전교를 내려서, 허균의 아내가 사는 집과 첩이 사는 집까지 함께 뒤지라고 명했다. 삼사에서 비밀히 계를 올리자, 왕도 비답을 봉해서 내렸다. 『광해군일기』를 엮은 사관은 이 날의 기록에다가 작은 글씨로 이렇게 주를 달았다.

> 이때 허균은 무사들을 많이 모아놓고, 몰래 승군까지 청하여두었다. 대비의 궁을 직접 쳐들어가서 먼저 폐하고 나중에 아뢰려고 했는데, 왕도 이미 허락했다. 삼창(三昌: 이이첨·유희분·박승종)의 집에선 그가 반역하려는 모양을 확실히 알고, 비밀히 계를 올렸다. "허균이 폐비론을 핑계삼아 역적모의를 몰래 했다"고 하자, 왕도 크게 놀랐다.
>
> 왕은 드디어 기준격 등의 상소문을 내려주고, 예전의 일들을 캐어묻도록 했다. (줄임) 균이 처음엔 이이첨과 더불어 폐비론의 주도권을 다투었다. 이첨은 균이 끝내 반역할 것이라는 걸 알고, 드디어 유·박과 함께 계를 올려 변을 고했으니, 그의 입을 막으려고 한 것이다.

역적의 딸을 세자의 곁에다 둘 수 없다고 하여, 허균의 딸도 후궁에 내정되었던 것이 취소되었다. 이이첨은 허균의 입을 막기 위하여, "딸이 소훈으로 뽑혀 들었다"느니, "조금만 참으면 풀려나올 것이다"고 하면서 마음을 놓게 했다. 그러나 한편으론 허균을 죽일 준비를 하나씩 해나갔다. 이 날 허균의 심복인 우경방과 현응민 등이 고문을 당했지만 아무도 자백하지 않았다. 버드나무 방망이로 살점이 떨어져나가도록 곤장을 맞고 뼈가 부서지는 압슬을 당하면서도 모든 행동을 자기 혼자서 했다고 우기며 허균의 이름을 대지 않았다.

실패한 혁명

이들의 거사 계획이 차츰 드러나면서, 한성부 좌윤 김개도 이 날 잡혀들어갔다. 허균을 밤늦게 감옥으로 끌고가다가 또 지난번처럼 난동이 일어날까 우려하여, 날이 저물기 전에 하옥시켰다.

22일엔 인정문 바깥에서 왕이 친히 심문했으며, 진선문 안에선 정국(庭鞫)이 있었다. 왕은 허균이 옥에 갇히던 날 그의 수갑과 칼·족쇄 등을 풀어주게 한 김개와, 옥문을 깨뜨려서라도 허균을 풀어내겠다고 큰소리 친 원종의 죄까지도 엄히 따지라고 명했다. 또한 심문을 제대로 못하도록 방해놓느라고 돌을 던져서 국청의 문짝을 깨뜨리거나 형졸들의 머리를 깨뜨린 허균의 무리들도 모두 잡아서 엄벌하라고 명했다.

역적의 무리가 매우 많은데 그 중에 조정 관리들도 많이 포함되어 있으므로, 난역의 무리들이 공공연히 돌을 던져 국청의 대문과 나졸들의 머리를 깨뜨렸으니, 이는 이미 임금이 없는 나라가 된 셈이다. (줄임) 추관은 밤에 다니지 말며, 죄인도 하옥하지 말라. 친국이나 정국 때 죄인을 나열해두는 곳에는 무사 및 포수와 살수를 많이 배정하여 아주 단단히 지키도록 하라. 야간에는 대궐문 밖을 포도대장이 엄히 지키며 순라를 돌아 특별히 기찰하도록 하고, 빠져나가는 적들을 일일이 체포하도록 단단히 지켜라.

홍문관의 관리들이 차자를 올려서 괴물 허균의 죄를 몇 가지 논하고, 우선 삭탈관직한 뒤에 엄히 국문하라고 청했다. 왕은 그렇게 하라고 허락했다. 김윤황은 압슬형을 당하면서도 끝내 자백하지 않았지만, 하인준이 조금씩 자백하기 시작했다.

23일엔 심문의 범위가 더 넓어져서 많은 사람들이 잡혀들어가 고문을 당했다. 포도청에선 우정방의 집을 뒤져서 여러 문서를 찾아냈고, 봉학의 집에 감추어둔 군목(軍目)과 결사맹문(決死盟文)까지 찾아냈다. 군목에는 이들의 갑자(甲子)가 새겨져 있었다. 이제는 허균이 혁명을 일으키려 했다는 증거가 드러났고, 그의 혁명노선을 지지하여 목숨을 걸고 참여한 이들의 이름이 모두 확인되었다. 그래서 군목에 적혀 있던 사람들까지도 잡혀들어, 심문의 범위가 크게 확대되었다. 각 고을에 의금부 도사를 보내어, 군목을 나눠받은 자들을 급히 잡아오게 했다. 허균이 처음에 겉으로 폐비론을 내세우면서 사람들을 모아 자신의 혁명에 가담시켰다는 사실이 확인되자, 광해군이 전교하였다.

서궁의 일은 조정에서 마땅히 의논하여 처리할 것이니, 설사 의분의 마음이 있더라도 스스로 상소하여 뜻을 전하면 그뿐이다. 그런데 (우)경방 등은 어찌 감히 모여서 맹세하는 글을 써서 각기 한 장씩 가지고 당을 모아 난을 모의했는가? 그들이 겉으로는 서궁을 핑계대면서 때를 틈타 난을 일으키려던 계획이었으니, (줄임) 만일 사실대로 공초를 바치지 않으면 엄히 국문하여 실정을 알아내라.

김윤황이 고문을 받고서, 작년 경운궁 투서 사건을 자백했다. 하인준도 압슬 고문을 받고서 남대문 벽서 사건을 이렇게 자백했다.

올해 정월에 황정필이 붉은색으로 쓴 언문 격서를 가지고 왔는데, 그 글은 대체로 이런 뜻이었습니다.
"이이첨·김개·허균들이 반역을 꾀하여 사람을 많이 죽이려 하니, (줄임) 이제 신장(神將) 곧 하늘이 보낸 장수가 크게 일어나서 이이첨·김개·허균들을 죽이려 한다. 하인준과 황정필은 앞으로 일이 조금 누그러지면 화를 면할 수 있다."
신장 밑에 날인하고 서명한 것 따위가 남대문 흉서와 어찌 같지 않습니까? (줄임) 허균이 이 흉서로 도성의 백성들을 소동시키려 했고, 자기의 이름을 이이첨의 아래에 섞어넣은 것은 이것을 읽는 사람에게 그가 하는 짓을 의심치 않게 하려는 것입니다. 흉서는 허균이 만들었고, 글씨는 현응민이 쓴 듯하며, 이를 붙인 자는 현응민과 황정필인 듯합니다. 제가 거기에 가담했다고 하는 것은 억울합니다.

추국청에선 우선 김윤황과 하인준의 자백만을 받고서 더 이상 물을 것이 없으니, 허균과 대질심문을 할 필요도 없이 죽이자고 아뢰었다. 그러나 광해군은 무언가 이상한 것을 느꼈다. 정작 역적의 괴수인 허균은 심문하지도 않고, 이이첨 일당이 왠지 서둘러서 심문을 끝내려고 한다는 느낌을 받았다. 그래서 김윤황과 하인준의 결안(結案)에는 허균의 역모 사실이 없을 뿐만 아니라, 격서 사건만으로 사형을 시킬 수도 없으니, 다시 의논해서 아뢰라고 하였다.

24일엔 정원에서 계를 올리고 관할 유생들이 소를 올려, 역적의 괴수 허균을 빨리 죽이라고 청했다. 왕은 다시 명을 내려 김윤황과 하인준의 공초가 자세하지 않아서 다시 물어볼 것이 있으며 역적의 괴수를 빨리 사형시키라는 것도 부당하다고 했다. 광해군은 자기가 그토록 신임하던 허균이 자기를 제거하려고 모의했다는 것을 믿을 수 없었거니와, 또 증거가 뚜렷해서 역적으로 밝혀졌더라도 그 모의가 누구에게까지 관련되는지 캐어보고 싶었다. 폐비론을 진행하는 과정에서 그와 밀착되었던 대북파 고관들이 이이첨이나 한찬남을 비롯해서 너무나 많았기 때문이다. 그러나 이이첨은 허균이 혹시라도 자기를 끌고 들어갈까봐, 변명할 기회를 주지 않았다.

왕은 인정문에 나와 앉아서 친히 심문했다. 우의정 박홍구, 금부당상 이이첨, 대사헌 남근, 대사간 윤인, 승지 한찬남을 비롯한 이이첨의 무리들이 왕을 모시고 나와 앉았다. 몇 년 전부터 허균과 함께 혁명을 준비했던 현응민은 그를 살리기 위해 모든 죄를 자기가 뒤집어썼다.

"이번과 지난번의 흉서는 모두 신이 지은 것입니다. 균은 알지 못하니 오직 신만을 죽여주옵소서. 균이 죽는다면 참으로 원통하옵니다. 흉서와 격서를 만든 것은 세상을 현혹시키려 했기 때문이지 실제로 일을 꾸미려던 것은 아닙니다."

그러나 이 자백은 받아들여지지 않았다. 이미 자신들에게 유리한 자백을 김윤황과 하인준에게 받아냈기 때문이다. 위관들이 계를 올려 우경방과 김윤황의 자백에 의하여 허균의 죄상이 이미 드러났고 백성들도 이들이 빨리 죽기를 원하니 사형시키라고 청했다. 그러나 아직 격서 말고는 물증이 없었으므로, 왕이 이이첨에게 물었다.

"벌써 사형시키는 것은 너무 빠르다. 물을 만한 일들을 더 물은 뒤에 죽이는 것이 어떤가?"

이이첨은 "도당들이 모두 승복했는데 더 물어볼 것이 무엇이 있겠습니까?"라며 고집했고, 박홍구도 "이들이 겉으로는 폐비론을 빙자하면서 속으로는 역모를 꾸몄습니다"라고 아뢰었다. 유희발은 "만일 오늘 죽이지 않으면 무슨 일이 일어날지 모릅니다"라며 왕을 위협했다. 이이첨은 그때까지도 허균의 입을 막기 위해서 옥으로 몰래 사람을 보내어, "조금만 참으면 곧 풀려날 것이다"고 달랬다. 허균은 변명할 기회도 없었다. 남들처럼 결안도 없었다. 왕이 어쩔 수 없이 허락하자, 이이첨이 허균을 곧 끌어내라고 명했다. 그제서야 허균은 자기가 속은 것을 알고,

"할 말이 있다."

고 큰소리로 외쳤다. 그러나 국청의 위아래에 늘어선 심문관들은 모두 못 들은 척했다. 왕도 어쩔 수 없어 그들이 하는 대로 내버려두었다.

허균은 끝내 승복하지 않아서 마지막 판결문인 결안조차 만들 수가 없었다. 죽는 마당에 억지로 결안이라고 만들어 서명을 시켰지만, 붓을 내던지고 서명을 거부했다. 나졸들이 강제로 손을 끌어다가 서명시켰다.

허균·하인준·현응민·우경방·김윤황은 역적의 이름을 쓰고 그 즉시 저잣거리에서 사형을 당했다. 백관들에게 명하여 그들이 사형당하는 것을 차례로 늘어서서 보게 하였다. 몸뚱이에서 떨어져 나간 허균의 머리는 시장 바닥에 전시되었다. 막대 셋을 밧줄로 매고 '역적 허균' 이라는 팻말을 달아 그 막대 가운데에다 목을 매달았다.

허균은 역적의 이름으로 죽었지만 그를 따르는 민중들은 여전히 그의 옆을 떠나지 못했다. 아전 박충남이 장사지내기 위해서 허균의 머리를 가져가려다가 이를 말리는 수직군사를 마구 때렸다. 박충남은 부장(部將)에게 고발당해 28일에 심문을 당했다.

허균은 처음에 고문을 받지 않았으므로 남들처럼 결안도 없었다. 기준격의 상소문에 들어 있던 내용들을 사실로 받아들이고, 김윤황의 투서와 하인준의 남대문 격서를 물증으로 삼았으며, 민심을 교란했다는 죄가 인정되었다. 그래서 허균 자신의 승복도 없이 사형을 시켰다. 허균은 역적으로 죽었기에 연좌적몰(緣坐籍沒)의 법을 시행했으며, 집은 헐려서 연못이 되었다. 결국 허균의 시체만 남지 않은 것이 아니라 살던 집터마저 남아 있지 않게 되었다.

허균이 처형된 뒤에도 그를 따르던 동지들은 계속 잡혀들어갔으며, 모진 고문을 받고 귀양 가거나 죽어나갔다. 허균이 역적이었다는 증거를 더 찾아내고 혹시라도 역모가 재발하지 않도록 그의 추종자들을 뿌리 뽑아야 했기 때문이다. 허균의 첩인 추섬이까지 잡혀들어와 모진 고문을 당했다. 추섬이는 이렇게 자백했다.

경운궁의 흉한 격서와 남대문의 흉한 방문은 모두 허균이 만든 것입니다. 흉역의 일은 현응민과 함께 모의했고, 방문을 붙인 사람도 현응민입니다. 현응민이 허균의 집에 늘 드나들면서 일을 꾸민 것입니다. 누구를 추대하려 했는지 그 내용은 잘 모르겠지만, 사람들이 의창군을 추대하려 한다고 현응민과 장응기가 말했습니다. 허균이 역모를 꾸민 지는 3년이나 되었습니다. 도성 사람들을 모두 나가게 한 뒤에 꾸미려 한 것은 반드시 까닭이 있을 텐데, 그 자세한 내용은 모르겠습니다. 승군과 포수를 거느리고 8월에 한데 모였다가, 15일에 일을 일으키려고 했습니다.

25일엔 황정필이 매를 세 대 맞고서 이렇게 자백했다.

> 균이 처음엔 (조카사위) 의창군을 추대하려다가 나중엔 스스로 왕이 되려 했습니다. (동지들 사이에서도 누구를 왕으로 추대할 것인지) 채 결정을 짓지 못했는데, (줄임) 김개와 원종은 균이 경망하니 마땅히 의창군을 추대해야 한다고 했습니다. (줄임) 관작을 나열해서 기록한 책자는 김개·원종·임덕후의 집에 있습니다. (줄임) 우경방은 평안도와 황해도의 군사를 이끌어오고, 김대하는 나주의 군사들을 이끌어오려고 했습니다. 거사가 성공한 뒤에는 균이 우선 이조판서 겸 대제학이 되어서 인심을 수습하고, (줄임) 3년 뒤에는 전권을 잡으려고 했습니다.

우경방은 승려 출신이었는데 환속해서 무사가 되었다. 김대하는 나주 출신의 무사였는데, 이번 혁명에 고관으로서 유일하게 참여했던 김개가 나주목사로 있으면서 포섭한 인물이었다. 원래 정부의 군사들은 왕의 명령 없이는 마음대로 움직일 수 없었으며 한양 성안으로 들어올 수도 없었다. 그러나 허균은 광해군으로부터 서궁을 쳐서 인목대비를 시해하겠다는 내락을 얻었기에 성안으로 군사를 끌고 들어올 수 있었다.

허균의 자백이 없는 상황에서 황정필의 자백은 구체적인 거사 계획을 보여주고 있다. 그러나 이 자백은 그가 이이첨 일당과 짜고서 정치적으로 조작해낸 것이다. 이미 혁명의 지도자 허균이 처형된 마당에 더 이상 의리를 지킬 대상이 없어졌기 때문에, 그가 너무나 쉽게 이이첨의 요구대로 자백해준 것이다. 광해군은 그 이튿날인 26일에 명을 내려서, 황정필을 법도 이상으로 돌봐준 관원의 죄를 따지라고 했다.

"죄인 황정필은 매를 겨우 세 대만 맞고도 승복했으니, 매맞은 상처가 별로 없을 것이다. 그런데도 병이 중하여 기절했다고 계를 올렸으니 이는 예전에 없던 변이다. 이 일을 맡았던 도사와 당번 의원, 나장들을 함께 잡아들여 죄를 물으라."

그런데 황정필을 손쉽게 심문한 이유는 곧 드러났다. 광해군이 명을 내리자, 빈청의 신하들이 곧 계를 올렸다.

"역적이 일어나면 엄히 국문하여 모든 것을 바로 캐어묻고, 하나도 숨김이 없는 뒤에라야 결안을 작성하여 형을 집행하는 것이 국가 고금의 관례였습니다. 그러나 허균의 경우에는 그렇지가 못해서 몇몇 적들의 입에서 역모의 자백이 나오긴 했지만, 허균 본인에겐 한마디도 묻지 않았으며 매 한 대도 때리지 않았습니다. 그래서 사건의 전모를 확인하지도 못했습니다. 이제 남은 무리에게서라도 제대로 역모의 진상을 파악해야 합니다."

혁명의 주역들은 모두 처형되었으니 아직 죽지 않고 남아 있는 추종자들에게서 자기들에게 필요한 자백을 얻어내어 허균의 사건을 재구성하자는 말이었다. 그러나 가장 많이 자백했던 황정필이 그 날로 죽어버려 더 이상의 자백을 얻을 수 없게 되었다. 필요한 말을 자백받아내자, 다른 말을 하지 못하도록 그 날 밤으로 감옥 안에서 죽여버렸던 것이다. 그래서 이미 죽은 시체를 가져다가 서쪽 시장 바닥에서 다시 정형을 집행했다.

혁명을 꿈꾸다

허균의 동지들은 두어 달 동안 90여 명이 잡혀들어가 심문을 받았다. 몇 차례 고문 끝에 허위 자백을 한 자도 있었지만, 끝내 자백하지 않고 매맞다가 죽은 자도 많았다. 새로운 세상을 꿈꾸던 허균의 종들도 형벌받았으며, 조카사위 의창군은 귀양 가서 위리안치 되었다. 조카들도 벼슬에서 떨려나 귀양 갔다.

광해군의 난정을 뒤엎고 인조반정이 성공한 뒤에 억울하게 죽은 이들이 모두 누명을 벗었건만, 허균에게는 역적이라는 이름이 늘 붙어다녔다. 성도 감춘 채, 균(筠)이라는 이름만으로 씌어왔다. 조선조 사회체제에 정면으로 도전한 그를 끝내 용서할 수 없었던 것이다.

에필로그

허균은 과연 역적인가

허균이 역적으로 죽고 나자 그의 글까지도 죽어야만 했다. 그의 글들은 많이 없어졌으며, 남아 있는 것들도 감춰졌다. 그의 시나 편지를 받았던 사람들도 혹시 역적으로 몰릴까봐 모두 없애버렸다. 그가 외손자에게 보내어 보관케 했던 문집 『성소부부고』도 처음 그가 편집한 체제가 아니며, 문집에 넣지 않고 따로 엮었던 여러 책들 가운데 『국조시산』·『학산초담』·『한정록』·『홍길동전』만이 전한다.

그밖에도 여기저기 실린 그의 시들은 허(許)라는 성을 쓰지 않고 균(筠)이라는 이름만으로 작가를 표시하거나, 역적으로 죽기 이전에 발간한 책의 경우에는 나중에 성을 지워서 전했다. 심지어는 그가 엮은 『국조시산』을 뼈대로 해서 엮은 남용익(南龍翼)의 『기아』(箕雅)에서도 그의 시를 책의 맨 끝 부록으로 불성씨(不姓氏)라고 해서 몇 편 실었고, 역시 『국조시산』의 「허문세고」를 바탕으로 해서 엮은 『양천허씨세고』에서도 그의 뛰어난 시들은 권3의 끝에 「외집」(外集)이라고 해서 부록으로 붙였을 뿐이다.

그는 또 훌륭한 시화들을 지어서 옛 시인들의 시에 대하여 올바른 평을 해주었건만, 정작 그의 시나 행동은 뒷시대의 시화에 거의 나타나지 않는다. 야사에 나오는 경우엔 거의 그를 비방하는 얘기뿐이고, 시화에서도 몇몇 사람이 그의 시를 칭찬하는 것 외에는 그를 헐뜯는 이야기가 많다. 사람이 역적으로 죽었다고 해서, 그의 시에 대해서까지도 말하기를 꺼리게 된 것이다. 성섭이 지은 『필원산어』(筆苑散語)라는 책에는 이렇게 기록되었다.

초당 허엽의 무덤은 한강 남쪽 상초리에 있었다. 균이 역적으로 죽은 뒤에 그 화가 무덤에까지 미쳐서, 매일 밤마다 무덤에선 통곡 소리가 났다. 사간 심대부가 시를 지어서 위로했다.

아빌 닮지 못한 자식은 차라리 없었으면 좋았을 것을
텅 빈 산에 백골만 차갑구나.
초당의 정령이여! 밤마다 통곡하기를 그치소.
금그릇처럼 튼튼한 명당도 역시 인간 세상이라오.
不肖寧無子 空山白骨寒
精靈休夜哭 金盌亦人間

무덤의 통곡 소리가 그제야 그쳤다. 아! 초당이 요사스런 인간 균을 낳았으니, 그 집안이 화를 당한 것도 당연하다.

성리학에 조예가 깊고 성품과 언행이 꼿꼿하여 사림의 존경을 받던 초당 허엽에게서 역적 아들이 나와 집안이 망했으므로, 초당이 무덤 속에서도 통곡했다는 것이다. 이러한 얘기는 성섭보다 60년 뒤에 살았던 임영의 시화집 『섬천만필』(蟾泉謾筆)에도 그대로 전하고 영남에선 근래까지도 이야깃거리로 전해왔다.

그렇다면 과연 허균은 역적인가. 그를 평한 사람들의 기록은 크게 두 가지로 묶어진다. 문장이 뛰어나다는 것과 경망하다는 것이다. 문장이 뛰어나다는 것은 모든 사람의 공통된 평이며, 경망하다는 것은 그를 비난한 편에서 평한 것이다. 경망하다는 데에서 좀더 나아가면 상중에도 기생을 끼고 놀았으며 부처를 믿었다는 데까지 이른다. 그렇지만 이러한 비난은 유교의 테두리를 전제로 할 때에만 성립된다. 심지어는 천주교를 들여와서 처음으로 믿었다는 것도 당시엔 죄가 될 수 있었다. 그러나 유교의 울타리를 넘어서면 그것들은 죄가 되지 않는다.

사회마다 그들 나름대로 약속된 규칙이 있다. 그 사회의 구성원은 그 규칙을 지켜야만 사회의 일원으로서 충돌 없이 살 수 있다. 조선 사회의 규칙은 유교의 경전이었다. 그런데 허균은 이 규칙에서 어긋나는 행동을 많이 했다. 그도 이러한 것들을 모두 배워서 알긴 했지만 꼭 지킬 필요는 없다고 생각했다. 남들보다 앞서서 시대를 살았던 것이 죄라면 죄일 것이다.

그는 자기가 하는 행동이 떳떳했기에, 기생과 같이 잠을 잔 날에는 일기에다 그 여인의 이름까지도 다 기록했다. 남들이 읽는다고 해서 감추지를 않았다. 남들이 다 지키는 조선 사회의 규칙을 그가 깨뜨렸다고 해서 유학자들은 그를 비난했지만, 이 규칙을 깨뜨려야만 시대를 앞서가는 혁명가나 선각자가 될 수 있다. 어느 시대에나 그러한 몇몇 사람이 결국은 시대를 앞서 이끌어나갔던 것이다.

왕조실록, 특히 『광해군일기』에 실린 그에 대한 기록은 비난투성이이다. 역사를 객관적으로 기록한 것이 아니라, 감정적으로 꾸민 느낌이다. 그가 새로운 벼슬을 하거나 사건이 터질 때마다, 사관의 기록 밑에는 반드시 작은 글씨의 주가 덧붙어 그를 헐뜯고 있다. 이는 『광해군일기』의 편찬자들이 그와 당파적으로 반대편에 있던 사람들이며, 더구나 인조반정 뒤에 엮은 것이기 때문에 더욱 그렇다. 그러나 이 기록을 사실 그대로 받아들인다 해도, 오늘에 와서 허균을 역적으로 볼 필요는 없다.

허균이 젊었던 시절에 너무 자유분방하게 살았기에 세상이 그를 버렸지만 그도 나름대로 세상을 바꿔보려고 노력했다. 귀양 가기 이전의 그와 이후의 그는 너무나도 달랐다. 세상을 보는 그의 눈이 달라졌고, 세상을 대하는 태도가 달라졌다. 자신이 세상에 맞지 않자, 자기를 세상에 맞게 고친 것이 아니라 세상을 자기에게 맞도록 고치려고 했다.

허균은 혁명 계획이 진행되는 동안 동지들을 규합하고 광해군에게 신임을 얻기 위하여 폐비론을 내세웠으며, 한편으론 사회구조에 불만을 느낀 서얼들을 후원했다.

허균이 거사를 계획한 것이 전혀 무리한 일은 아니었다. 임금이 되는 과정에서 문제가 있었던 광해군은 왕위 유지에 자신이 없었기에 친형 임해군과 선조의 유일한 적자 영창대군을 죽였으며 중국에도 수많은 뇌물을 썼다. 민심이 늘 불안했기에 그는 언제라도 중국에 뇌물로 쓸 수만 냥의 은을 궁중에 숨겨두었는데, 올바른 신하들은 광해군을 포기하고 재야에 숨어살았다. 게다가 대륙에선 명나라가 망하고 청나라가 일어나려는 시기였으므로, 중국도 조선 국내의 문제에 간섭할 여유가 없었다. 허균은 자기의 이상을 실현할 만한 기회라고 생각하면서, 우선 정국의 주도권을 잡기 위해서 폐비론을 내세운 것이다.

허균의 거사 계획은 확실치 않다. 『홍길동전』이나 그의 논(論)들을 볼 때 그가 당대 사회에 불만을 느끼고 개혁하려 한 것은 사실이지만, 결안도 없이 죽었으므로 어떤 형태의 이상국가를 세우려 했는지는 제대로 알 수 없다. 아마도 그 역시 봉건 사회의 특권을 자랑스럽게 누렸던 양반이었으므로 조선조 봉건 사회의 테두리를 크게 벗어나지는 못했겠지만, 사회 구성원들이 좀더 인간답게 살 수 있는 정의가 구현된 사회가 아니었나 싶다.

허균이 거사에 끌어들였던 구성원들을 보면 다른 반정들과는 근본적으로 성격이 다른 것을 알 수 있다. 중종반정이나 인조반정의 공신들은 모두 고위 관료들이었지만, 허균은 혁명을 준비하면서 조선왕조의 사회체제에서 철저히 소외되었던 계층들을 많이 끌어들였다. 두 차례 반정이 모두 사대부 고관들을 중심으로 한 다른 당파 사이의 정권 다툼이었다면, 허균의 거사는 체제에 대한 도전이었다.

서얼 차별의 철폐를 주장한 『홍길동전』의 줄거리처럼 그도 민중들에 의한 혁명을 꿈꿨던 것으로 보인다. 허균의 혁명이 성공했더라면 당연히 그 혁명에 주도적으로 동참했던 서얼·노비·말단 관리·무사·승려 등의 소외 계층들이 새 나라의 주역이 되었을 것이다.

허균의 자백이 없으므로 확실히 알 수는 없지만, 기준격의 상소에 의하면 "혁명이 성공한 뒤에 인목대비를 정부(情婦)로 삼고 정권을 장악하겠다"고 했다고 한다. 그러나 실록에 의하면 허균이 무사와 승군까지 준비해놓고 서궁에 들어가 인목대비를 시해하려 했다고 한다. 또는 그런 내용으로 광해군에게 내통해서 군사 동원의 허락을 받아놓고, 대궐에 들어가 광해군을 죽이려 했다고도 한다.

말하자면 광해군을 죽이고 인목대비에게서 대권을 받아 조카사위 의창군을 임금으로 세우고, 자기는 이조판서 겸 대제학이 되어서 사회구조를 개혁하여 알맞은 인재를 알맞은 자리에 앉히고 문장을 담당하려 한 것이 그의 꿈이었다고 볼 수 있다. 이 경우엔 역성혁명이 아니다.

허균이 역성혁명을 일으키려 했다는 증언도 있다. 그의 혁명 준비에 참여했던 황정필이 자백하길, "균이 처음엔 의창군을 추대하려다가, 나중엔 스스로 왕이 되려 했다"고 했다. 이 자백이 정치적으로 조작된 흔적이 있긴 하지만, 그가 역성혁명을 꾀하여 허씨 왕조를 세울 수도 있는 법이다. 역성혁명을 의도했더라도 그가 이씨 왕조에게는 죄를 얻었을는지 모르지만, 오늘에 와서까지 허균을 죄인시할 필요는 없는 것이다.

그러나 그에겐 한마디도 변명할 기회를 주지 않았기 때문에, 그가 사형장으로 끌려가면서 "할 말이 있다"고 외친 그 할 말이 무엇이었는지 알 수가 없다. 그래서 그의 생애는 오늘에 와서도 수수께끼로 남아 있다.

허균은 때를 잘못 만났기에 용이 되어 하늘에 오르지 못한 이무기였다.

인명해설

곽재우(郭再祐, 1552~1617) 자는 계수(季綏), 호는 망우당(忘憂堂). 시호는 충익(忠翼). 본관은 현풍(玄風). 임진왜란 때 의병장으로 활약하여 홍의장군(紅衣將軍)으로 불렸다. 승전의 공으로 경상좌도 병마절도사까지 올랐으나, 병을 이유로 벼슬을 버렸다. 귀향하자 탄핵을 받아 영암으로 유배되었다. 저서로는 『망우당집』(忘憂堂集)이 있다.

구양수(歐陽修, 1007~1072) 자는 영숙(永叔), 호는 육일거사(六一居士). 박학다재한 인물로 사학·경학·박물학에 일가를 이루었으며, 고문과 시에서도 높은 성취를 이루었다. 서곤체(西崑體)의 시풍을 새로운 풍격으로 개척했다.

권극지(權克智, 1538~1592) 자는 택중(擇仲). 시호는 충숙(忠肅). 본관은 안동. 표(表)·책(策)에 뛰어나 문신들이 치른 정시(庭試)에서 장원했고, 후에 예조판서가 되었다. 임진왜란 때 비변사(備邊司) 유사당상(有司堂上)이 되어 국사에 몰두하다가 병을 얻어 사직했다.

권필(權韠, 1569~1612) 자는 여장(汝章), 호는 석주(石洲). 본관은 안동. 정철의 문인(門人)인데, 평생 야인으로 지내면서 허균·이안눌과 친했다. 허균이 『국조시산』(國朝詩刪)을 엮을 때 부록으로 「허문세고」(許門世稿)를 엮어주었다. 임숙영이 책문(策文)에서 광해군 외척들의 발

384

호를 비판하다 과거 급제가 취소되자 「궁류시」(宮柳詩)를 지어 풍자했다. 뒷날 김직재의 무옥(誣獄)에 이 시가 연루되어 귀양을 가다 폭음으로 죽었다. 『석주집』(石洲集)과 한문소설 「주생전」(周生傳)이 전한다.

금각(琴恪, 1571~1588) 자는 언공(彦恭), 호는 조대(釣臺). 본관은 봉화. 하곡 허봉이 아끼던 제자인데, 「주류천하기」(周流天下記)로 이름을 날렸다. 허봉의 딸과 연애하다가 결핵으로 18세에 요절했다. 저서로는 『조대집』(釣臺集)이 전한다.

기윤헌(奇允獻, 1575~1624) 자는 헌보(獻甫). 본관은 행주. 기자헌의 아우이다. 문과에 급제하여 사헌부 장령·안악군수를 지냈고, 인목대비 폐모론에 반대하다가 유배되었다. 이괄의 난이 일어나자 난군과 내통했다는 혐의로 매맞아 죽었다. 허균의 후오자(後五子) 가운데 한 사람이다.

기자헌(奇自獻, 1562~1624) 자는 사정(士靖), 호는 만전(晚全). 본관은 행주. 북인의 영수로 광해군을 즉위시키는 데 공을 세워 영의정까지 올랐지만, 인목대비 폐모론에 반대하다가 길주로 유배되었다. 인조반정 때 가담을 요청받고 거절했다가 뒷날 역모죄로 중도부처(中途付處)되었으며, 이괄의 난이 일어나자 내응 혐의로 처형되었다.

기준격(奇俊格, 1594~1624) 자는 붕만(鵬萬). 본관은 행주. 기자헌의 아들이다. 22세에 사마시에 수석으로 합격하고, 이듬해 문과에 급제하여 24세에 예조좌랑까지 올랐다. 아버지 기자헌이 인목대비 폐모론에 동참하지 않는다고 탄핵당하자, 스승 허균을 역모 혐의로 상소하여 처형당하게 했다. 그러나 늦게 고변했다는 죄목으로 자신도 강릉으로 유배되었다. 뒷날 이괄의 난이 일어나자 내응했다는 혐의로 사형당했다.

김만중(金萬重, 1637~1692) 자는 중숙(重叔), 호는 서포(西浦). 본관은

광산. 조선 예학의 대가인 김장생(金長生)의 증손이며, 숙종의 첫 왕비인 인경왕후(仁敬王后)의 숙부이다. 1687년에 장숙의(張淑儀) 일가를 둘러싼 언사로 선천에 유배되었다가 풀려나왔으나 인현왕후 민씨의 여화(餘禍)로 1689년에 남해에 위리안치 되어 세상을 떠났다. 저서로 『서포문집』(西浦文集), 『서포만필』(西浦漫筆), 「구운몽」(九雲夢), 「사씨남정기」(謝氏南征記) 등이 있다.

김성일(金誠一, 1538~1593) 자는 사순(士純), 호는 학봉(鶴峰). 본관은 의성. 이황의 문인이다. 1590년에 통신부사로 일본에 다녀와 민심이 흉흉할 것을 염려해 왜가 군사를 일으킬 기미가 없다고 보고했다. 경상우도 병마절도사로 재직 중 임진왜란이 일어나자 지난 허물을 씻고자 의병활동을 고무하고 의병과 관군을 조화시켜 전투력을 강화했다. 1593년에 각 고을을 돌며 왜에 맞서 싸울 것을 독려하다가 병으로 죽었다.

김제남(金悌男, 1562~1613) 자는 공언(恭彦). 본관은 연안. 선조의 계비인 인목왕후의 아버지이다. 1613년에 인목왕후의 소생인 영창대군을 추대하려 했다고 이이첨에게 공격을 받아 사사되었다. 1616년에 인목대비 폐모론이 일어나면서 부관참시되었다가 인조반정 뒤에 관작이 복구되었다.

김종직(金宗直, 1431~1492) 자는 계온(季昷), 호는 점필재(佔畢齋). 본관은 선산. 1459년 문과에 급제한 후 여러 관직을 거쳤다. 정몽주와 길재의 학통을 이은 아버지에게 수학하였으며 후일 사림의 종조가 되었다. 무오사화의 단초가 된 「조의제문」(弔義帝文)을 지었고, 저서로는 『점필재집』(佔畢齋集), 「유두류록」(遊頭流錄) 등이 있다.

김직재(金直哉, 1554~1612) 광해군 때 정권을 장악한 대북파가 영창대군을 지지하던 소북파를 제거하기 위해 일으킨 옥사에 희생당한 인물이다. 1612년에 아들 백함(白緘)이 왕을 제거하고 진릉군 태경을 추대하려는 역모에 연루되어 그 일족이 모두 체포되었다. 그는 극구 부인하였으나 고문에 못 이겨 역모의 주동자라는 허위 사실을 인정하였다.

김효원(金孝元, 1532~1590) 자는 인백(仁伯), 호는 성암(省庵). 본관은 선산. 허균의 장인이다. 조식·이황의 문인으로 1564년 문과에 장원으로 급제하고 사가독서(賜暇讀書)한 뒤에 지평에 제수되었다. 문정왕후가 죽은 뒤에 척신들이 몰락하고 사림파가 등용되었는데, 당시 사림파의 대표적인 인물이다. 이조정랑 문제로 심의겸과 반목이 심했는데, 심의겸을 중심으로 한 전배(前輩)들은 서인, 김효원을 중심으로 한 후배(後輩)들은 동인이라 불렀다. 분당을 완화시키기 위해 삼척부사로 좌천되었다. 문집으로 『성암집』(省庵集)이 있다.

남용익(南龍翼, 1628~1692) 자는 운경(雲卿), 호는 호곡(壺谷). 본관은 의령. 1648년 문과에 급제하고, 1656년 문과 중시에 장원하여 당상관으로 승진했다. 공조참판을 제외하고 5조 참판을 지냈으며, 형조판서에 올랐다. 장희빈이 낳은 아들을 숙종이 원자로 삼으려 하자 극언으로 반대하다가 명천으로 유배되어 죽었다. 신라시대부터 조선 인조대까지 살았던 497명의 한시를 가려 뽑은 『기아』(箕雅), 일본 사행기 『부상록』(扶桑錄), 문집 『호곡집』(壺谷集)이 있다.

노수신(盧守愼, 1515~1590) 자는 과회(寡悔), 호는 소재(蘇齋). 본관은 광주. 1543년 문과에 장원급제해 시강원 사서가 되었다. 을사사화 때 이조좌랑에서 파직되고 순천으로 유배되었다가, 양재역 벽서 사건에 연루되어 진도에서 19년간 귀양살이를 했다. 그동안 독서에 전념하며 진백의 「숙흥야매잠」(夙興夜寐箴)을 주석한 것으로 유명하다. 대제학과 영의정을 지냈으며, 시를 잘 지어 이름을 날렸다. 저서로 『소재집』(蘇齋集) 13권 8책이 있다.

도연명(陶淵明, 365~427) 자는 원량(元亮), 자호는 오류선생(五柳先生). 술을 좋아했고, 영화와 이익을 좇지 않아 집안이 가난했다. 동진의 효무제 때 벼슬을 하였으나 소인배에게 허리를 굽힐 수 없다며 「귀거래사」(歸去來辭)를 짓고 사임했다. 꾸미지 않은 자연스러움이 드러나 있는 그의 시는 당나라 시인들에게 큰 영향을 미쳤다.

두보(杜甫, 712~770) 자는 자미(子美). 초당(初唐)의 시인 두심언(杜審言)의 손자이다. 안록산의 난이 일어나던 혼란기를 거치며 불우한 생애를 보냈다. 그의 시는 변화하는 사회 면모를 잘 드러냈으며, 성당(盛唐)의 대표적 시인으로 이백과 함께 병칭된다. 후대에 가장 큰 영향을 끼쳐 시성(詩聖)이라 불렸다.

맹호연(孟浩然, 689~740) 양양(襄陽) 사람으로 세칭 맹양양이라 불렸다. 일찍부터 벼슬에 뜻이 있었으나 끝내 포의로 일생을 보냈는데, 시명이 매우 높았다. 성당 전원 산수시파의 대표적 시인으로, 왕유와 함께 병칭된다.

박순(朴淳, 1523~1589) 자는 화숙(和叔), 호는 사암(思菴). 본관은 충주. 서경덕에게 배워 『주역』에 조예가 깊었다. 1553년 문과에 장원급제하고 언관을 거쳐 15년 동안 영의정을 지냈다. 중년에 이황을 사사하고, 만년에 이이·성혼과 사귀었다. 시와 글씨에 뛰어났으며, 저서로 『사암집』(思菴集)이 있다.

박응서(朴應犀, ?~1623) 영의정 박순의 서자이며, 강변칠우(江邊七友)의 한 사람이다. 1612년에 조령에서 은상인(銀商人)을 죽이고 은 600~700냥을 강탈하다가 잡혔다. 이이첨의 꾐에 빠져서 영창대군을 옹립하기 위한 자금을 조달하려 강탈했다고 허위 자백했다. 이로 인해 영창대군이 죽고 소북파가 숙청되는 계축옥사가 일어났다. 이때 혼자 살아남았으나 결국 인조반정 때 잡혀 죽었다.

백거이(白居易, 772~846) 자는 낙천(樂天), 자호는 향산거사(香山居士). 중당(中唐) 시기의 대표적 시인으로, 원진(元稹)·유우석(劉禹錫)과 교분이 두터웠다. 신악부 운동의 개진에 큰 역할을 하였으며, 그의 시 「비파행」(琵琶行)과 「억강남」(憶江南)은 널리 회자되었다.

백광훈(白光勳, 1537~1582) 자는 창경(彰卿), 호는 옥봉(玉峰). 본관은 해미. 박순의 문인으로 1564년에 진사가 되었지만 벼슬에 뜻이 없어 자연을 벗하며 시와 글씨를 즐겼다. 이달·최경창과 함께 삼당시인(三唐詩人)으로 불렸는데, 특히 절구를 잘 지어 당나라 시인 이하(李賀)에 견주어졌다. 문집으로 『옥봉집』(玉峰集)이 있다.

서경덕(徐敬德, 1489~1546) 자는 가구(可久), 호는 화담(花潭), 본관은 당성. 1531년에 어머니의 요청으로 생원시에 응시하여 장원했지만, 벼슬을 단념하고 성리학에 힘썼다. 기일원론(氣一元論)을 주장했으며, 「이기설」(理氣說), 「태허설」(太虛說), 「귀신사생론」(鬼神死生論) 등이 『화담집』(花潭集)에 실려 있다.

서양갑(徐羊甲, ?~1613) 자는 석선(石仙), 본관은 부여. 목사(牧使) 서익(徐益)의 서자이며, 강변칠우의 한 사람이다. 1612년에 조령에서 은 상인을 죽이고 은 600~700냥을 강탈하다가 잡혔는데, 김제남의 옥사에 연루되어 허위 진술을 한 끝에 계축옥사를 불러일으키고 처형당했다.

소식(蘇軾, 1037~1101) 자는 자첨(子瞻), 호는 동파(東坡). 시서화에 모두 능했던 송대의 대표적 시인으로, 이백과 두보의 뒤를 잇는 대가이다. 정치적으로 신법파인 왕안석(王安石)과 대립하였다. 아버지 소순

(蘇洵)과 아우 소철(蘇轍)도 문장에 뛰어나 함께 삼소(三蘇)로 추앙받았다.

신흠(申欽, 1566~1628) 자는 경숙(敬叔), 호는 상촌(象村). 본관은 평산. 외할아버지 송인수에게서 글을 배우고 1586년 문과에 급제했다. 여러 차례 언관을 역임하다가 선조의 딸 정숙옹주의 부마로 간택되었다. 여러 차례 중국에 사신으로 다녀오고, 대제학과 영의정을 지냈다. 문장이 뛰어나 이정구(李廷龜)·장유(張維)·이식(李植)과 함께 월상계택(月象谿澤)으로 불렀다.

심광세(沈光世, 1577~1624) 자는 덕현(德顯), 호는 휴옹(休翁). 본관은 청송. 1601년 문과에 급제하여 교리까지 올랐다가 계축옥사에 얽혀 고성으로 유배되었다. 이괄의 난이 일어나자 왕의 행재소로 찾아가다가 부여에서 병으로 죽었다. 저서로 『휴옹집』(休翁集)과 『해동악부』(海東樂府)가 있다.

심우영(沈友英, ?~1613) 관찰사 심전(沈銓)의 서자이고, 허균의 처외삼촌이며, 강변칠우의 한 사람이다. 김제남의 옥사에 연루되었다가 고문에 못 이겨 허위 자백하고 아들 섭과 함께 처형당했다.

심의겸(沈義謙, 1535~1587) 자는 방숙(方叔), 호는 손암(巽菴). 본관은 청송. 영의정 심연원의 손자이고, 명종의 비(妃)인 인순왕후의 동생이다. 이황의 문인으로 1562년 문과에 급제하여, 여러 차례 언관을 지내며 사림들에게 촉망을 받았다. 이조정랑 자리를 놓고 김효원과 두 번이나 부딪치며 동서(東西) 분당을 일으켰다가 개성유수로 좌천되었다. 전라감사와 대사헌을 역임했다.

양사언(楊士彦, 1517~1584) 자는 응빙(應聘), 호는 봉래(蓬萊). 본관은 청주. 형 사준(士俊), 아우 사기(士奇)와 함께 문명을 떨쳐 중국의 삼소

(三蘇)에 견주어졌다. 1546년 문과에 급제하고 여덟 고을의 수령을 지내면서 자연을 즐겼다. 해서와 초서를 잘 써 안평대군, 김구, 한호와 함께 조선 전기의 4대 서가로 꼽혔으며, 「미인별곡」(美人別曲)을 지었다. 역술에도 뛰어났으며 저서로 『봉래집』(蓬萊集)이 있다.

왕수인(王守仁, 1472~1528) 자는 백안(伯安), 호는 양명(陽明). 육구연(陸九淵)의 심즉리설(心則理說)을 계승, 발전시킨 지행합일설(知行合一說)과 만물일체론(萬物一體論)을 주장하였다. 그의 학설을 심학(心學) 또는 양명학이라고 하며, 저서로 『전습록』(傳習錄)이 있다.

왕유(王維, 701?~761) 자는 마힐(摩詰). 성당 전원 산수시파의 대표적 시인이다. 예술에 재능이 있어 시문·회화·음악에 모두 능하였으며, 시불(詩佛)이라고 불렸다. 그의 시는 후대의 시 창작에 매우 큰 영향을 끼쳤다.

우성전(禹性傳, 1542~1593) 자는 경선(景善), 호는 추연(秋淵). 본관은 단양. 이황의 문인이며, 허균의 매부이다. 1568년 문과에 급제했다. 동인이 나뉘어질 때 그는 남산에 살아 남인으로 분류되었다. 임진왜란 때 의병장으로 공을 세워 대사성에 임명되었으나, 퇴각하는 왜군을 쫓아가다가 죽었다. 저서로 『역설』(易說), 『이기설』(理氣說) 등이 있다.

유몽인(柳夢寅, 1559~1623) 자는 응문(應文), 호는 어우당(於于堂). 본관은 고흥. 성혼의 문인으로, 1589년 문과에 장원급제했다. 왜란 중에 대명(對明) 외교를 맡았으며, 인목대비 폐모론이 일어나자 도봉산에 은거했다. 그러나 인조반정 뒤에 "광해군의 복위 음모를 꾸민다"고 무고되어 사형당했다. 글씨를 잘 썼으며, 저서로 『어우야담』(於于野談)과 『어우집』(於于集)이 있다.

유성룡(柳成龍, 1542~1607) 자는 이견(而見), 호는 서애(西厓). 본관은

풍산. 이황의 문인으로 1566년 문과에 급제했다. 대제학을 거쳤으며, 우의정·좌의정 때에도 계속 이조판서를 겸할 정도로 선조에게 신임이 두터웠다. 왜군이 침략할 것에 대비해 권율을 의주목사에, 이순신을 전라도 좌수사에 천거했으며, 영의정으로 임진왜란의 난국을 잘 수습했다. 저서로 『징비록』(懲毖錄)과 『서애집』(西厓集)이 있다.

유영경(柳永慶, 1550~1608) 자는 선여(善餘), 호는 춘호(春湖). 본관은 전주. 1572년 문과에 급제하여 동인에 속해 있다가 북인으로, 다시 소북으로 갈리면서 소북파 영수가 되었다. 이조판서를 거쳐 영의정까지 오르면서 영창대군을 옹립하려고 했다. 선조가 죽기 전에 영창대군을 부탁한 고명칠신(顧命七臣) 가운데 한 사람이었는데, 광해군이 즉위하자 사형당했다.

유종원(柳宗元, 773~819) 자는 자후(子厚). 박학다식하고 사부(詞賦)를 잘 지었다. 당송 팔대가의 한 사람이며, 한유(韓愈)와 함께 한류(韓柳)로 불렸다. 저서로 『유하동집』(柳河東集)이 전한다.

유희분(柳希奮, 1564~1623) 자는 형백(亨伯), 호는 화남(華南). 본관은 문화. 문양부원군 자신(自新)의 아들이며, 1597년 문과에 급제했다. 매부 광해군이 즉위하자 임해군과 영창대군을 죽이는 데 앞장서 문창부원군에 봉해졌다. 병조판서로 인목대비를 서궁에 유폐시켰다가 인조반정 때 참형을 당했다.

윤계영(尹繼榮, 1569~?) 자는 이현(而顯). 본관은 파평. 윤계선의 형이다. 1606년에 진사에 합격하고 1623년 문과에 급제했다. 허균이 공주목사로 있을 때 이재영·심우영과 식객으로 머물렀는데, 이를 두고 사람들이 공주 감영 안에 삼영(三營)을 차렸다고 비난했다.

윤두수(尹斗壽, 1533~1601) 자는 자앙(子仰), 호는 오음(梧陰). 본관은

해평. 이황의 문인으로 1555년 생원시에 수석으로 합격하고, 1558년 문과에 급제했다. 임진왜란 중에 우의정으로 승진하여 평양성을 지키고, 정유재란 때에도 좌의정으로 난국을 잘 수습했으며, 영의정까지 올랐다. 평소에는 온화한 성격이었지만 큰일이 생기면 직언하였다. 문집으로 『오음유고』(梧陰遺稿)가 있다.

윤선각(尹先覺, 1543~1611) 자는 수천(粹天), 호는 은성(恩省). 본관은 파평. 나중에 국형(國馨)으로 이름을 바꿨다. 1568년 문과에 급제하고 여러 차례 언관을 거친 뒤, 광해군 초에 공조판서까지 올랐다. 임진왜란 후에는 비변사 당상이 되어 혼란한 업무들을 잘 처리했다.

이가환(李家煥, 1742~1801) 자는 정조(廷藻), 호는 금대(錦帶). 본관은 여흥. 성호 이익(李瀷)의 종손이고, 이용휴(李用休)의 아들이다. 1777년 문과에 급제하여 형조판서까지 올랐다. 동료 남인학자들이 천주교에 관심을 가지자 논쟁을 벌이다가 도리어 설득되어 천주교인이 되었는데, 신해박해 때에는 광주부윤으로 가서 천주교를 탄압했다. 그러다가 다시 천주교를 믿어, 1801년에 이승훈과 함께 순교당했다. 시를 잘 짓고 천문학과 수학에도 뛰어났으며, 문집으로 『금대유고』(錦帶遺稿)가 있다.

이경전(李慶全, 1567~1644) 자는 중집(仲集), 호는 석루(石樓). 본관은 한산. 영의정 이산해(李山海)의 아들이다. 1590년 문과에 급제하여 형조판서까지 올랐고, 인조반정이 일어나자 명나라에 주청사로 가서 인조의 책봉을 요청했다. 문장으로 이름났으며, 문집으로 『석루유고』(石樓遺稿)가 있다.

이경준(李耕俊, ?~1613) 병사 이제신(李濟臣)의 서자이며, 강변칠우의 한 사람이다. 서얼의 관계 진출을 청하는 상소를 올렸다가 거절당하자 서얼 친구들과 함께 여주 강가에서 시와 술로 세월을 보내며 허균과 사귀었다. 1613년 계축옥사에 연루되어 사형당했다.

이달(李達, 1539~1612) 자는 익지(益之), 호는 손곡(蓀谷). 본관은 신평. 서얼 출신이라 과거시험을 포기하고 시 짓기에만 힘썼다. 최경창·백광훈과 시사(詩社)를 맺어 삼당시인이라 불렸으며, 봉은사와 전라도에서 많은 시를 지었다. 허균에게 시를 가르쳤으며, 허균은 그를 위해 「손곡산인전」(蓀谷山人傳)을 짓고, 『손곡집』(蓀谷集)을 엮었다.

이덕형(李德馨, 1561~1613) 자는 명보(明甫), 호는 한음(漢陰). 본관은 광주. 영의정 이산해의 사위이다. 1580년 문과에 급제하여 대제학에 올랐다. 임진왜란이 일어나자 명나라에 청원사로 가서 명군의 파병을 성공시켰으며, 두 차례나 영의정에 올랐다. 영창대군의 처형과 인목대비 폐모론을 반대하다가 삭탈관직되었다. 문집으로 『한음문고』(漢陰文稿)가 있다.

이백(李白, 701~762) 자는 태백(太白), 호는 청련거사(青蓮居士). 성당을 대표하는 시인으로 시선(詩仙)이라 일컬어졌다. 기이한 책과 검술을 좋아하였다. 안사(安史)의 난 때 영왕 린(璘)에게 합류하였다가 나중에 사면을 받았다.

이사성(李士星, 1591~?) 허균 큰딸의 남편이며, 영의정 이산해의 손자이다. 활인서 별제로 거사에 가담했는데, 고문을 이겨내지 못하고 장인에게 해로운 자백을 했다. 다행히 목숨은 건졌으나 유배되었다. 필진·필신·필량이라는 세 아들이 있었는데, 필진이 자라서 외할아버지의 문집 『성소부부고』를 50년 동안 남몰래 간직하다가 1670년에 발문을 붙여 내놓았다.

이사호(李士浩, 1568~1613) 자는 양원(養源), 호는 창해(滄海). 본관은

전주. 광평대군의 6대손이며, 1606년 생원시에 장원했다. 허균과 함께 강변칠우를 지원하다가 김제남의 옥사에 연루되어 죽었다.

이산해(李山海, 1539~1609) 자는 여수(汝受), 호는 아계(鵝溪). 본관은 한산. 토정 이지함(李之菡)에게서 배우고, 1561년 문과에 급제했다. 대제학을 거쳐 영의정까지 지냈다. 1591년에 건저(建儲) 문제로 정철을 탄핵하여 강계로 귀양 보내고, 동인의 집권을 확실히 했다. 당송 팔대가의 한 사람으로 불렸으며, 큰 글씨를 잘 쓰고 산수화도 잘 그렸다. 저서로는 『아계집』(鵝溪集)이 있다.

이상의(李尙毅, 1560~1624) 자는 이원(而遠), 호는 소릉(少陵). 본관은 여흥. 1586년 문과에 급제하여 성천부사로 학문을 진작시켰으며, 명나라에 두 차례 사신으로 다녀왔다. 형조·이조·공조판서를 거쳐 지중추부사로 세상을 떠났다. 글씨를 잘 썼으며, 저서로 『소릉집』(少陵集)이 있다.

이선(李選, 1522~1586) 자는 계응(季膺). 시호는 정간(正簡). 본관은 영천. 1555년 문과에 급제하여 여러 차례 언관을 거친 뒤에 10여 년 지방관을 역임했다. 호조참의를 거쳐 오위장으로 죽었는데, 이조판서에 추증되었다.

이수광(李睟光, 1563~1628) 자는 윤경(潤卿), 호는 지봉(芝峯). 본관은 전주. 1585년 문과에 급제하여 명나라에 세 번이나 사신으로 다녀왔다. 안남(베트남) 사신과 시를 주고받았고, 유구(오키나와)·섬라(태국) 사신에게서 들은 그 나라의 풍속들을 기록했다. 인조반정 뒤에 도승지·대사헌·이조판서를 역임했다. 저서로 『지봉집』(芝峯集)과 『지봉유설』(芝峯類說)이 있다.

이식(李植, 1584~1647) 자는 여고(汝固), 호는 택당(澤堂). 본관은 덕수.

1610년 문과에 급제하여 선전관을 지냈는데, 인목대비 폐모론이 일어나자 지평으로 낙향해 택풍당(澤風堂)을 짓고 학문에 전념했다. 인조반정 뒤에 등용되어 대제학과 형조·이조·예조판서를 역임했다. 문장이 뛰어나 이정구·장유·신흠과 함께 월상계택(月象谿澤)으로 불렸으며, 저서로 『택당집』(澤堂集)이 있다.

이안눌(李安訥, 1571~1637) 자는 자민(子敏), 호는 동악(東岳). 본관은 덕수. 18세에 진사에 수석으로 합격했다. 남산 집에서 권필·이호민 등의 시인들과 노닐며 시를 지었는데, 이를 동악시단이라 한다. 29세에 문과에 급제하고, 함경도·충청도 관찰사와 예조·형조판서를 지냈다. 문집으로 『동악집』(東岳集)이 있다.

이위경(李偉卿, 1586~1623) 자는 장이(長而). 본관은 전의. 1605년에 진사가 되었으며, 1613년에 계축옥사가 일어나자 성균관 유생으로 앞장서 상소하여 인목대비 폐출을 청했다. 그 해 문과에 급제하여 예조참의까지 올랐는데, 1622년에 경운궁에 유폐된 인목대비를 시해하려다 실패했다. 인조반정이 일어나자 능지처참되고, 가족들은 노비로 전락되었다.

이이첨(李爾瞻, 1560~1623) 자는 득여(得輿), 호는 관송(觀松). 본관은 광주. 1589년에 허균과 함께 생원시에 합격하고, 1594년 문과에 급제했으며, 1608년 문과중시에서 장원하였다. 대북의 영수로 광해군을 옹립한 뒤에 예조판서에 대제학을 겸하면서 소북 일파를 숙청하고, 임해군과 영창대군을 죽였으며, 인목대비까지 서궁에 유폐했다. 인조반정 뒤에 영남 지방으로 달아나다가 잡혀 참형을 당했다.

이재영(李再榮, ?~1623) 자는 여인(汝仁). 본관은 영천. 판서 이선(李選)의 서자로, 1599년 문과에 장원급제했다. 신분이 미천하다고 사간원에서 삭과(削科)를 청했지만, 학관 벼슬을 하면서 1615년 문과에 다시 합격했다. 군수까지 지냈는데, 1623년 과거에서 대신 지었다가 매맞아 죽었다. 허균이 전오자(前五子)로 꼽았으며, 어렸을 때부터 늘 함께 다니며 시와 문장을 논했다.

이정(李楨, 1578~1607) 자는 공간(公幹), 호는 나옹(懶翁). 본관은 전주. 할아버지 상좌(上佐), 아버지 숭효(崇孝), 작은아버지 흥효(興孝)가 모두 이름난 화원(畵員)이었다. 10세에 대성하여 산수·인물·불화(佛畵)를 잘 그렸다. 1589년에 금강산 장안사를 개축할 때 산수와 천왕제체(天王諸體)를 그렸다. 대표작으로 안견파와 절파화풍이 절충된 「산수도」와 남종화의 영향을 받은 『산수화첩』 등이 있다.

이정구(李廷龜, 1564~1635) 자는 성징(聖徵), 호는 월사(月沙). 본관은 연안. 14세에 승보시에서 장원하였고, 1590년 증광문과에 급제하였다. 중국어를 잘해 여러 차례 중국에 사신으로 갔으며, 좌의정을 지냈다. 집권층의 순정문학을 대변하여, 장유·이식·신흠과 더불어 월상계택(月象谿澤)으로 불렸다. 저서로 『월사집』(月沙集) 68권 22책이 전한다.

이주(李胄, ?~1504) 자는 주지(冑之), 호는 망헌(忘軒). 본관은 고성. 김종직의 문인으로, 1488년 별시에 을과로 급제하여 정언을 지냈다. 무오사화 때 진도로 유배되었으며, 갑자사화 때 사형되었다. 시에 성당(盛唐)의 풍격이 있었으며, 직언을 잘했다. 도승지에 추증되고, 문집으로 『망헌유고』(忘軒遺稿)가 있다.

이지(李贄, 1527~1602) 자는 온릉(溫陵), 호는 탁오(卓吾). 50세까지 유학과 노장사상을 공부하며 벼슬길에 있다가, 50세 이후에 벼슬을 버리고 불교 경전을 탐구하면서 유·불·도 삼교를 뛰어넘는 경지에 도달했다. 당시 유학자들로부터 시기를 받아 이단으로 탄핵을 받자, 76세에 감옥에서 자결하였다. 후세에 유교의 반역자인 동시에 근대 정신을 연 인물로 상반된 평가를 받았다.

이항복(李恒福, 1556~1618) 자는 자상(子常), 호는 백사(白沙). 본관은 경주. 권율 장군의 사위이며, 1580년 문과에 급제하여 언관으로 활동했다. 여러 차례 역모 사건을 공평하게 처리했으며, 임진왜란 중에도 병조판서·우의정으로 위기를 잘 넘겼다. 선조대에는 영의정, 광해군 대에는 좌의정으로 나라를 다스렸는데, 인목대비 폐모론에 반대하다가 관직이 삭탈되고, 북청으로 유배되어 세상을 떠났다.

이황(李滉, 1501~1570) 자는 경호(景浩), 호는 퇴계(退溪). 본관은 진보. 1534년에 문과에 급제하여 벼슬을 시작했지만, 20여 번이나 사임하고 고향으로 돌아와 수양하며 제자들을 가르쳤다. 풍기군수 재임 중에 소수서원을 최초의 사액서원으로 만들었으며, 1560년에 도산서당을 짓고 독서·수양·저술에 전념하는 한편 많은 제자들을 가르쳤다. 59세에 기대승과 사단칠정에 관해 질문하고 대답하는 등 수많은 편지를 통해서도 학설을 강론했으며, 영남을 배경으로 주리적(主理的)인 퇴계학파를 형성했다. 68세에 대제학이 되자 『성학십도』(聖學十圖)를 저술하여 선조에게 바쳤다. 저서로는 『퇴계집』(退溪集)이 있다.

임수정(任守正, 1570~1656) 자는 약초(約初). 본관은 풍천. 1597년 문과에 급제하여 정언·교리 등의 언관을 거쳤는데, 숙직하다가 동료와 싸워 파직되었다.

임숙영(任叔英, 1576~1623) 자는 무숙(茂淑), 호는 소암(疎庵). 본관은 풍천. 1601년 진사에 합격하여 성균관에서 10년 동안 수학하면서 과격한 상소문을 많이 지었다. 1611년에 문과의 대책(對策)에서 척족의 횡포와 이이첨이 왕의 환심을 살 목적으로 존호를 올리는 것을 신랄하게 비판했다. 시관 심희수가 이를 급제시키자 왕이 노하여 이름을 삭제케 했다. 그러나, 삼사(三司)가 몇 달간 간쟁하고 이항복이 주장하여 다시 급제시켰다. 인조반정 초에 복직되어 지평에 이르렀다. 고문과 사륙문을 잘 지었으며, 문집으로『소암집』(疎庵集)이 있다.

정도전(鄭道傳, 1337~1398) 자는 종지(宗之), 호는 삼봉(三峰). 본관은 봉화. 목은 이색의 문인으로, 1362년 진사시에 합격하였다. 이인임의 친원배명정책에 반대하다가 회진으로 유배되었으며, 9년간의 유배와 유랑 생활 끝에 이성계를 찾아가 인연을 맺었다. 전제 개혁안을 건의하고 구세력을 제거하여 조선 건국의 기틀을 닦았으며, 조선왕조 개국 1등 공신으로 정권과 병권을 독차지했지만, 세자 방석을 지지하다가 이방원의 기습을 받고 죽었다.『조선경국전』(朝鮮經國典)에서 조선왕조의 통치 규범을 종합적으로 제시했으며,『경제문감』(經濟文鑑)에서 신하의 직책을,『경제문감별집』(經濟文鑑別集)에서 군주의 도리를 밝혔다. 그외 저서로『삼봉집』(三峰集)이 전한다.

정인홍(鄭仁弘, 1535~1623) 자는 덕원(德遠), 호는 내암(來菴). 본관은 서산. 남명 조식의 수제자인데, 1573년에 학행으로 천거되어 벼슬을 시작했으며, 1589년에 정여립의 옥사를 계기로 동인이 나뉘어질 때 북인의 영수가 되었다. 임진왜란이 일어나자 영남 의병장으로 공을 세웠다. 영창대군을 제거하고 인목대비를 유폐시켜 영의정까지 올랐지만, 인조반정으로 참형을 당했다. 저서로『내암집』(來菴集)이 있다.

정철(鄭澈, 1536~1593) 자는 계함(季涵), 호는 송강(松江). 본관은 연일. 인종의 귀인인 큰누이와 계림군의 부인인 작은누이 덕분에 궁중에 드나들며 동갑내기 경원대군(후에 명종)과 친숙하게 지냈다. 26세에 진사시에 1등으로 합격하고, 27세에 문과에서 장원으로 급제했다. 54세

때 정여립의 모반 사건이 일어나자 우의정으로 발탁되어 동인들을 숙청했다. 「사미인곡」(思美人曲), 「속미인곡」(續美人曲), 「성산별곡」(星山別曲), 「관동별곡」 등 4편의 가사와 시조 107수, 『송강집』(松江集)이 전한다.

정협(鄭浹, ?~1613) 1605년에는 예안현감으로, 1613년에는 종성판관으로 부임했던 무인이다. 김제남의 옥사에 연루되었는데, 압슬(壓膝) 등의 혹독한 고문에 못 이겨 영창대군을 왕으로 추대하려 했다고 허위자백한 끝에 처형당했다.

조광조(趙光祖, 1482~1519) 자는 효직(孝直), 호는 정암(靜庵). 본관은 한양. 1510년 사마시에서 장원하였고 1515년 증광문과에 급제하여 중종의 신임을 얻자, 지치주의(至治主義)에 입각한 왕도정치의 실현을 주장했다. 대사헌에 오르자 현량과(賢良科)를 실시케 하였으며, 신진학자들을 뽑아 요직에 안배했다. 그러나 반정공신들을 공격하다 실패하여 사림파와 함께 기묘사화로 숙청되었다. 문집으로 『정암집』(靜庵集)이 있다.

조위한(趙緯韓, 1567~1649) 자는 지세(持世), 호는 현곡(玄谷). 본관은 한양. 1609년 문과에 급제하여 감찰을 지내다가 1613년에 김제남의 무옥(誣獄)에 연루되어 구금되었으며, 인조반정으로 재등용되어 지중추부사까지 올랐다. 글과 글씨에 뛰어났다.

주지번(朱之蕃) 자는 원개(元介), 호는 난우(蘭嵎). 명나라 문인으로, 1595년 과거에 장원으로 급제했다. 명나라에 황장손(皇長孫)이 태어나자, 그 소식을 조선에 알리기 위해 1606년에 한림수찬으로 우리나라에 왔다. 시와 문장을 잘 지어 여러 문집에 서문을 써주었으며, 글씨를 잘 써 편액도 많이 써주었다.

최경창(崔慶昌, 1539~1583) 자는 가운(嘉運), 호는 고죽(孤竹). 본관은 해주. 백광훈과 함께 양응정 문하에서 배웠다. 1568년 문과에 급제하여 종성부사까지 올랐다. 이이·송익필과 함께 팔문장으로 이름을 날렸으며, 이달·백광훈과 함께 삼당시인으로 불렸다. 청백리(淸白吏)에 녹선(錄選)되었으며, 문집에 『고죽유고』(孤竹遺稿)가 있다.

최천건(崔天健, 1568~1617) 자는 여이(汝以), 호는 분음(汾陰). 본관은 전주. 1588년 알성문과에 급제하여 도승지를 거쳐 명나라에 두 차례 사신으로 다녀왔다. 대사헌을 거쳐 이조판서를 역임했는데, 소북과 영수 유영경과 결탁했다가 광해군이 즉위하자 삭직되었다. 1616년에 김제남의 일파로 몰려 온양에 안치되었다가 이듬해 죽었다.

최치원(崔致遠, 857~?) 자는 고운(孤雲)·해운(海雲), 본관은 경주. 6두품 출신으로 12세에 당나라로 유학을 떠나 18세에 빈공과에 급제했으며, 「토황소격」(討黃巢檄)으로 이름을 날렸다. 도통순관(都統巡官)에 오르자, 희종 황제가 조서를 내려 본국으로 보냈다. 『계원필경』(桂苑筆耕) 20권을 엮어 헌강왕에게 바치자, 왕이 한림학사로 임명했다. 대산군·천령군 등지의 태수를 역임하다가 진성여왕에게 시무책(時務策) 10여 조를 올렸다. 신라 현실에 실망한 그는 자연에 은둔하여 시와 문장으로 세월을 보냈다. 사산비명(四山碑銘)과 『계원필경』이 있으며, 『동문선』(東文選)에 시문 약간이 전한다.

한유(韓愈, 768~825) 자는 퇴지(退之). 당나라 중기에 고문(古文) 운동을 주창한 문장가인데, 도통을 회복하는 것을 자신의 임무로 삼고 변려문풍(駢儷文風)을 반대하였다. 유종원과 함께 당시 문단의 맹주로 있어 한유(韓柳)로 병칭되었다. 오언고시와 칠언고시에 뛰어났다.

허봉(許篈, 1551~1588) 자는 미숙(美叔), 호는 하곡(荷谷). 본관은 양천.

허균의 작은형이다. 18세에 생원시에 장원하고, 22세에 문과에 급제하여 사가독서하였다. 1574년에 성절사(聖節使)의 서장관으로 명나라에 다녀와『조천기』(朝天記)를 썼다. 홍문관 교리가 되어 이이를 탄핵하다 종성에 유배되었다. 풀려난 뒤에 방랑 생활을 하다가 금강산에서 죽었다. 저서로『하곡집』(荷谷集)과『해동야언』(海東野言)이 있다.

허성(許筬, 1548~1612) 자는 공언(功彦), 호는 악록(岳麓). 본관은 양천. 허균의 큰형으로, 유희춘의 문인이다. 1583년 문과에 급제했으며, 1590년에 통신사의 서장관으로 일본에 다녀와서 도요토미가 조선을 침략할 것이라고 보고했다. 대사성·대사간을 거쳐, 예조·병조·이조 판서를 두루 지냈다. 선조의 유교(遺敎)를 받은 고명칠신(顧命七臣) 가운데 한 사람으로 사림의 촉망을 받았다. 저서로『악록집』(岳麓集)이 있다.

허엽(許曄, 1517~1580) 자는 태휘(太輝), 호는 초당(草堂). 본관은 양천. 허균의 아버지이다. 1546년 문과에 갑과로 급제하여 대사성에 올랐으나 동부승지로 경연에 참석하여 조광조의 신원(伸寃)을 청하다가 파직되었다. 1568년에 진하사로 명나라에 다녀온 뒤, 경상도 관찰사에 임명되었다가 상주 객관에서 세상을 떠났다. 청백리에 기록되었으며, 저서로『초당집』(草堂集)이 있다.

허적(許䙗, 1563~1641) 자는 자하(子賀), 호는 수색(水色). 본관은 양천. 1597년 문과에 급제하여 호조좌랑까지 올랐으며, 1628년에 유효립의 모반 사건에 공을 세워 영사공신(寧社功臣)에 녹훈되고 양릉군(陽陵君)에 봉해졌다. 허균이 전오자(前五子)로 꼽았는데, 판서까지 올랐다. 저서로『수색집』(水色集) 8권 4책이 있다.

허초희(許楚姬, 1563~1589) 자는 경번(景樊), 호는 난설헌(蘭雪軒). 본

관은 양천. 허엽의 셋째 딸이며, 허균의 누이이다. 시를 잘 지었지만 봉건적인 사회제도와 시집 생활에 얽매여 불우하게 살았다. 유선사(遊仙詞) 87수를 지었으며, 악부체(樂府體)도 즐겨 지었다. 『난설헌집』(蘭雪軒集)은 중국과 일본에서도 간행되었다.

허홍인(許弘仁, ?~1613) 강변칠우의 한 사람인데, 같은 서자 출신인 박응서·서양갑·심우영 등과 여주 북한강 가에 살면서 시와 술로 세월을 보냈다. 1613년에 조령에서 행상을 죽이고 은을 강탈하다가 잡혀 계축옥사에 연루되어 처형당했다.

황윤길(黃允吉, 1536~?) 자는 길재(吉哉), 호는 우송당(友松堂). 본관은 장수. 황희(黃喜)의 5대손으로 1561년 문과에 급제하여 정언·지평 등의 언관을 거치고, 1590년에 통신정사로 선임되어 부사 김성일, 서장관 허성과 함께 일본에 가서 도요토미를 만나 정세를 염탐했다. 왜군이 쳐들어올 것이라고 정확하게 보고했지만, 당시 동인이 정권을 잡고 있는 데다 태평하기를 원하는 분위기 때문에 묵살되었다. 그 뒤 벼슬이 병조판서에 이르렀다.

허균 연보

1569년(1세) 11월 3일, 초당 허엽의 3남 3녀 가운데 막내아들로 태어났다. 그는 자신이 마갈궁이므로, 같은 묘시에 태어난 한퇴지나 소동파처럼 시대에 버림받고 화액을 당할 것이라고 예언하였다. 어머니는 김광철의 딸인데, 허엽의 후처이다. 자는 단보(端甫)이고, 호는 교산(蛟山·喬山) 또는 성소(惺所)라고 했으며, 백월거사(白月居士)라고도 했다. 본관은 양천(陽川)이며, 고려 때부터 대대로 문장가를 배출한 집안의 후예이다. 아버지 초당은 화담 서경덕의 수제자였으며, 맏형 성(筬), 작은형 봉(篈), 누이 난설헌(蘭雪軒)까지 아울러 오문장가라고 불렸다. 어린 시절에는 서울 건천동에서 자랐다.

1572년(4세) 작은형 하곡 허봉이 문과에 급제했다.

1577년(9세) 건천동에서 상곡으로 이사갔다. 임수정·임현·최천건 등과 함께 글을 배우며 사귀었고, 시를 매우 잘 지었다. 매부 우성전은 그의 재주가 너무 뛰어난 것이 심상치 않다고 걱정하며, "뒷날 문장을 잘하는 선비가 되기는 하겠지만, 허씨 집안을 뒤엎을 자도 반드시 이 아이일 것이다"라고 말했다.

1579년(11세) 5월, 아버지가 경상감사가 되어 내려갔다.

1580년(12세) 2월 4일, 아버지가 상주 객관에서 세상을 떠났다. 그는 뒷날 "아버지가 일찍 세상을 떠나는 바람에 내가 버릇없이 자랐다"고 술회했다.

1582년(14세) 『당음』(唐音)을 읽으며 당나라 시를 공부했다. 작은형을 찾아온 시인 손곡 이달을 처음 만났다. 이달은 나중에 그의 스승이 되었는데, 서얼이어서 과거 시험에 응시하지 못했던 그의 한스런 생애를 풀어주기 위해 허균이 「손곡산인전」을 지어주었다.

1583년(15세) 경기도 순무어사로 나갔던 작은형이 병조판서 율곡 이이를 탄핵하다가 창원부사로 좌천되었고, 곧이어 함경남도 갑산으로 유배되었다.

1585년(17세) 봄에 한성부에서 치르는 초시에 합격하고, 김대섭의 둘째 딸과 결혼했다.

1586년(18세) 봄에 처남 김확과 함께 백운산에 들어가 작은형에게 한퇴지와 소동파의 고문을 배웠다. 금각을 만나 함께 배우며 사귀었다. 그해 여름에 봉은사 아래에서 작은형의 벗인 사명당을 만났다. 이 무렵부터 서애 유성룡에게 문장을, 손곡 이달에게 시를 배웠다.

1588년(20세) 9월 17일, 작은형이 금강산에서 노닐다가 금화현 생창역에서 황달과 한담으로 죽었다.

1589년(21세) 이이첨과 함께 생원시에 합격하고, 같이 글공부를 했다. 난설헌이 죽자 그의 죽음을 슬퍼하며 「훼벽사」(毀璧辭)를 지었다.

1590년(22세) 난설헌의 시 210편을 정리하여 책으로 엮었다. 11월에 유성룡에게서 그 서문을 받았다.

1592년(24세) 4월 14일, 임진왜란이 시작되어 홀어머니 김씨와 만삭인 아내를 데리고 피난길을 떠났다. 덕원·곡구를 거쳐, 7월 7일에 단천에 이르렀다. 첫아들을 낳고 임명역으로 옮겼다. 7월 10일에 아내가 죽어

임시로 묻고 북쪽으로 피난길에 올랐다. 갓난아이도 곧 죽었다. 함경도를 전전하다가 그 해 가을에 강릉에 도착했다. 사천 애일당 외가에 머물면서 「애일당기」를 지었고, 이때부터 애일당이 있는 뒷산의 이름을 따서 교산이란 호를 썼다.

1593년(25세) 낙산사에 주로 머물며 두보의 시를 공부하고 중들과 사귀었다. 그 해 10월에 선조 당대의 한시를 품평하는 『학산초담』을 지었는데, 삼당파를 중심으로 학당(學唐)의 흐름을 논했다.

1594년(26세) 2월 29일, 문과에 급제하였다. 승문원 사관으로 요동에 다녀왔고, 외교 문서를 담당하는 승문원에 벼슬을 얻었지만, 모친상 때문에 여름에 다시 강릉으로 돌아갔다.

1595년(27세) 낙산사에서 내려왔다. 홍문관에서 후보로 올렸지만 점수가 모자라 낙점을 받지 못했다.

1596년(28세) 승문원에서 일을 보았고, 강릉부사였던 정구(鄭逑)와 함께 『강릉지』(江陵誌)를 엮었다.

1597년(29세) 봄에 예문관 검열 겸 춘추관 기사관·세자시강원 설서가 되었지만, 그 해 3월에 파직되었다. 4월 9일, 문과 중시에 장원급제하고 예조좌랑으로 뛰어올랐다. 정유재란이 일어나자, 원군을 청하는 사신의 수행원으로 8월에 중국에 갔다. 자신이 지은 시들을 시기별로 묶어서 시고를 엮었는데, 그 첫번째로 이 무렵 중국을 오가며 지은 시 44수를 모아 「정유조천록」을 엮었다. 그 이전에도 몇 개의 시고를 엮었지만, 난리 통에 다 없어졌다. 그래서 그때까지 지었던 시 154수를 따로 모아 『교산억기시』를 엮었다. 10월에 병조좌랑이 되었다.

1598년(30세) 중국 장군과 사신들을 접대하느라고 돌아다녔다. 명나라의 종군문인 오명제에게 『조선시선』을 엮어주었다. 『난설헌집』 초고를 오명제에게 주었다. 또한 가을에 의주를 오가며 지은 시 21수를 모아 「무오서행록」을 엮었다. 10월 13일에 다시 병조좌랑이 되어 가을에 평안도를 다녀왔다.

1599년(31세) 3월 1일, 병조좌랑으로 다시 임명되었다가 지평 남탁래에게 탄핵받았다. 5월 25일, 황해도사가 되었다. 12월 19일, 기생을 너무 많이 데리고 다닌다는 이유 때문에 사헌부의 탄핵을 받고 파직되었다.

1600년(32세) 7월, 예조정랑이 되었다. 의인왕후의 국상을 준비하는 장생전의 낭청과 임금의 조서를 짓는 지제교를 겸했다.

1601년(33세) 봄에 『태각지』(台閣誌)를 엮었다. 호남 향시의 시관이 되어 남쪽을 다녀왔다. 6월에 해운판관이 되어 충청도와 전라도의 세금을 거둬들이러 돌아다니다가, 7월 23일 부안에서 기생 매창(계생)을 만나 놀았다. 한림원 시강 고천준이 명나라 신종 황제가 큰아들을 태자로 봉했다는 조칙을 가지고 사신으로 오게 되자, 글 잘하는 그를 상대하기 위해 허균이 형조정랑에 임명되었다.

1602년(34세) 2월 13일, 사신들을 맞기 위해 조정을 떠나 서행길에 올랐다. 윤2월 13일, 병조정랑이 되었다. 서행길에서 지은 시 6수를 모아 「임인서행록」을 엮었으며, 문집 밖에도 2수가 따로 전한다. 8월 27일, 성균관 사예가 되었다. 10월 1일, 사복시정이 되었다.

1603년(35세) 여름에 춘추관 편수관을 겸직했다. 8월, 벼슬이 떨어져서 강릉으로 돌아가던 길에 금강산을 구경했다. 금강산을 구경하는 길에 지은 시 48수를 모아 「풍악기행」을 엮었다.

1604년(36세) 강릉부사 유인길과 사귀었다. 그가 떠나면서 준 선물로 초당에 서재를 설치하여 선비들에게 공개하고 「호서장서각기」(湖墅藏書閣記)를 지었다. 강릉에서 지은 시 46수를 모아 「명주잡저」를 엮었는데 서문만 남아 있다. 7월 27일, 성균관 전적이 되었다. 9월 6일, 수안 군수가 되었다.

1605년(37세) 2월, 작은형의 시 238편과 잡술 2편을 실은 『하곡집』을 엮어 출간했다. 토호 이방헌의 죄를 따지며 매를 때리다가 죽게 했는데, 그 아들에게 뇌물을 받은 관찰사로부터 추궁받고 사직했다.

1606년(38세) 1월 6일, 의흥위 대호군이라는 임시 벼슬을 받고 원접사 유근의 종사관이 되어, 명나라 황태손의 탄생을 알리러 온 한림원 수찬 주지번을 접대했다. 사신 일행을 접대하면서 주고받은 시들을 모아 『황화집』(皇華集) 6권을 간행했다. 그가 지은 시 47수를 모아 「병오서행록」을 엮었다고 하는데, 문집 밖에 7수만 전한다.

1607년(39세) 3월 23일, 삼척부사가 되었다. 5월, 고을에 도착한 지 13일 만에 부처를 섬긴다고 파직당했다. 7월, 내자시정이 되었다. 12월 9일, 공주목사가 되었다. 처외삼촌 심우영을 통하여 서양갑과 사귀고, 이재영과 윤계영을 불러다가 도와주었다. 『국조시산』 10권을 엮었다.

1608년(40세) 4월, 누이의 시 210편을 실은 『난설헌집』을 간행하였다. 8월, 충청도 암행어사의 장계에 의해 파직되었고, 부안현 우반 정사암으로 들어가 쉬면서 「정사암중수기」를 지었다. 12월, 승문원 판교가 되었다.

1609년(41세) 2월, 태감 유용을 접대하기 위해 원접사 이상의가 종사관으로 천거했다. 4월, 스승 이달에게 그동안 지은 시와 「남궁선생전」을 보냈다. 6월, 유용의 청에 의해 첨지중추부사에 제수되었다. 그들과 주고받은 시 400수를 모아 「기유서행기」를 엮었다고 했는데, 문집 밖에 1수만 전한다. 9월 6일, 형조참의가 되자 죽은 아내에게도 숙부인의 직첩이 내려왔다.

1610년(42세) 4월, 명나라 황태자의 생신을 축하하는 천추사에 임명되었는데, 병 때문에 사퇴했다가 사헌부의 탄핵을 받고 의금부에 잡혀갔다. 10월, 나주목사에 임명되었지만 곧 취소되었다. 실제 직무는 없이 녹봉만 받던 사과 벼슬마저 파직되었다. 11월, 전시(殿試) 대독관이 되었으나 조카와 조카사위를 급제시켰다는 혐의로 탄핵되었다. 42일 동안 의금부에 갇혀 지내다가 12월에 귀양 갔다.

1611년(43세) 1월 15일, 유배지인 전라도 함열에 도착했다. 2월, 화가 이정이 그려준 도연명·이백·소동파의 세 시인의 초상화를 벽에 걸고, 이 세 친구가 자기와 한 집에 산다는 뜻으로 「사우재기」를 지었다. 신라시대부터 선조 당대까지의 한시를 품평하는 『성수시화』를 지었고, 4월 23일에 문집 『성소부부고』 64권을 엮었다. 11월에 귀양이 풀려서 서울로 돌아왔다가 24일에 부안으로 내려갔다.

1612년(44세) 1월, 사명대사의 문집에 서문을 썼다. 8월 9일, 조정의 후원자였던 큰형 허성이 죽었다. 가장 가까운 벗 석주 권필이 광해군을 풍자하는 시를 지었다가 매맞아 죽었다. 12월, 왜국의 동정을 명나라에 아뢰는 진주사가 되었지만 이튿날 갈렸다. 이 해에 『홍길동전』을 지은 것 같다.

1613년(45세) 호남 지방을 떠돌아다녔다. 심우영 등 일곱 서얼의 옥사가 있었는데 그는 무사하였다. 그가 한 해 동안 떠돌아다니면서 지었던 시들을 모아 『계축남유초』를 엮었는데, 역적으로 몰려 죽기 직전에 딸네 집으로 문집과 함께 보냈지만 분실되었다. 12월에 예조참의가 되었지만 이틀 만에 갈렸다.

1614년(46세) 2월 15일, 호조참의가 되었다. 여름에 천추사가 되어 중국을 다녀왔다.

1615년(47세) 2월 14일, 승문원 부제조가 되었다. 5월 15일, 문신 정시에서 1등을 하였고 22일에 동부승지가 되었다. 6월 5일, 가선대부에 올랐으며 윤8월 5일, 가정대부에 올랐다. 동지겸진주부사가 되어 중국에 갔다.

1616년(48세) 봄에 중국에서 돌아왔다. 이번 사신길에서 지은 시들을 모아 『을병조천록』을 엮었는데 최근 국립중앙도서관에서 발견되었다. 5월 11일, 형조판서가 되었고 10월 8일, 파직되었다.

1617년(49세) 1월, 김윤황이 경운궁에 격문을 던졌다. 12월 12일, 좌참찬에 올랐다. 14일, 허균의 제자인 기준격이 아버지 기자헌을 살리기 위해 그의 혁명 계획을 고발하는 비밀 상소를 올렸다. 26일, 기준격이 다시 상소를 올렸다. 27일, 허균도 자기를 변명하는 비밀 상소를 올렸다.

1618년(50세) 1월, 기준격이 다시 상소했다. 봄에 스승 이달의 시집인 『손곡집』을 6권 307편으로 간행했다. 1610년에 엮었던 『한정록』을 17권으로 늘려서 다시 엮었다. 윤4월 7일, 허균이 상소하여 변명했다. 29일에 사헌부와 사간원에서 합동으로 계를 올려 허균을 역적으로 몰았다. 8월 10일, 남대문에 백성들을 선동하는 흉서를 붙인 심복 하인준이 잡혀들어갔다. 17일, 허균도 기준격과 함께 옥에 갇혔다. 잡히기 전날, 『성소부부고』 초고와 문집에 실리지 않은 원고들을 딸네 집으로 보냈다. 22일, 광해군이 친히 허균의 심복들을 국문했다. 이이첨은 망설이는 광해군을 협박하여 허균의 처형을 서둘렀다. 8월 24일, 허균은 결안도 없이 그의 동지들과 함께 저잣거리에서 처형당했다.

참고문헌

자료 1

허 균, 『성소부부고』(惺所覆瓿藁) 26권 8책(『국역 성소부부고』 Ⅰ~Ⅲ, 민족문화추진회, 1983)

_____, 『국조시산』(國朝詩刪) 9권 4책(안대회 외 옮김, 『조선시대의 한시』 1·2·3, 태학사, 1999)

_____, 『학산초담』(鶴山樵談) 1책(허경진 옮김, 『허균의 시화』, 민음사, 1982)

_____, 『한정록』(閑情錄) 17권 4책(『국역 성소부부고』 Ⅵ, 민족문화추진회, 1983)

허 봉, 『하곡집』(荷谷集) 4책

허초희, 『난설헌집』(蘭雪軒集) 1책(허경진 옮김, 『허난설헌시집』, 평민사, 1999)

자료 2

권 필, 『석주집』(石洲集) 11권 3책

이긍익, 『연려실기술』(燃藜室記述)(『국역 연려실기술』, 민족문화추진회, 1967)

이매창, 『매창집』(梅窓集) 1책(허경진 옮김, 『매창시집』, 평민사, 1986)

이　달, 『손곡집』(蓀谷集) 6권 1책

이수광, 『지봉유설』(芝峰類說) 20권 10책

이　식, 『택당집』(澤堂集) 34권 16책

이안눌, 『동악집』(東岳集) 26권 13책

이　지, 『분서』(焚書)(홍승직 옮김, 『분서』, 홍익출판사, 1998)

『대동야승』(大東野乘)(『국역 대동야승』, 민족문화추진회, 1974)

『선조실록』(宣祖實錄)

『광해군일기』(光海君日記)

『양천허씨 교산공파보』(陽川許氏蛟山公派譜)

『홍길동전』

연구 논저

김동욱, 「홍길동전의 국내적 소원」, 이숭녕박사 송수기념논총, 1968

김일렬, 「홍길동전의 불통일성과 통일성」, 어문학 30집, 1974

서종문, 「홍길동전에 나타난 현실인식 문제」, 『허균의 문학과 혁신사상』, 새문사, 1981

이가원, 「허균적사상급기문학연구」(許筠的思想及其文學研究), 『동방학지』 제25집, 1980(허경진 옮김, 『유교반도 허균』, 연세대학교출판부, 2000)

이능우, 「홍길동전과 허균의 관계」, 『국어국문학』 제42·43호, 1969

이윤석, 『홍길동전연구』, 계명대학교출판부, 1997

이이화, 『허균』, 한길사, 1997

이종찬, 「허균의 인간적 갈등과 남궁선생전」, 『한국한문학연구』 제1집,

1976

임형택, 「홍길동전의 신고찰」, 『창작과 비평』, 1976년 겨울호

정주동, 『홍길동전 연구』, 문호사, 1961

조동일, 『한국소설의 이론』, 지식산업사, 1986

차용주, 「허균론 재고」, 『아세아연구』 제48호, 1972

허경진, 『허균 시 연구』, 평민사, 1984

＿＿＿, 「조선시선이 편집되고 조선에 소개된 과정」, 『아세아문화연구』 제6집, 경원대학교 아시아문화연구소, 2002

＿＿＿, 「동시품휘보와 허균의 과체시」, 『열상고전연구』 제14집, 2001

번역

허경진, 『교산 허균 시선』, 평민사, 1986

＿＿＿, 『홍길동전·허균산문집』, 한양출판, 1995

＿＿＿, 『손곡 이달 시선』, 평민사, 1991

＿＿＿, 『석주 권필 시선』, 평민사, 1987

찾아보기

ㄱ

「가수재전」 248
가유약(賈維鑰) 145
가토 기요마사(加藤淸正) 94~97, 131
간재(艮齋) → 최연
『감주사부고』(弇州四部藁) 263
『감호집』(鑑湖集) 117, 118
갑자사화 23
「강남곡」 157
강릉 31, 37, 98, 99, 110, 111, 124, 127, 176, 198
『강목』 84
강변칠우(江邊七友) 312
강화조약 57
건천동(乾川洞) 26, 39, 52
경번 → 허난설헌
경복궁 216, 219
계미삼찬(癸未三竄) 49
계생(桂生) → 매창
계축옥사 326
『고금시산』(古今詩刪) 223

고니시 유키나가(小西行長) 93, 94
고천준(顧天埈) 169, 202
「곤여만국전도」(坤輿萬國全圖) 332
『공동집』(崆峒集) 197
공주목사 235, 236, 241, 251, 266, 321, 349, 350
곽영 354, 355
곽재우(郭再祐) 200, 202, 203
「관동불가피난설」(關東不可避難說) 98
「관론」(官論) 27
「광록고」(光祿藁) 198
「광한전백옥루상량문」(廣寒殿白玉樓上樑文) 58
광해군 27, 96, 108, 125, 216, 219, 231, 251, 253, 254, 269, 271, 272, 290, 291, 316, 317, 321~324, 326~331, 341~344, 346, 352~361, 367, 368, 374, 382
『광해군일기』 277, 327, 364, 380
교문암(蛟門岩) 33, 111
『교산억기시』(蛟山臆記詩) 74, 118
구양수(歐陽修) 281, 282
「구정봉」 186

국경인 97
국세필 97
『국조시산』(國朝詩刪) 194, 221, 223~227, 377
굴원(屈原) 157, 158
「궁사」(宮詞) 256, 257, 259, 260
권극지(權克智) 53
권필(權韠) 170, 223, 225, 259, 264, 276, 287, 289, 290, 292, 293, 318, 319
「귀거래사」(歸去來辭) 130, 131
『규사』(葵史) 230
『근사록』(近思錄) 37
금각(琴恪) 83~85
금강산 55, 181, 184, 187
「금강일출」(金剛日出) 195
『금문잡고』(金門雜稿) 118
「금훼서목」(禁毁書目) 340
기묘사화 23
『기아』(箕雅) 377
「기유서행기」 251
기윤헌(奇允獻) 254, 264
기자헌(奇自獻) 216, 344~347, 353
기준격(奇俊格) 216, 320, 324, 348, 352~355, 361~363, 371
김개 362, 365, 367, 372
김경손 312
김굉필 24, 32, 109
김대섭(金大涉) 82
김려 248
김만중(金萬重) 259
김성립(金誠立) 59~62, 64, 65, 69, 70

김성일(金誠一) 92
「김신선전」 248
김윤황(金胤黃) 342, 343, 366~371
김응벽 316
김일손 24
김정(金淨) 113
김제남 312, 315, 342, 349
김종직(金宗直) 23, 24, 223, 225
김직재(金直哉) 291, 314
김천령 46
김첨 59
김청택 236
김평손(金平孫) 229, 312
김현성 170
김확 83
김효원(金孝元) 25, 26, 39, 198, 213
김희용 230

ㄴ

나식(羅湜) 37, 38
낙산사 116~118, 127, 129, 186
난설헌 → 허난설헌
『난설헌집』(蘭雪軒集) 26, 61, 70, 193, 236
남곤 23
남궁 선생 160, 241, 242, 247
「남궁고」(南宮藁) 162
남궁두 77, 242, 243, 245, 247
「남궁선생전」 77, 241, 242
남극정(南極井) 230
『남화경』(南華經) 165
노수신(盧守愼) 26, 39, 52, 53

『논어』(論語) 41
누르하치 104, 105
「능가경」(楞伽經) 280

ㄷ

『담추집』(甔甀集) 263
「답이생서」(答李生書) 43
『당시품휘』(唐詩品彙) 44
『대명회전』(大明會典) 328, 330
대복(大復) 195
『대복집』(大復集) 197
대북(大北) 234
대북파 321, 324
「대신불약부」(大信不約賦) 242, 243
대윤파 23
「대힐자」(對詰者) 213
덕흥대원군 47, 174
『도문대작』(屠門大嚼) 284, 285
도연명(陶淵明) 136, 190, 281
도요토미 히데요시(豊臣秀吉) 26, 91~93
『동문선』(東文選) 222, 223
동원(東原) → 함부림
『동정록』(東征錄) 133, 140
동학혁명 25
두목지 65
두보(杜甫) 80, 117, 197
등은봉(鄧隱峰) 조사 116

ㅁ

마테오 리치(利馬竇) 331
「막부잡록」(幕府雜錄) 142

「만랑무가」(漫浪舞歌) 195
매월당(梅月堂) 31
매창(梅窓) 167~169, 239~241, 267, 268
맹호연(孟浩然) 78
『명시종』(明詩綜) 146
『몽예집』(夢囈集) 235
「몽이자시」(夢二子詩) 199
무오사화 23, 24
「무오서행록」 147
「문파관작」(聞罷官作) 336
민유경 271
민인길 345
민형남 330

ㅂ

박근원 49, 51, 52
박논억 95
박동량 159, 233, 316
박순(朴淳) 39, 78, 79, 230
박순원 32
박승종 270, 273, 278
박엽 114
박응서(朴應犀) 231, 312~314
박종인 313
박지원 248, 334
박치웅 315
박치의 312, 313
박치인 312, 315
박태순(朴泰淳) 225
박홍도 270
박희립 45

반곡서원(盤谷書院) 111
「반곡서원기」 111
반악(潘岳) 160, 161
「반야심경」 189
백거이(白居易) 268, 279, 280
백광훈(白光勳) 78, 113, 223
백대붕(白大鵬) 113, 284
백의대사(白衣大師) 175
변공(邊貢) 197
「병론」(兵論) 98, 104, 107
「병오기행」 196
병자호란 104
「보허사」(步虛詞) 68
『봉상집』(奉常集) 263
「부벽루」(浮碧樓) 195
『북리집』(北里集) 112, 117, 118
『분서』(焚書) 339, 340
불교 55, 57, 86, 87, 116, 117, 129, 149, 152, 174, 175, 183, 193, 196, 201, 204~206, 326, 332~334
비야거사(毗耶居士) 129

ㅅ

『사기』(史記) 76, 276
사림(士林) 23~25
사마광(司馬光) 84
사마상여(司馬相如) 128
사마천 76
사명당(四溟堂) 55~57, 86, 87, 129, 131
『사명대사집』(四溟大師集) 86, 131
『사부부고』(四部覆藁) 286

사우재(四友齋) 280, 281
「사우재기」(四友齋記) 281
사촌(沙村) 33, 109
『산인집』(山人集) 263
산해관(山海關) 135, 139, 141
삼당시인(三唐詩人) 113
상곡(庠谷) 40, 52, 164
서경덕(徐敬德) 32, 37~39, 52
『서변비로고』(西邊備虜攷) 26, 98, 99, 106
서선(徐選) 229
서성 233, 316
서애(西厓) → 유성룡
서양갑(徐羊甲) 229, 230, 235, 298, 301, 304, 312~315, 319, 324, 342, 350
서얼 27, 43, 71, 73, 76, 77, 81, 154, 160~162, 210, 211, 228, 234~264, 267, 298~304, 308, 311~313, 317, 320, 327, 331, 343, 350, 351, 380~382
서얼금고(庶孼禁錮) 229~331
서인원 56
「서일전」(棲逸傳) 260
서정경(徐禎卿) 197
서중소(徐中素) 143
서중행(徐中行) 197
선조 32, 39, 44, 46, 47, 49, 51, 93, 96, 159, 174, 192, 209, 231~233, 251, 293, 312, 314, 316, 322, 327, 328, 343, 353
『선조실록』 133, 188
『섬궁뇌창록』(蟾宮酹唱錄) 112, 117
『섬천만필』(蟾泉謾筆) 379
『성소부부고』(惺所覆瓿藁) 43, 77, 118,

123, 131, 136, 196, 235, 236, 251, 284~
　　286, 341, 362, 377
『성수시화』(惺叟詩話)　42, 71, 81, 113,
　　114, 221, 239, 284
「성옹지소록」(惺翁識小錄)　37, 42, 46, 62,
　　276, 285
『성호사설』(星湖僿說)　334
『소대전칙』(昭代典則)　328
소동파(蘇東坡)　35, 36, 44, 78, 112, 117,
　　183, 190, 281
소북(小北)　234
소오 요시시게(宗義調)　91
소윤파　23
『소학』(小學)　37
『소화시평』(小華詩評)　71
『속동문선』　222, 223
『속분서』(續焚書)　339
『속장서』(續藏書)　339
『속청구풍아』　222, 223
손곡(蓀谷) → 이달
손곡산인　247
「손곡산인전」(蓀谷山人傳)　76, 77
송기수　63
송상현　93
송언신　175
송응개　49, 51~53
송응창(宋應昌)　121, 123, 124
순화군　93, 96
『시부선』(詩賦選)　222
『시화총림』(詩話叢林)　226
신광필　122

신률　291
신립　93
신선 세계　66, 68, 115, 143, 150, 151, 161,
　　176, 184
신종호　223
신흠(申欽)　122, 194, 233, 268, 316
심광세(沈光世)　237, 239, 316, 349
심액　133, 134
심언광(沈彦光)　32
심우영(沈友英)　228~230, 235, 264, 298,
　　301, 304, 312, 313, 315, 319, 324, 325,
　　342, 350, 351
심의겸(沈義謙)　198
심정　23
심정세　349
심회수　172
쓰시마주(對馬島主)　91

ㅇ

안정복　126, 127
압록강　100~103, 137, 193
애일당(愛日堂)　109~111, 116, 187
「애일당기」(愛日堂記)　110
양경우(梁慶遇)　75
양대박　76
양대월　116
양만춘　138
양사언(楊士彦)　184
양웅(揚雄)　286
양유년(梁有年)　192~194
『양조평양록』(兩朝平壤錄)　58

『양천허씨세고』(陽川許氏世稿) 195, 377
어무적(魚無迹) 195
『어우야담』(於于野談) 41, 194, 332, 333
어촌(漁村) → 심언광
엄처사 77
「엄처사전」 77
역성혁명(易姓革命) 25, 382
「연 따는 노래」(采蓮曲) 61
연산군 23, 24
연행일기(燕行日記) 26
「열전」(列傳) 71
『열조시집』(列朝詩集) 58, 145, 146
『열하일기』(熱河日記) 334
영창대군 32, 216, 231, 233, 312, 313, 315~317, 321, 323, 326~328, 331, 342, 343, 348, 349, 352, 353
「예덕선생전」 248
오국륜(吳國倫) 197
오명제(吳明濟) 143~145, 193
「오악진형도」(五岳眞形圖) 67
『오학편』(吾學編) 328
「오호도시」(嗚呼島詩) 195
오희맹 110
옥준 선사(玉俊禪師) 116, 117
「옥준선사오기가」(玉俊禪師五嗜歌) 117
「옥호빙」(玉壺氷) 260
「와유록」(臥遊錄) 260
왕세무(王世懋) 197
왕세정(王世貞) 195, 197
왕양명 338
왕유(王維) 78, 197

우경방 365, 369, 370, 372
우성전(禹性傳) 32, 41
원민(怨民) 305, 306
원진(元稹) 268
「유광억전」 248
유교반도(儒敎叛徒) 206, 337, 341
유근(柳根) 192, 223
유마(維摩) 127, 129
유몽득(劉夢得) 68
유몽인(柳夢寅) 41, 194, 332~334
「유민탄」(流民歎) 195
「유선사」(遊仙詞) 67
「유선시」(遊仙詩) 69
유성룡(柳成龍) 26, 53, 70, 87, 88, 131, 190, 191, 193, 289
유세영 176
유영경(柳永慶) 232~234
유용 250, 251, 279
유인발 313
유자광 23
「유재론」(遺才論) 27, 211, 305, 308, 311
유정(惟政) 스님 86
유효선 231
유희경(劉希慶) 284
유희분(柳希奮) 289, 291
윤계선(尹繼善) 210
윤계영(尹繼英) 228, 350
윤국형(尹國馨) 123
윤근수(尹根壽) 145
윤두수(尹斗壽) 121
윤명익 274

윤선각(尹先覺) 122
윤오정 213
윤원형 23
윤효전 317
율곡 → 이이
율도국(硉島國) 35, 220
『을병조천록』(乙丙朝天錄) 335
을사사화 23
의인왕후 159, 174
의창군(義昌君) 293, 348, 352, 372, 374
이가환(李家煥) 334
이경전 233
이경준(李耕俊) 229, 312, 314, 315
이규경 334
이달(李達) 43, 57~59, 68, 71~75, 77~81, 87, 88, 112~114, 117, 146, 195, 211, 223, 227, 249
이덕형(李德馨) 145, 270, 317, 329
이몽양(李夢陽) 197, 299, 300
이반룡(李攀龍) 195, 197, 223
이백(李白) 80, 117, 197, 281
이사성(李士星) 335, 345
이사호(李士浩) 312
이산해(李山海) 39, 232~234, 289
이상의(李尙毅) 248, 251
이색(李穡) 195
이선(李選) 227
「이소경」(離騷經) 157
이수광(李晬光) 60, 332, 333, 335
이숭인(李崇仁) 195
이식(李植) 126, 276, 297

이안눌(李安訥) 170, 210, 259, 264, 318, 319
이억기 140
이옥 248
이원형 240, 241, 320
이위경 317, 323, 324
이유홍 133
이의숭 312
이이 25, 32, 39, 48, 51, 52, 166
이이첨(李爾瞻) 232~234, 270, 276, 278, 291, 312, 315, 317, 321~325, 354, 355, 358, 364, 365, 367~370, 373
이익 334
이인로(李仁老) 195
이장길(李長吉) 70
이재영(李再榮) 192, 193, 227, 228, 230, 235, 237, 240, 264, 267, 312, 345, 350
이정(李楨) 175, 181, 182, 192, 199, 211
이정구(李廷龜) 169, 170, 269, 270, 273
이주(李胄) 113
이진택 230
이창후 276
이춘영(李春英) 199
이탁오(李卓吾) 206, 337~341
이태백 53, 70, 78, 190
이필진 225, 335, 362
이항복 270, 273, 278, 347
이행 223
이현영 271
이황(李滉) 32, 39, 41
이효원 232

인목대비 312, 313, 315~317, 323, 341, 343, 353, 382
인성왕후 256
「인정전」 329
인조반정 26, 188, 325, 327, 345, 374, 380, 381
『임거만록』(林居漫錄) 327, 329, 331
임경업 104
임곤 210
임격정 299
임덕후 372
임수정(任守正) 40, 148, 156
임숙영(任叔英) 264, 289~291
임엽 379
「임인서행록」 170
임진왜란 31, 33, 41, 57, 91~93, 102, 117, 131, 181, 229, 252, 289, 300, 358, 359
임해군 93, 96, 97, 231, 327, 328, 343
임현(任晛) 40, 52, 157, 158, 164, 165, 168, 169

ㅈ

장산인 77, 247
「장산인전」 77
장생 77, 217, 219, 220, 247
「장생전」 77, 216, 217, 248
『장서』(藏書) 339
장안사(長安寺) 181
장음정(長吟亭) → 나식
전겸익(錢謙益) 58, 145, 146
전봉준 25

전오자(前五子) 263, 266
「전오자시」(前五子詩) 236, 263, 264, 286
정도전(鄭道傳) 224, 225, 311, 350
「정론」(政論) 108
정만조 66
정사룡 210, 223
정사암(靜思庵) 236, 237, 241
「정사암중수기」 238, 239
정여창 24
정유재란 102, 135
「정유조천록」(丁酉朝天錄) 118, 136, 142
정응운 264, 275
정인홍 232~234
정진교 230
정철(鄭澈) 52
정협 313, 314, 320
「제시산후」(題詩刪後) 221
『제호시화』(霽湖詩話) 76
「조관기행」(漕官紀行) 166, 169
조광조(趙光祖) 23, 37
『조선시선』 143, 145, 146, 193, 224
조요빈(曹堯賓) 68
조위한 264, 316
「조의제문」(弔義帝文) 24
조정지 122
조찬한 264
『조천기』(朝天記) 26
「주유천하기」(周遊天下記) 84
주이존(朱彛尊) 146
주지번(朱之蕃) 68, 192~195
죽림칠현(竹林七賢) 312, 325

「죽서루부」(竹西樓賦) 259
『중조잡사』(中朝雜史) 328
중종반정 27
「증정」(證正) 226
『지봉유설』(芝峰類說) 60, 332, 335
진릉군(晉陵君) 291

ㅊ

차천로(車天輅) 134, 170
『찰미요람』(察眉要覽) 198
『참동계』(參同契) 67
『천목집』(天目集) 263
천주교 126, 127, 231
『천주실의』(天主實義) 332, 335
『천학문답』(天學問答) 126
『청구풍아』(青丘風雅) 222, 223
초당(草堂) → 허엽
『초사』(楚辭) 158
초희(楚姬) → 허난설헌
최경창(崔慶昌) 78, 113, 223
최수성(崔壽峸) 32, 38
최연(崔演) 32
최정건(崔廷健) 170
최천건(崔天健) 40, 41
최치운(崔致雲) 31
최치원(崔致遠) 113, 194, 195
「추관록」(秋官錄) 235

ㅌ・ㅍ

「태관고」(太官藁) 227, 235
택당(澤堂) → 이식

「택당잡저」(澤堂雜著) 297
『택당집』(澤堂集) 126
『통감』(通鑑) 41, 84
퇴계(退溪) → 이황
「풍악기행」(楓嶽紀行) 187
「풍창낭화」(風窓浪話) 84
『필원산어』(筆苑散語) 378

ㅎ

하경명(何景明) 197
하곡(荷谷) → 허봉
「하곡선생연보」 47
『하곡조천기』(荷谷朝天記) 45
『하곡집』(荷谷集) 47, 190
하윤(何胤) 205
하인준 360, 361, 366~371
학당파(學唐派) 71, 112, 113, 223
「학론」(學論) 107, 109
『학산초담』(鶴山樵談) 31, 69, 71, 81, 112
  ~115, 135, 224, 284, 326, 377
한명욱 361
한석봉 170, 189, 190
한응인 316
『한정록』(閑情錄) 260~263, 280, 283,
  286, 377
한준겸 233
한초명(韓初命) 145
한치윤(韓致奫) 146
한퇴지 35, 36, 117
한희길 312, 313
함부림(咸傅霖) 31

함열현 113, 235, 274, 277, 283
항민(恒民) 305
『해동시부선』 223
『해동역사』(海東繹史) 146
허난설헌(許蘭雪軒) 26, 32, 50, 57~70, 113, 125, 137, 146, 191, 193, 195, 225, 236, 250
「허문세고」(許門世藁) 225, 377
허보(許宙) 270, 276
허봉(許篈) 25, 26, 32, 39, 40, 43~56, 58, 59, 71, 72, 83, 86, 88, 113, 121, 124, 125, 146, 190, 225
「허생」 248
허성(許筬) 25, 26, 32, 44, 51, 92, 143, 169, 188, 202, 233, 293, 316, 317, 348
허시중 115
허엽(許曄) 25, 26, 32, 37~40, 43, 48, 52, 124, 198, 225
허용 276
허적(許禎) 176, 264
허침 225
허형 95
허홍강(許弘鋼) 123, 124
허홍인(許弘仁) 231, 312~314, 324
현응민 327, 365, 370, 371
호민(豪民) 305
「호민론」(豪民論) 27, 305, 311
홍경래 25
홍길동 34~36, 220, 298~304, 308, 312
『홍길동전』 33, 77, 81, 109, 220, 239, 248, 297~301, 312, 377, 381

홍만종(洪萬宗) 71, 226
홍서봉(洪瑞鳳) 170
화담(花潭) → 서경덕
「화백시」(和白詩) 280
「화사영시」(和思潁詩) 282
『화천집』(華泉集) 263
황윤길(黃允吉) 91
황정욱 223
황정필 372, 373, 382
「황주염곡」(黃州艶曲) 154
황혁 291
후오자(後五子) 263, 264
「후오자시」(後五子詩) 236
훈구파 23~25
훈척파(勳戚派) 23